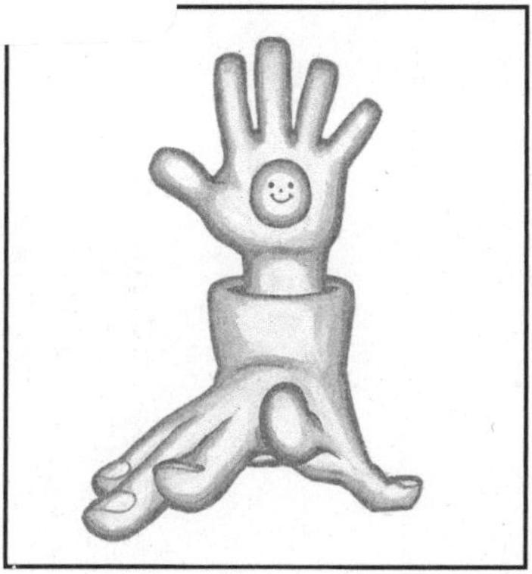

KOHEI HORIKOSHI

Vielen Dank, dass du Band 35 in die Hand genommen hast! Meine Assistenten ergattern einer nach dem anderen eigene Serien und breiten ihre Flügel aus.

MY HERO ACADEMIA Vol. 35

BATTLE FLAME

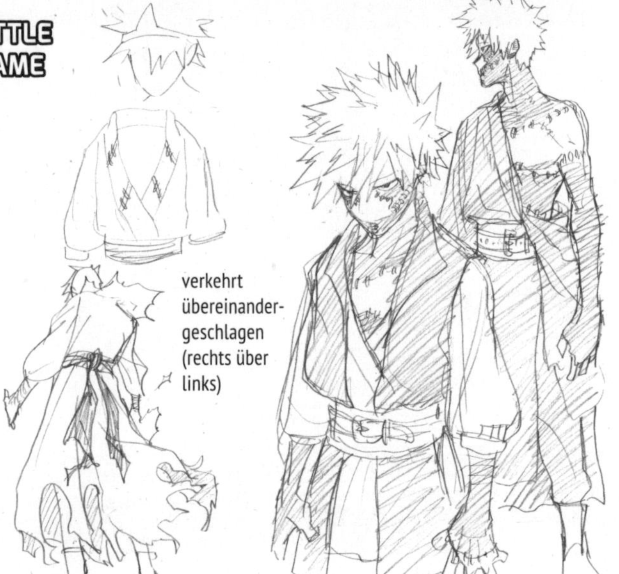

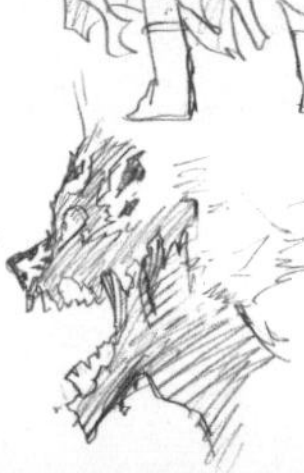

Skizzen aus der Zeit, in der ich mir Dabis neues Kostüm ausgedacht habe. Das Konzept ist »traditionelles Totenhemd«. Eigentlich... Aber irgendwie sieht es eher so aus, als hätte er irgendwo ein Lichtschwert.

CARLSEN MANGA

Völckersstraße 14-20, 22765 Hamburg
Aus dem Japanischen von Antje Bockel

First published in Japan in 2014 by SHUEISHA Inc., Tokyo.
German translation rights in Germany, Austria and German-speaking Switzerland arranged by SHUEISHA Inc. through VME PLB SAS, France.

Redaktion: Anne Berling
Textbearbeitung: Steffen Haubner
Produktionsmanagement: Wiebke Düsedau
Grafik: Sonnenfisch Production – Laura Bartels

ISBN: 978-3-551-79984-5

MY HERO ACADEMIA VOL. 35

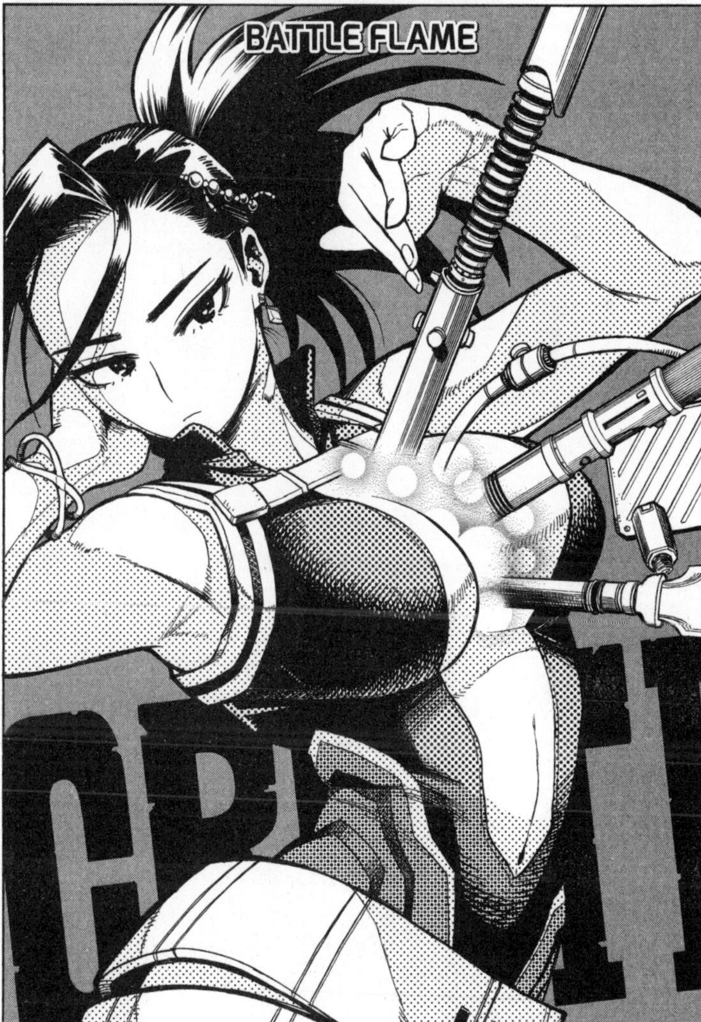

KOHEI HORIKOSHI

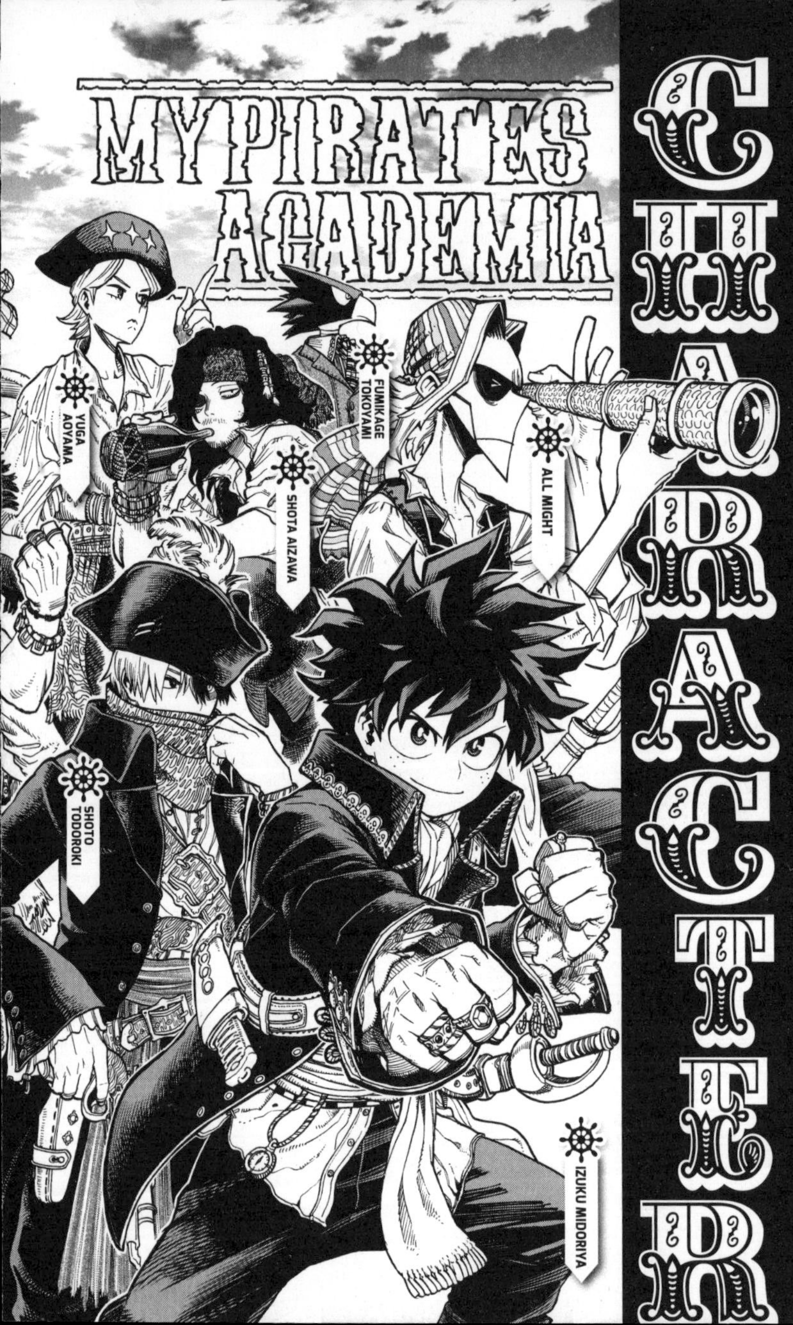
MY PIRATES ACADEMIA
CHARACTER
YUGA AOYAMA
FUMIKAGE TOKOYAMI
SHOTA AIZAWA
ALL MIGHT
SHOTO TODOROKI
IZUKU MIDORIYA

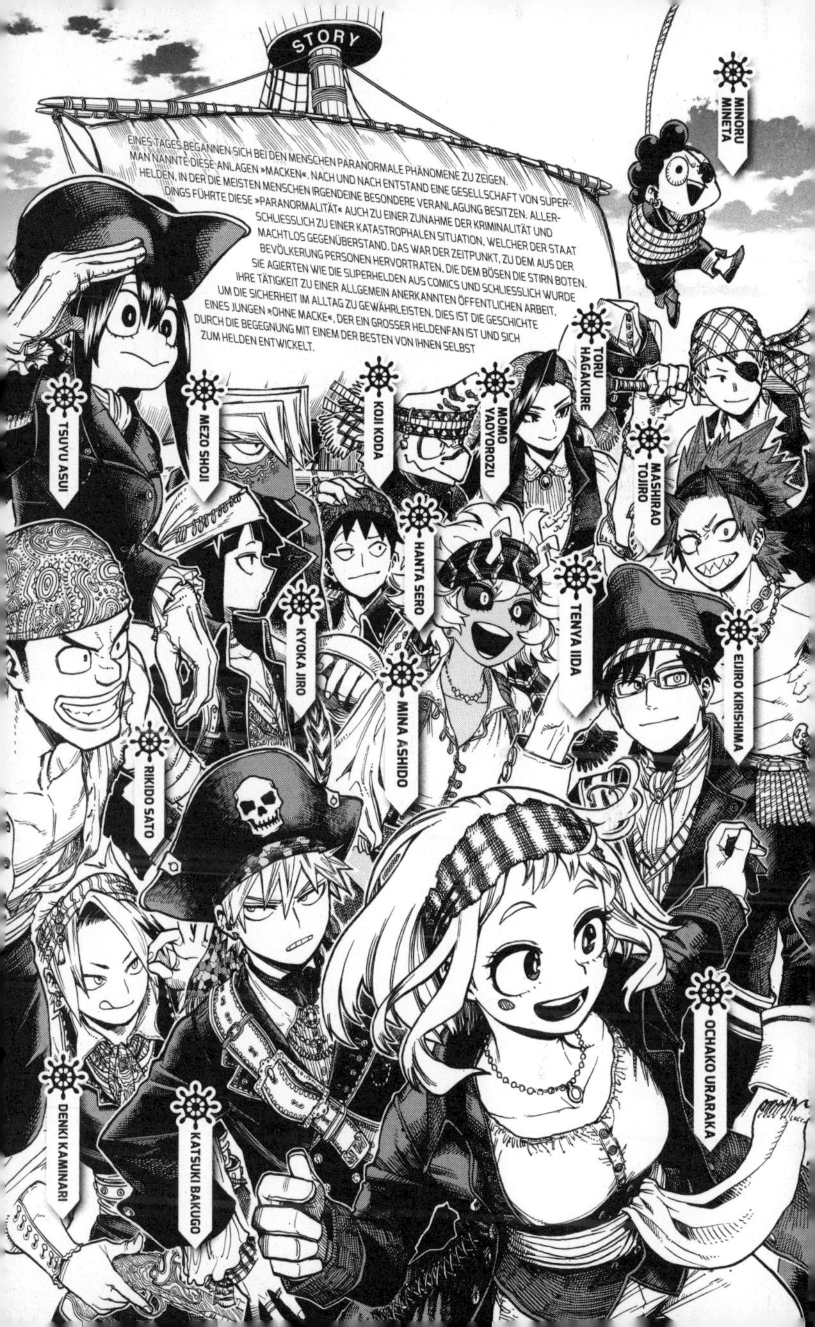
STORY
EINES TAGES BEGANNEN SICH BEI DEN MENSCHEN PARANORMALE PHÄNOMENE ZU ZEIGEN.
MAN NANNTE DIESE ANLAGEN »MACKEN«. NACH UND NACH ENTSTAND EINE GESELLSCHAFT VON SUPER-
HELDEN, IN DER DIE MEISTEN MENSCHEN IRGENDEINE BESONDERE VERANLAGUNG BESITZEN. ALLER-
DINGS FÜHRTE DIESE »PARANORMALITÄT« AUCH ZU EINER ZUNAHME DER KRIMINALITÄT UND
SCHLIESSLICH ZU EINER KATASTROPHALEN SITUATION, WELCHER DER STAAT
MACHTLOS GEGENÜBERSTAND. DAS WAR DER ZEITPUNKT, ZU DEM AUS DER
BEVÖLKERUNG PERSONEN HERVORTRATEN, DIE DEM BÖSEN DIE STIRN BOTEN.
SIE AGIERTEN WIE DIE SUPERHELDEN AUS COMICS UND SCHLIESSLICH WURDE
IHRE TÄTIGKEIT ZU EINER ALLGEMEIN ANERKANNTEN ÖFFENTLICHEN ARBEIT,
UM DIE SICHERHEIT IM ALLTAG ZU GEWÄHRLEISTEN. DIES IST DIE GESCHICHTE
EINES JUNGEN »OHNE MACKE«, DER EIN GROSSER HELDENFAN IST UND SICH
DURCH DIE BEGEGNUNG MIT EINEM DER BESTEN VON IHNEN SELBST
ZUM HELDEN ENTWICKELT.
MINORU MINETA
TORU HAGAKURE
TSUYU ASUI
MEZO SHOJI
KOJI KODA
MOMO YAOYOROZU
MASHIRAO TOJIRO
HANTA SERO
TENYA IIDA
KYOKA JIRO
EIJIRO KIRISHIMA
MINA ASHIDO
RIKIDO SATO
OCHAKO URARAKA
DENKI KAMINARI
KATSUKI BAKUGO

MY HERO ACADEMIA

Vol. 35 BATTLE FLAME

CONTENTS

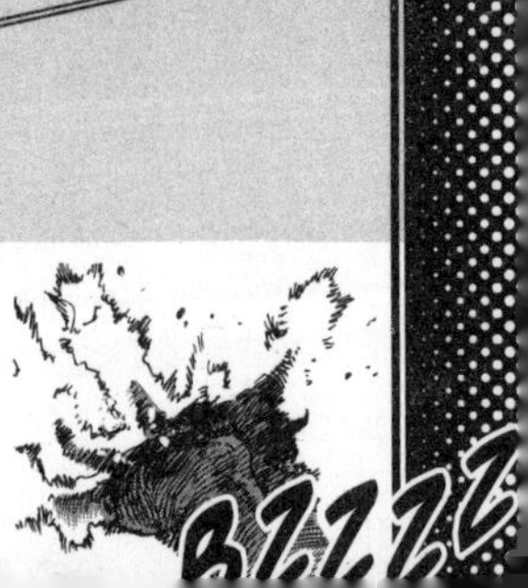

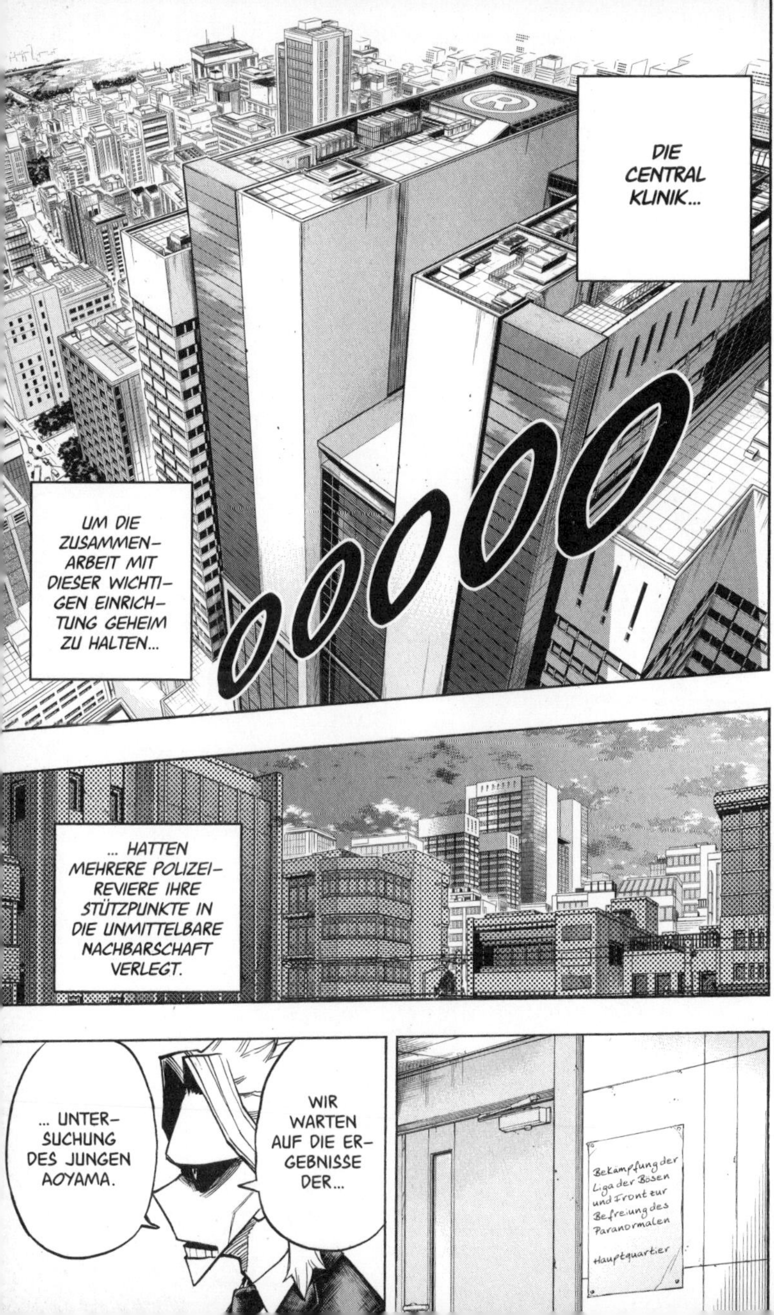
DIE CENTRAL KLINIK...
UM DIE ZUSAMMEN-ARBEIT MIT DIESER WICHTI-GEN EINRICH-TUNG GEHEIM ZU HALTEN...
... HATTEN MEHRERE POLIZEI-REVIERE IHRE STÜTZPUNKTE IN DIE UNMITTELBARE NACHBARSCHAFT VERLEGT.
Bekämpfung der Liga der Bösen und Front zur Befreiung des Paranormalen
Hauptquartier
WIR WARTEN AUF DIE ER-GEBNISSE DER...
... UNTER-SUCHUNG DES JUNGEN AOYAMA.

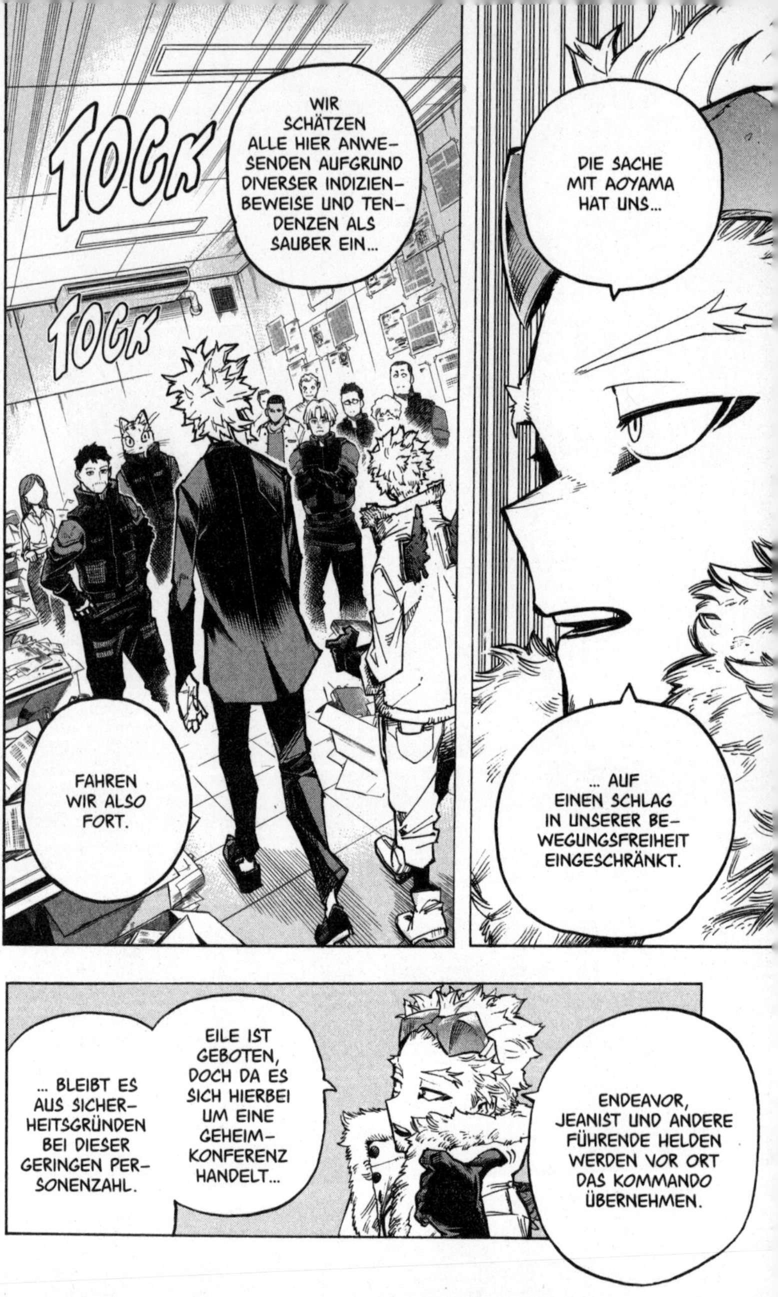
DIE SACHE MIT AOYAMA HAT UNS...
... AUF EINEN SCHLAG IN UNSERER BE-WEGUNGSFREIHEIT EINGESCHRÄNKT.
TOCK
WIR SCHÄTZEN ALLE HIER ANWE-SENDEN AUFGRUND DIVERSER INDIZIEN-BEWEISE UND TEN-DENZEN ALS SAUBER EIN...
TOCK
FAHREN WIR ALSO FORT.
ENDEAVOR, JEANIST UND ANDERE FÜHRENDE HELDEN WERDEN VOR ORT DAS KOMMANDO ÜBERNEHMEN.
EILE IST GEBOTEN, DOCH DA ES SICH HIERBEI UM EINE GEHEIM-KONFERENZ HANDELT...
... BLEIBT ES AUS SICHER-HEITSGRÜNDEN BEI DIESER GERINGEN PER-SONENZAHL.

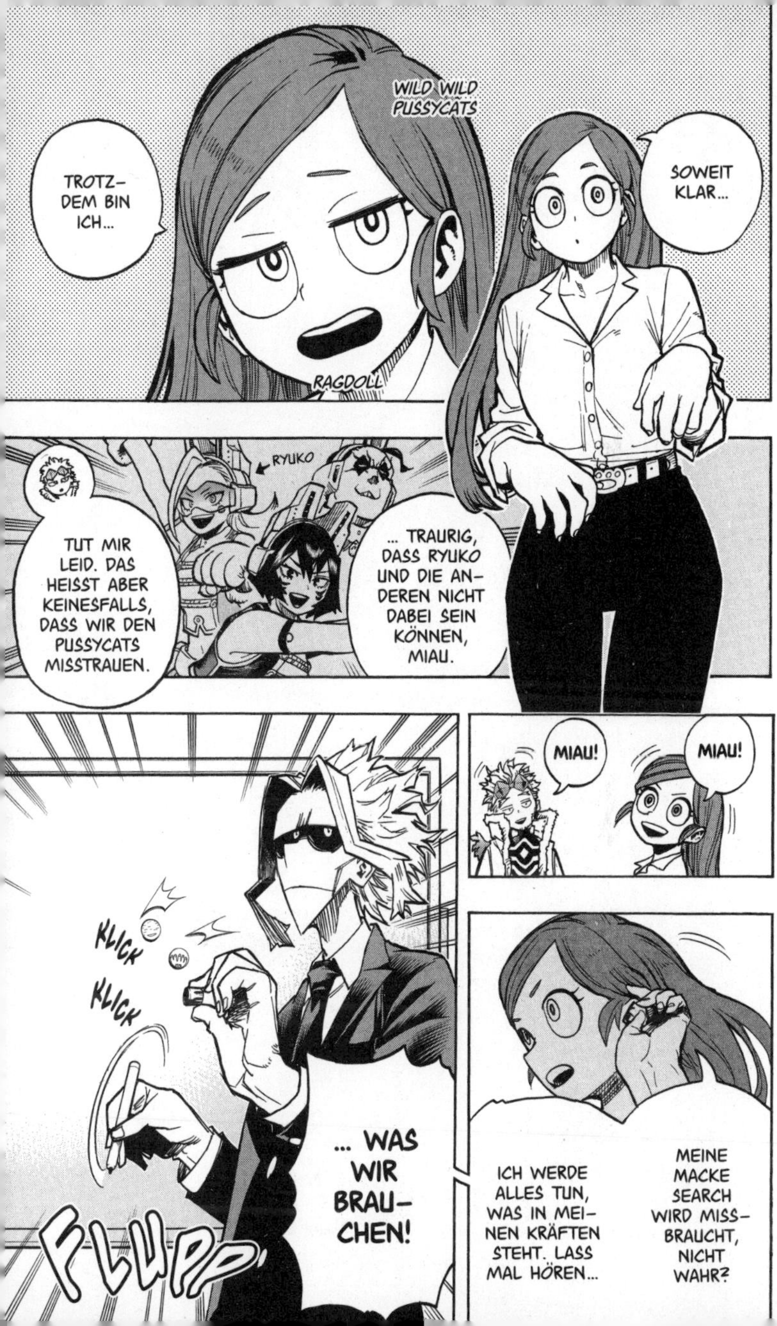
WILD WILD PUSSYCATS
RAGDOLL
SOWEIT KLAR...
TROTZ-DEM BIN ICH...
... TRAURIG, DASS RYUKO UND DIE AN-DEREN NICHT DABEI SEIN KÖNNEN, MIAU.
RYUKO
TUT MIR LEID. DAS HEISST ABER KEINESFALLS, DASS WIR DEN PUSSYCATS MISSTRAUEN.
MIAU!
MIAU!
KLICK
KLICK
... WAS WIR BRAU-CHEN!
FLUPP
MEINE MACKE SEARCH WIRD MISS-BRAUCHT, NICHT WAHR?
ICH WERDE ALLES TUN, WAS IN MEI-NEN KRÄFTEN STEHT. LASS MAL HÖREN...

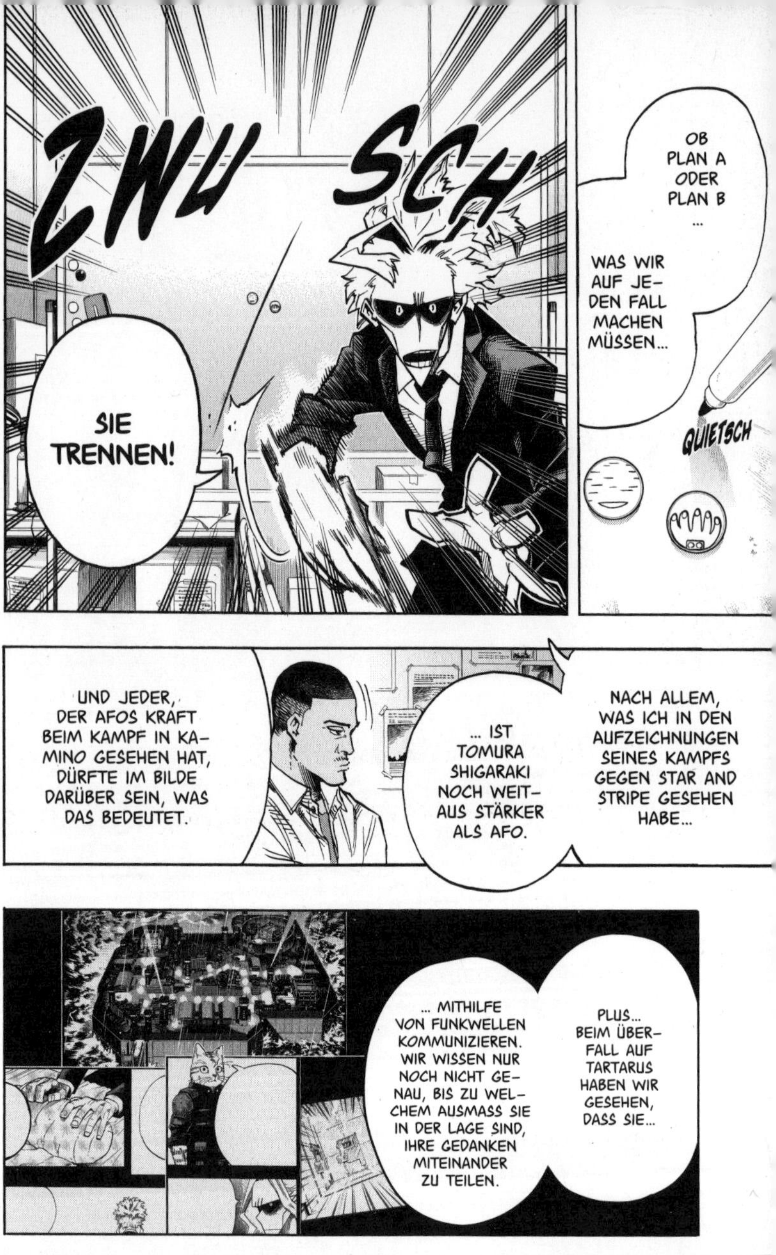
OB PLAN A ODER PLAN B …
WAS WIR AUF JEDEN FALL MACHEN MÜSSEN…
QUIETSCH
ZWUSCH
SIE TRENNEN!
NACH ALLEM, WAS ICH IN DEN AUFZEICHNUNGEN SEINES KAMPFS GEGEN STAR AND STRIPE GESEHEN HABE…
… IST TOMURA SHIGARAKI NOCH WEITAUS STÄRKER ALS AFO.
UND JEDER, DER AFOS KRAFT BEIM KAMPF IN KAMINO GESEHEN HAT, DÜRFTE IM BILDE DARÜBER SEIN, WAS DAS BEDEUTET.
PLUS… BEIM ÜBERFALL AUF TARTARUS HABEN WIR GESEHEN, DASS SIE…
… MITHILFE VON FUNKWELLEN KOMMUNIZIEREN. WIR WISSEN NUR NOCH NICHT GENAU, BIS ZU WELCHEM AUSMASS SIE IN DER LAGE SIND, IHRE GEDANKEN MITEINANDER ZU TEILEN.

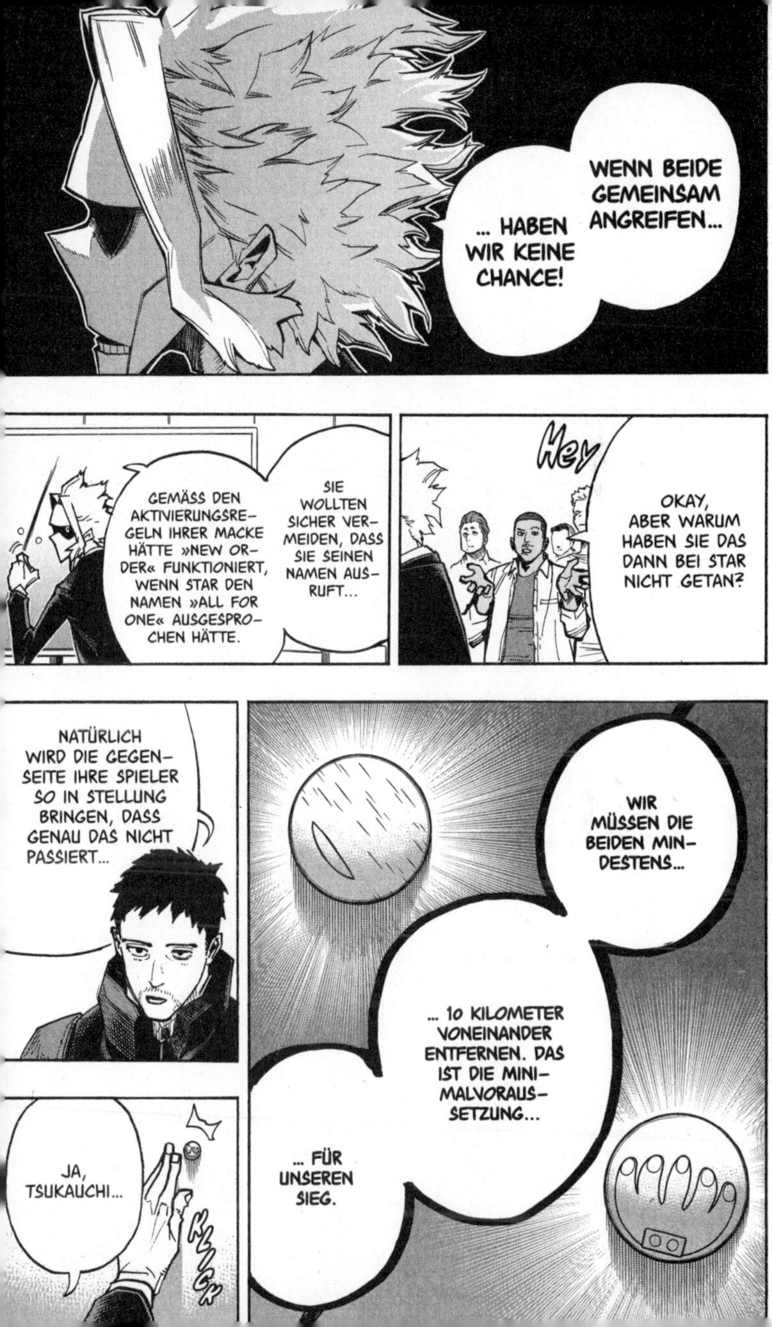
WENN BEIDE GEMEINSAM ANGREIFEN...
... HABEN WIR KEINE CHANCE!
Hey
OKAY, ABER WARUM HABEN SIE DAS DANN BEI STAR NICHT GETAN?
SIE WOLLTEN SICHER VERMEIDEN, DASS SIE SEINEN NAMEN AUSRUFT...
GEMÄSS DEN AKTIVIERUNGSREGELN IHRER MACKE HÄTTE »NEW ORDER« FUNKTIONIERT, WENN STAR DEN NAMEN »ALL FOR ONE« AUSGESPROCHEN HÄTTE.
WIR MÜSSEN DIE BEIDEN MINDESTENS...
... 10 KILOMETER VONEINANDER ENTFERNEN. DAS IST DIE MINIMALVORAUSSETZUNG...
... FÜR UNSEREN SIEG.
NATÜRLICH WIRD DIE GEGENSEITE IHRE SPIELER SO IN STELLUNG BRINGEN, DASS GENAU DAS NICHT PASSIERT...
KLICK
JA, TSUKAUCHI...

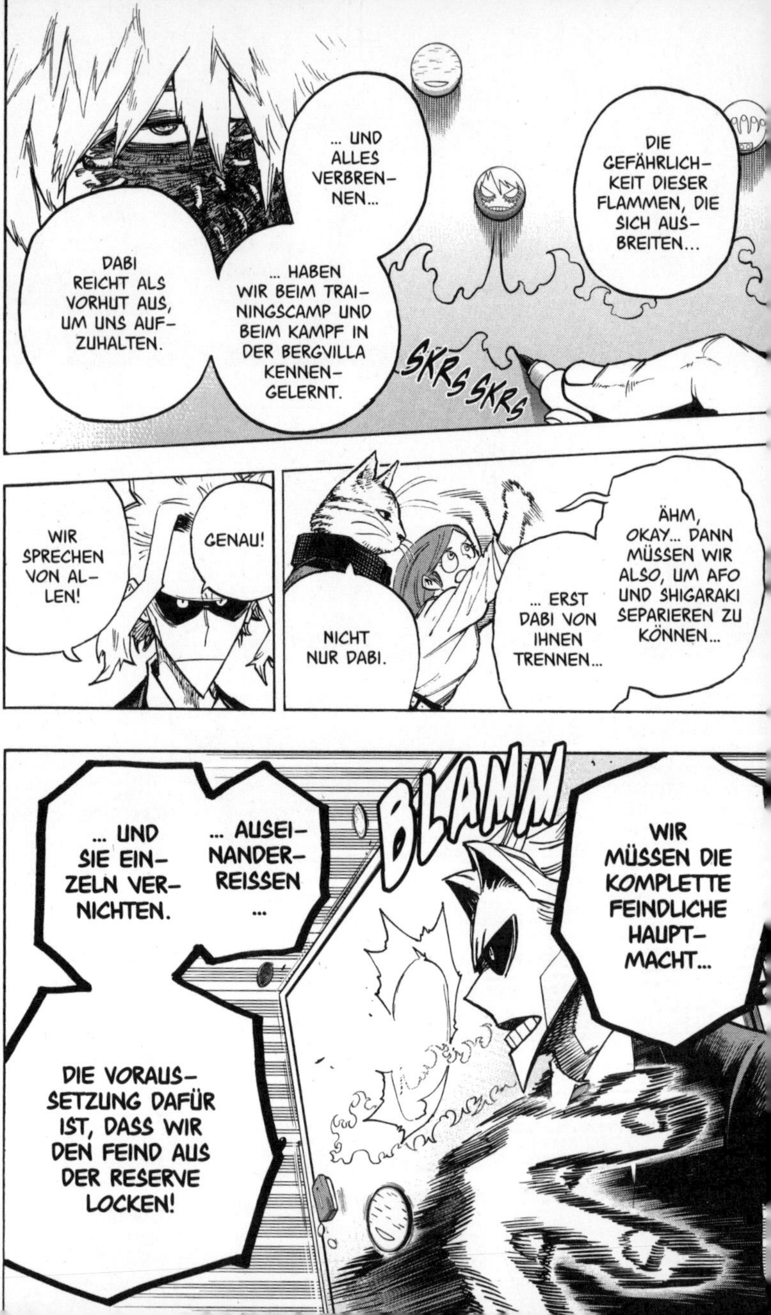
DIE GEFÄHRLICHKEIT DIESER FLAMMEN, DIE SICH AUSBREITEN...
... UND ALLES VERBRENNEN...
... HABEN WIR BEIM TRAININGSCAMP UND BEIM KAMPF IN DER BERGVILLA KENNENGELERNT.
DABI REICHT ALS VORHUT AUS, UM UNS AUFZUHALTEN.
SKRS SKRS
ÄHM, OKAY... DANN MÜSSEN WIR ALSO, UM AFO UND SHIGARAKI SEPARIEREN ZU KÖNNEN...
... ERST DABI VON IHNEN TRENNEN...
NICHT NUR DABI.
GENAU!
WIR SPRECHEN VON ALLEN!
BLAMM
WIR MÜSSEN DIE KOMPLETTE FEINDLICHE HAUPTMACHT...
... AUSEINANDERREISSEN ...
... UND SIE EINZELN VERNICHTEN.
DIE VORAUSSETZUNG DAFÜR IST, DASS WIR DEN FEIND AUS DER RESERVE LOCKEN!

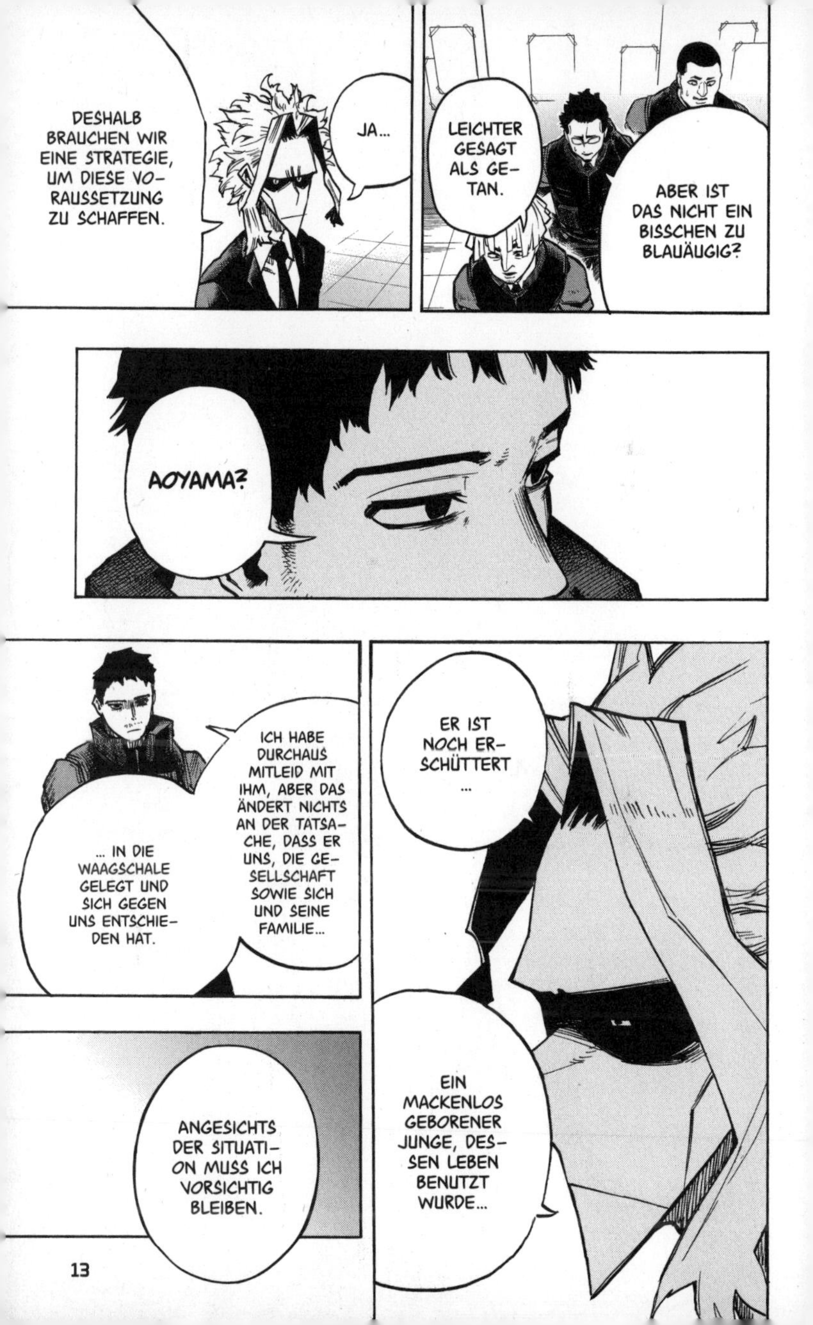
ABER IST DAS NICHT EIN BISSCHEN ZU BLAUÄUGIG?
LEICHTER GESAGT ALS GETAN.
JA...
DESHALB BRAUCHEN WIR EINE STRATEGIE, UM DIESE VORAUSSETZUNG ZU SCHAFFEN.
AOYAMA?
ER IST NOCH ERSCHÜTTERT ...
EIN MACKENLOS GEBORENER JUNGE, DESSEN LEBEN BENUTZT WURDE...
ICH HABE DURCHAUS MITLEID MIT IHM, ABER DAS ÄNDERT NICHTS AN DER TATSACHE, DASS ER UNS, DIE GESELLSCHAFT SOWIE SICH UND SEINE FAMILIE...
... IN DIE WAAGSCHALE GELEGT UND SICH GEGEN UNS ENTSCHIEDEN HAT.
ANGESICHTS DER SITUATION MUSS ICH VORSICHTIG BLEIBEN.

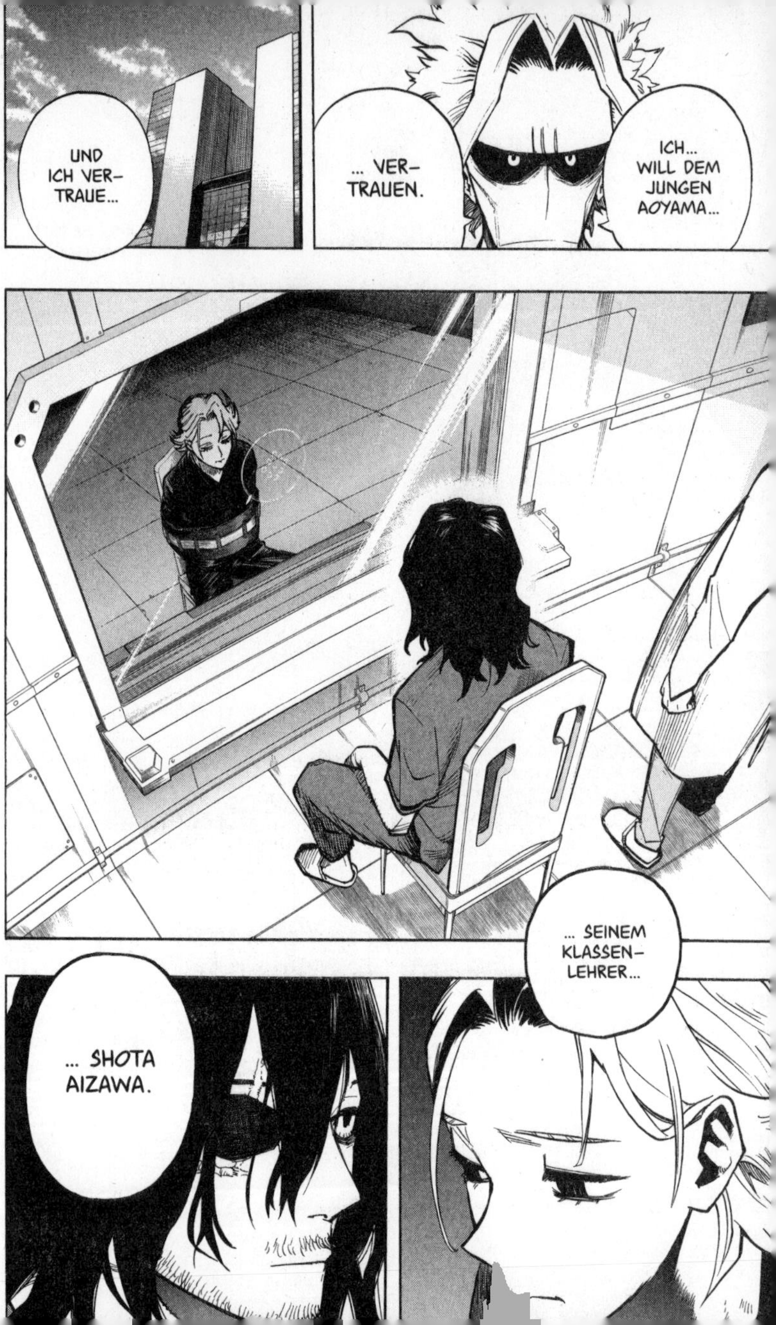
ICH... WILL DEM JUNGEN AOYAMA...
... VER-TRAUEN.
UND ICH VER-TRAUE...
... SEINEM KLASSEN-LEHRER...
... SHOTA AIZAWA.

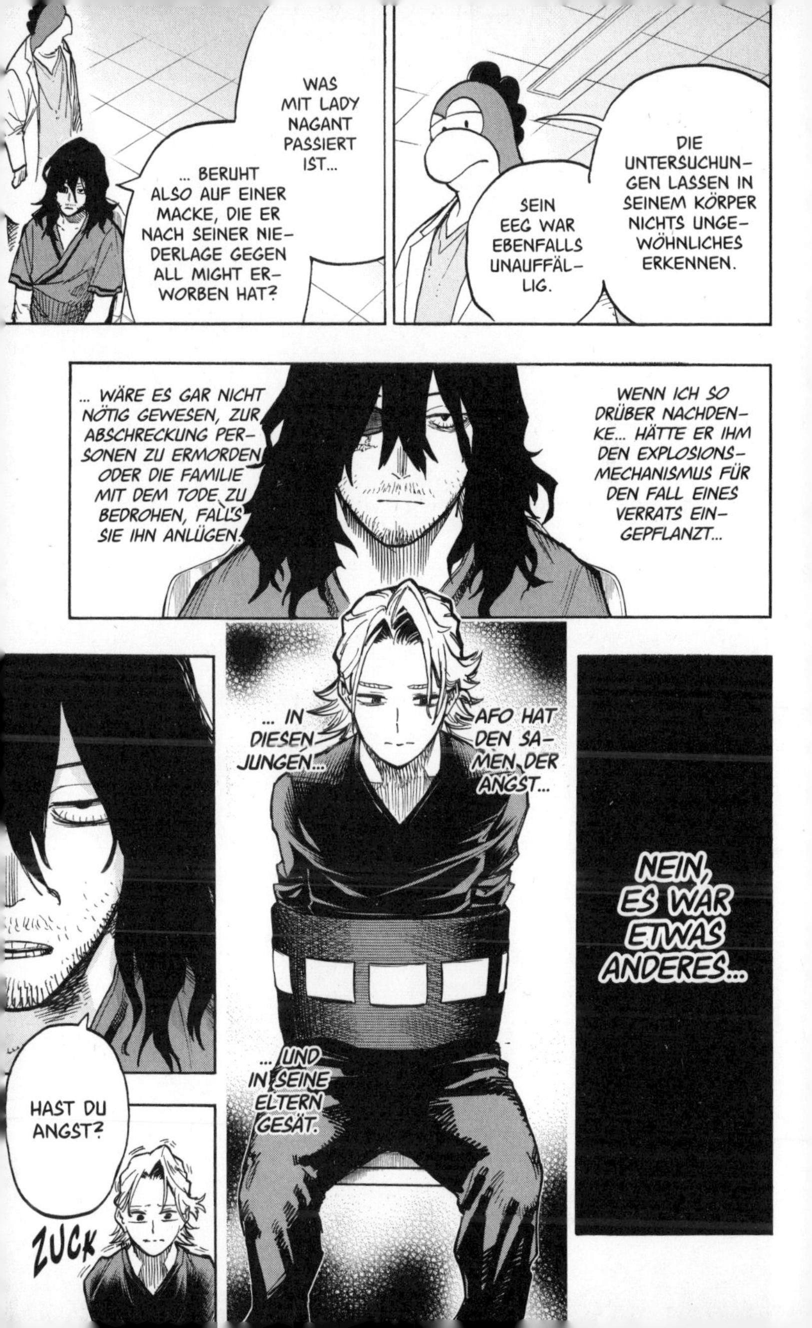
DIE UNTERSUCHUNGEN LASSEN IN SEINEM KÖRPER NICHTS UNGEWÖHNLICHES ERKENNEN.
SEIN EEG WAR EBENFALLS UNAUFFÄLLIG.
WAS MIT LADY NAGANT PASSIERT IST...
... BERUHT ALSO AUF EINER MACKE, DIE ER NACH SEINER NIEDERLAGE GEGEN ALL MIGHT ERWORBEN HAT?
WENN ICH SO DRÜBER NACHDENKE... HÄTTE ER IHM DEN EXPLOSIONSMECHANISMUS FÜR DEN FALL EINES VERRATS EINGEPFLANZT...
... WÄRE ES GAR NICHT NÖTIG GEWESEN, ZUR ABSCHRECKUNG PERSONEN ZU ERMORDEN ODER DIE FAMILIE MIT DEM TODE ZU BEDROHEN, FALLS SIE IHN ANLÜGEN.
NEIN, ES WAR ETWAS ANDERES...
AFO HAT DEN SAMEN DER ANGST...
... IN DIESEN JUNGEN...
... UND IN SEINE ELTERN GESÄT.
HAST DU ANGST?
ZUCK

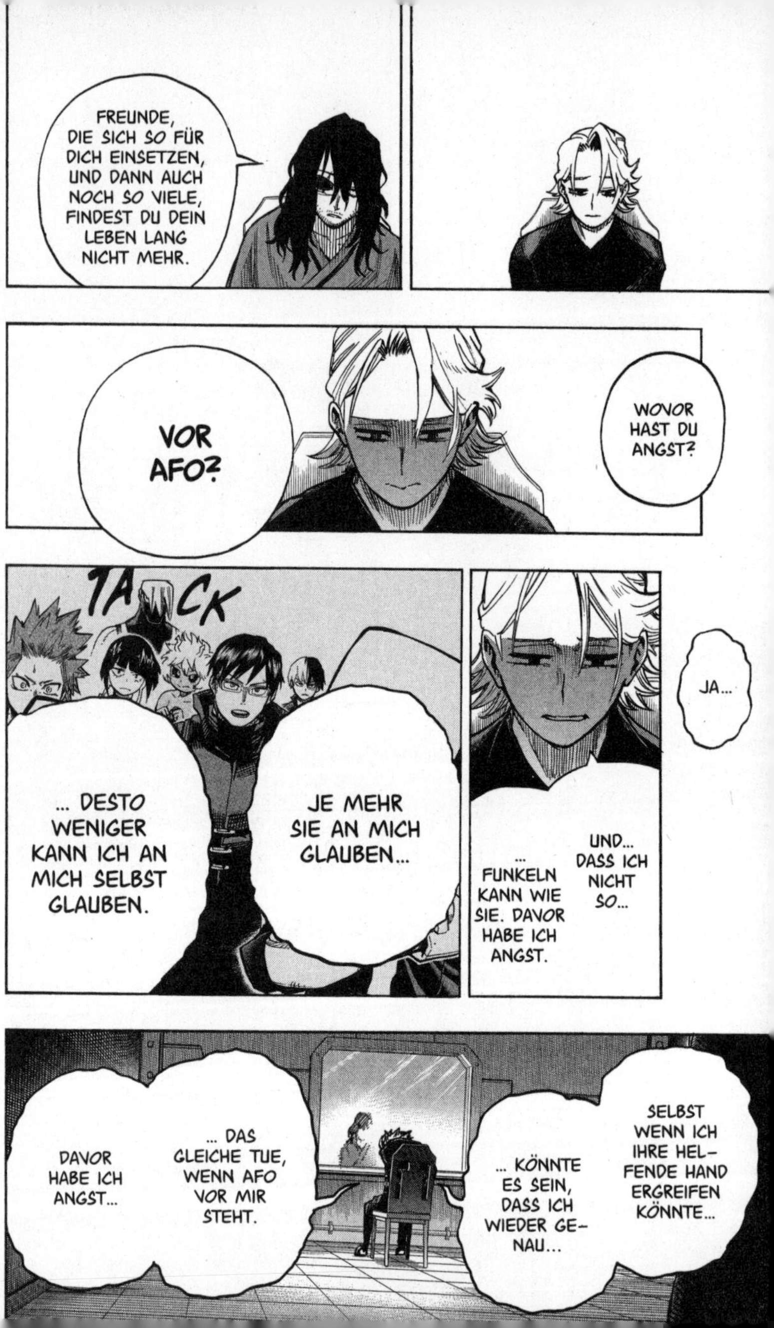
FREUNDE, DIE SICH SO FÜR DICH EINSETZEN, UND DANN AUCH NOCH SO VIELE, FINDEST DU DEIN LEBEN LANG NICHT MEHR.
WOVOR HAST DU ANGST?
VOR AFO?
JA...
UND... DASS ICH NICHT SO...
... FUNKELN KANN WIE SIE. DAVOR HABE ICH ANGST.
TACK
JE MEHR SIE AN MICH GLAUBEN...
... DESTO WENIGER KANN ICH AN MICH SELBST GLAUBEN.
SELBST WENN ICH IHRE HEL-FENDE HAND ERGREIFEN KÖNNTE...
... KÖNNTE ES SEIN, DASS ICH WIEDER GE-NAU...
... DAS GLEICHE TUE, WENN AFO VOR MIR STEHT.
DAVOR HABE ICH ANGST...

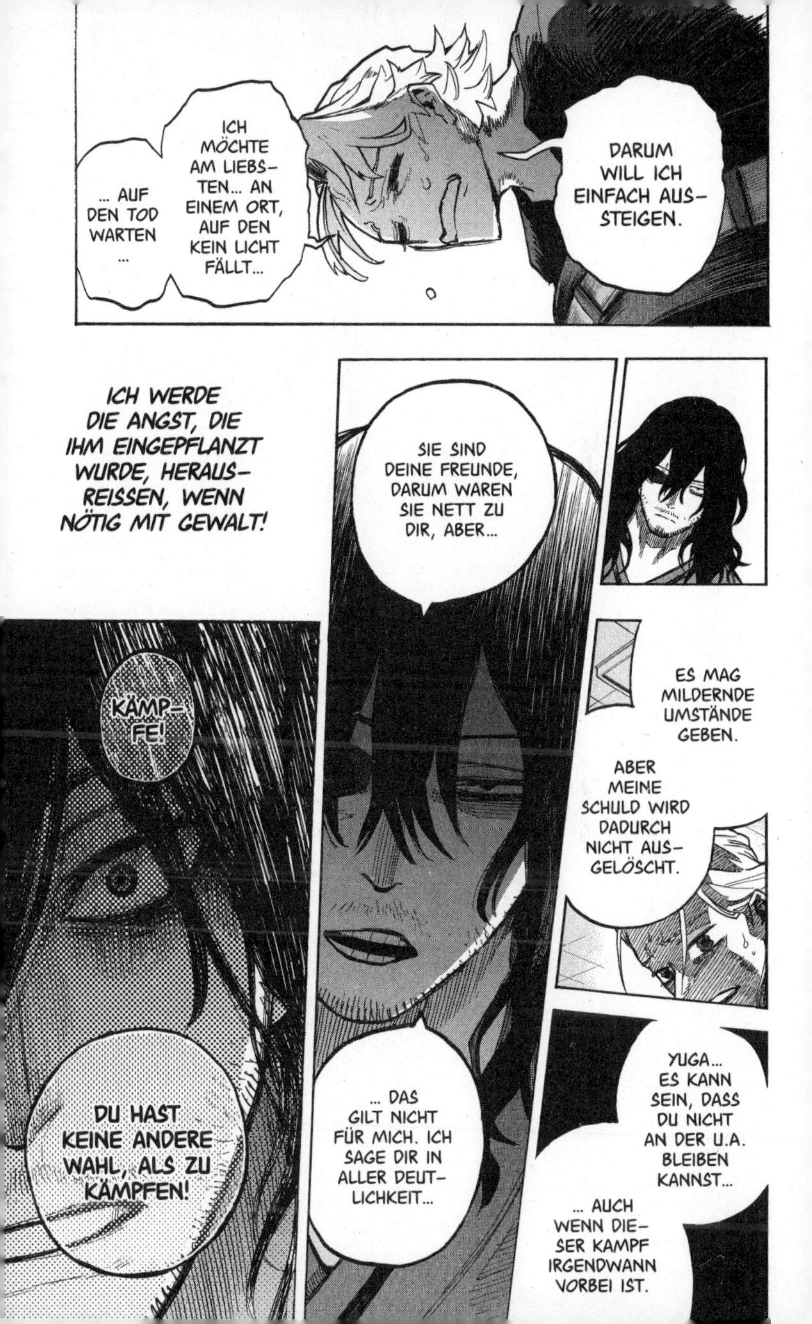
DARUM WILL ICH EINFACH AUS-STEIGEN.
ICH MÖCHTE AM LIEBS-TEN... AN EINEM ORT, AUF DEN KEIN LICHT FÄLLT...
... AUF DEN TOD WARTEN ...
SIE SIND DEINE FREUNDE, DARUM WAREN SIE NETT ZU DIR, ABER...
ICH WERDE DIE ANGST, DIE IHM EINGEPFLANZT WURDE, HERAUS-REISSEN, WENN NÖTIG MIT GEWALT!
ES MAG MILDERNDE UMSTÄNDE GEBEN.
ABER MEINE SCHULD WIRD DADURCH NICHT AUS-GELÖSCHT.
YUGA... ES KANN SEIN, DASS DU NICHT AN DER U.A. BLEIBEN KANNST...
... AUCH WENN DIE-SER KAMPF IRGENDWANN VORBEI IST.
... DAS GILT NICHT FÜR MICH. ICH SAGE DIR IN ALLER DEUT-LICHKEIT...
KÄMP-FE!
DU HAST KEINE ANDERE WAHL, ALS ZU KÄMPFEN!

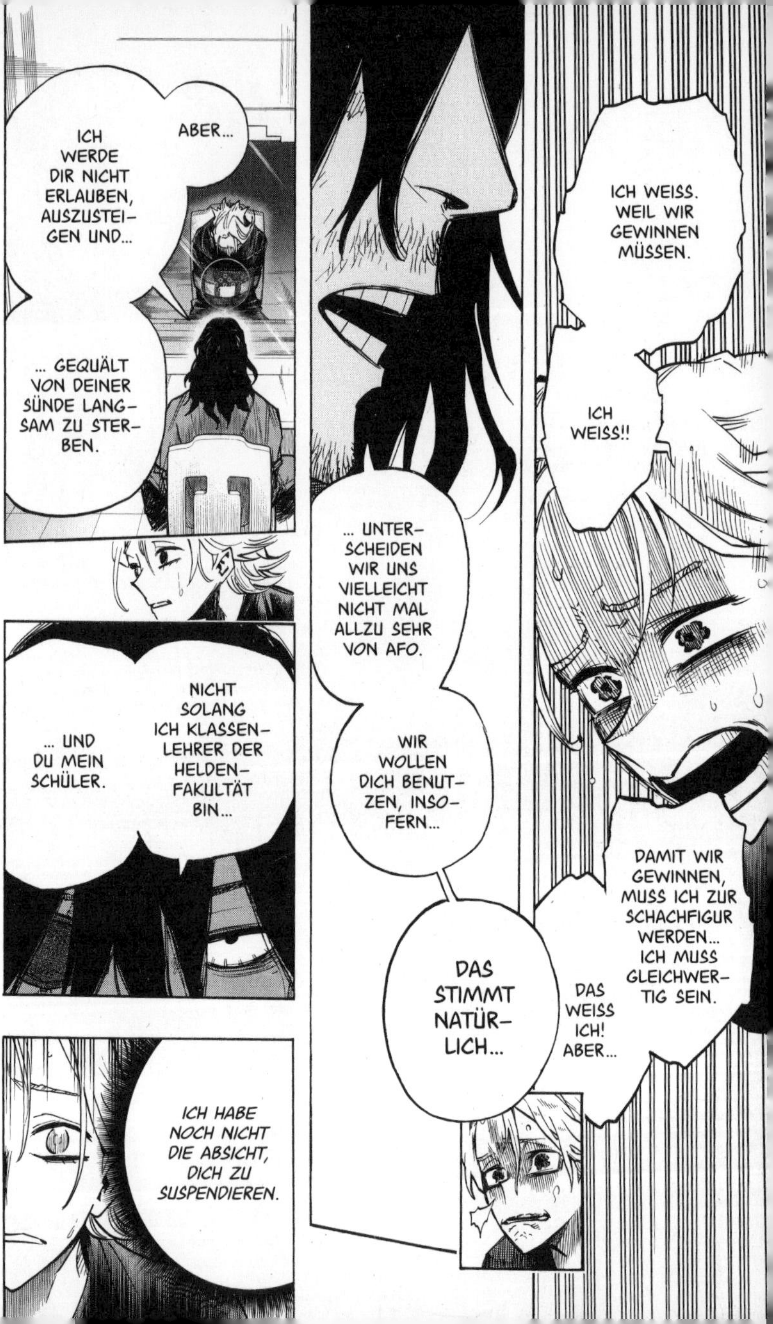
ABER...
ICH WERDE DIR NICHT ERLAUBEN, AUSZUSTEIGEN UND...
... GEQUÄLT VON DEINER SÜNDE LANGSAM ZU STERBEN.
NICHT SOLANG ICH KLASSENLEHRER DER HELDENFAKULTÄT BIN...
... UND DU MEIN SCHÜLER.
ICH HABE NOCH NICHT DIE ABSICHT, DICH ZU SUSPENDIEREN.
... UNTERSCHEIDEN WIR UNS VIELLEICHT NICHT MAL ALLZU SEHR VON AFO.
WIR WOLLEN DICH BENUTZEN, INSOFERN...
DAS STIMMT NATÜRLICH...
ICH WEISS. WEIL WIR GEWINNEN MÜSSEN.
ICH WEISS!!
DAMIT WIR GEWINNEN, MUSS ICH ZUR SCHACHFIGUR WERDEN... ICH MUSS GLEICHWERTIG SEIN.
DAS WEISS ICH! ABER...

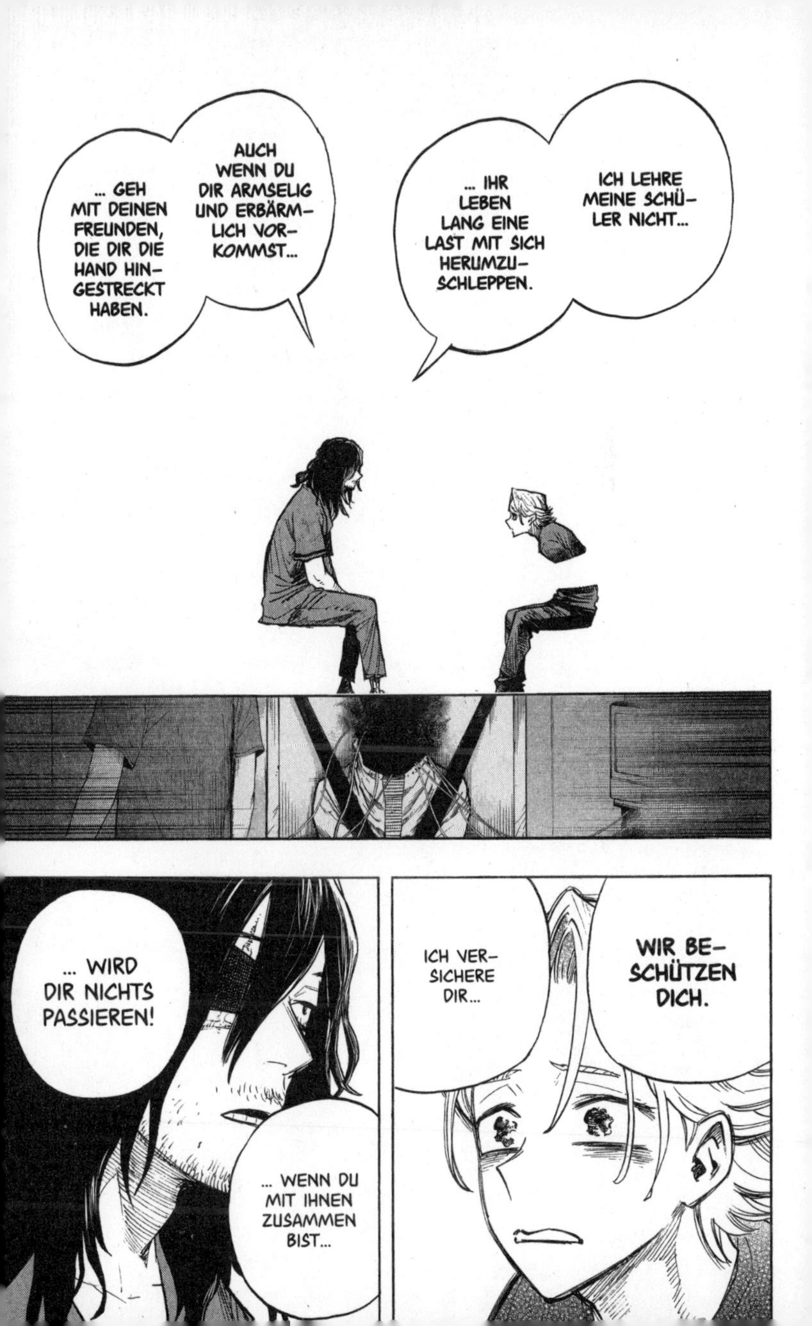
ICH LEHRE MEINE SCHÜLER NICHT...
... IHR LEBEN LANG EINE LAST MIT SICH HERUMZUSCHLEPPEN.
AUCH WENN DU DIR ARMSELIG UND ERBÄRMLICH VORKOMMST...
... GEH MIT DEINEN FREUNDEN, DIE DIR DIE HAND HINGESTRECKT HABEN.
WIR BESCHÜTZEN DICH.
ICH VERSICHERE DIR...
... WIRD DIR NICHTS PASSIEREN!
... WENN DU MIT IHNEN ZUSAMMEN BIST...

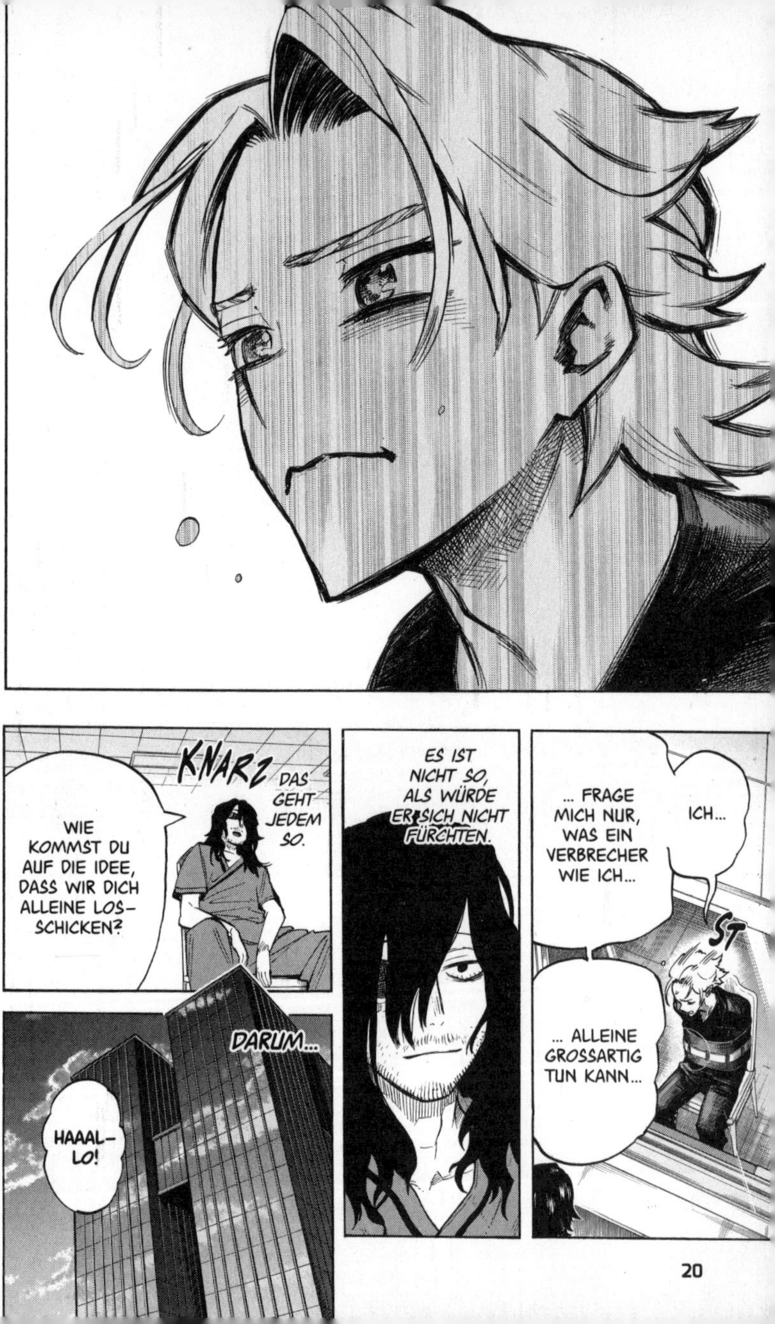
ICH...
... FRAGE MICH NUR, WAS EIN VERBRECHER WIE ICH...
ST
... ALLEINE GROSSARTIG TUN KANN...
ES IST NICHT SO, ALS WÜRDE ER SICH NICHT FÜRCHTEN.
DARUM...
KNARZ
DAS GEHT JEDEM SO.
WIE KOMMST DU AUF DIE IDEE, DASS WIR DICH ALLEINE LOS-SCHICKEN?
HAAAL-LO!

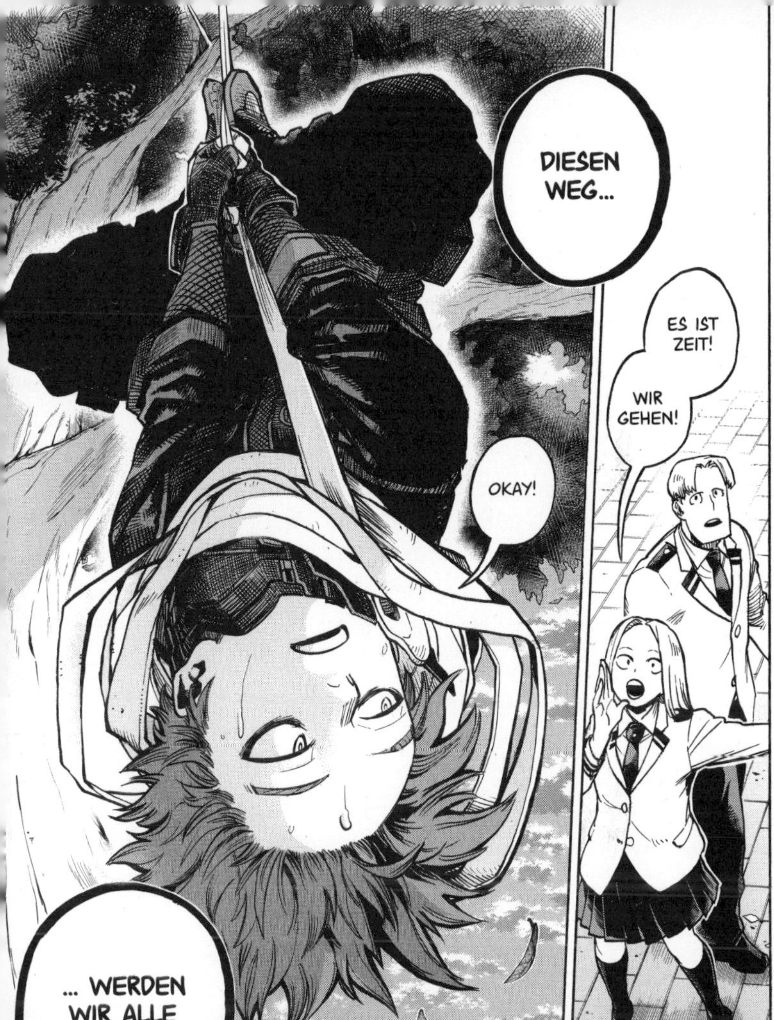

Nr. 340 Die Geschichte, in der wir alle zu Helden werden ③

THE SHI...SHI...SHI...SHINSO!

Er hat ein Heldenkostüm an! Eigentlich wäre er mittlerweile in der zweiten Klasse der Heldenfakultät, deshalb hat er das Kostüm schon im Voraus bekommen. Es ist hauptsächlich in Schwarz gehalten und nicht besonders auffällig, was auf Herrn Aizawas starken Einfluss zurückzuführen ist. Bei der Skizzenausstellung wurden schon einige Vorzeichnungen gezeigt, aber es kann sein, dass sich noch ein paar Details verändert haben.

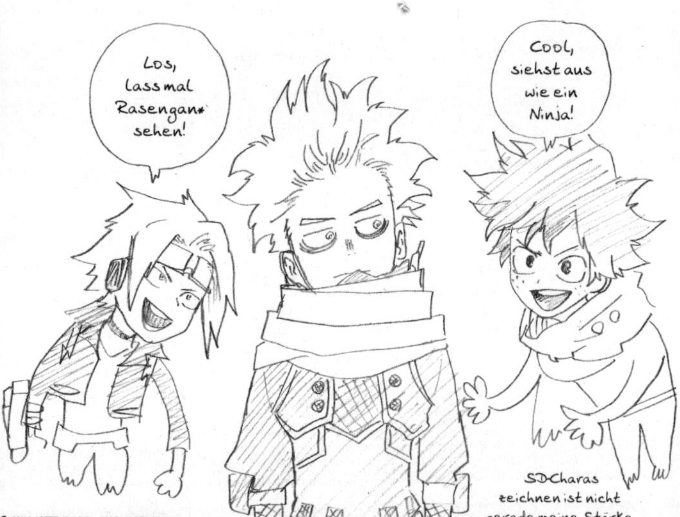

* NINJATECHNIK AUS NARUTO

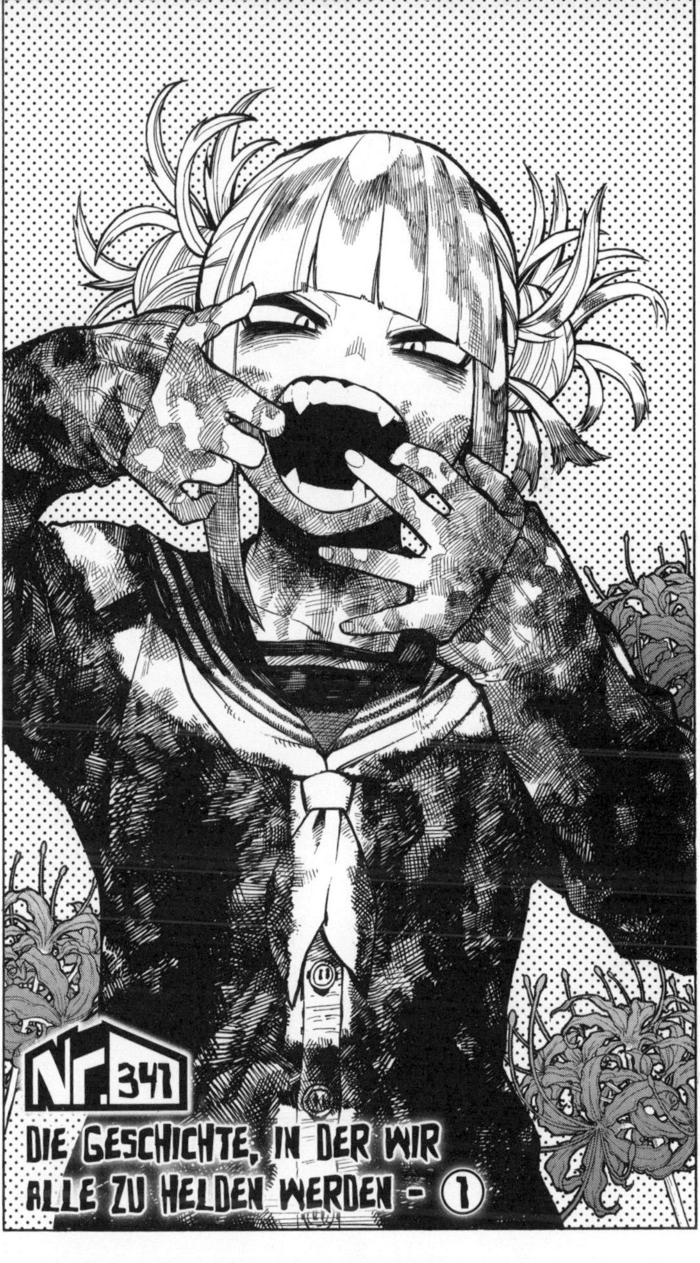
Nr. 341
DIE GESCHICHTE, IN DER WIR
ALLE ZU HELDEN WERDEN - 1

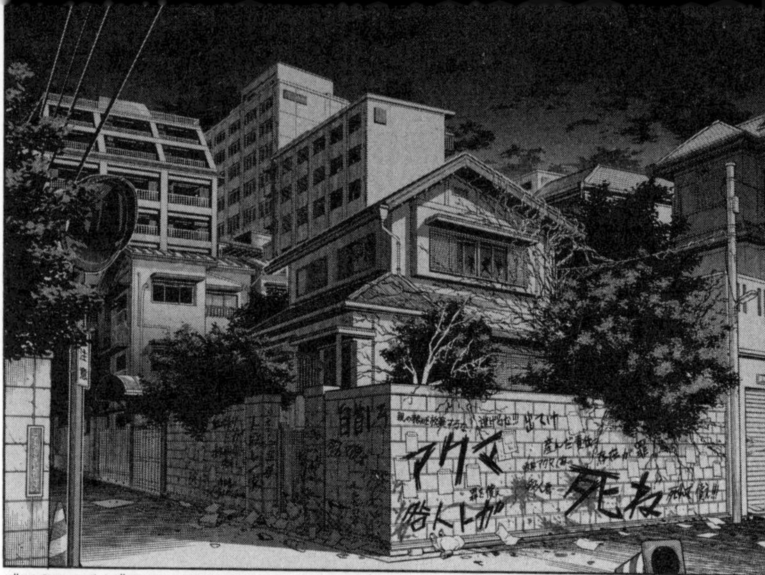

HÄNG DICH AUF! / DÄMONIN / VERSAGER-ELTERN / VERSCHWINDET / TOGA, DIE VERBRECHERIN / BÜSSE FÜR DEINE VERBRECHEN / MÖRDERIN / WER SO WAS ZUR WELT BRINGT, IST VERANTWORTLICH / HAUS DER BLUTSAUGER-DÄMONIN

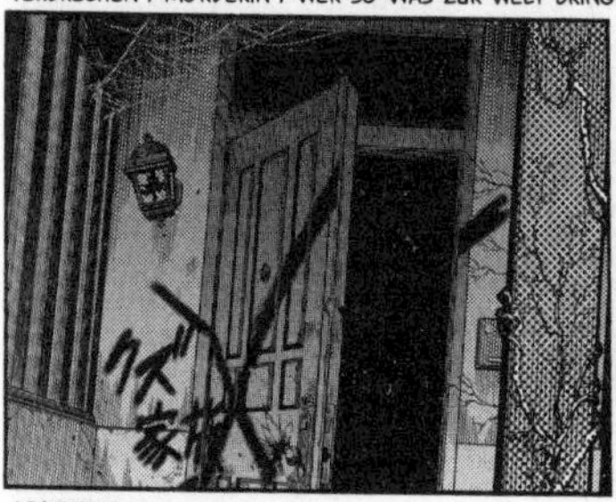

ABSCHAUM

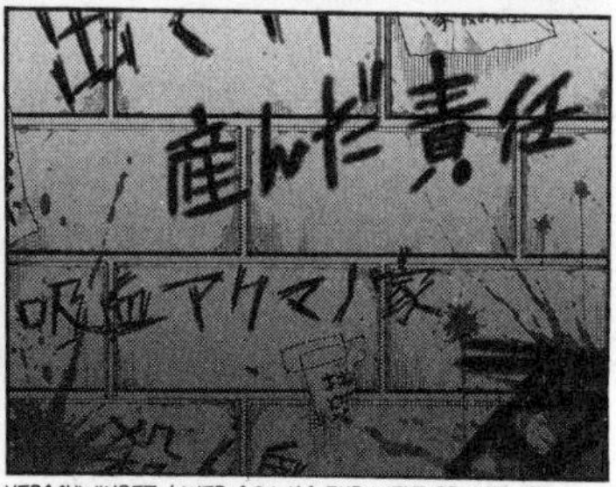

VERSCHWINDET / WER SO WAS ZUR WELT BRINGT, IST VERANTWORTLICH / HAUS DER BLUTSAUGER-DÄMONIN / MÖRDERIN

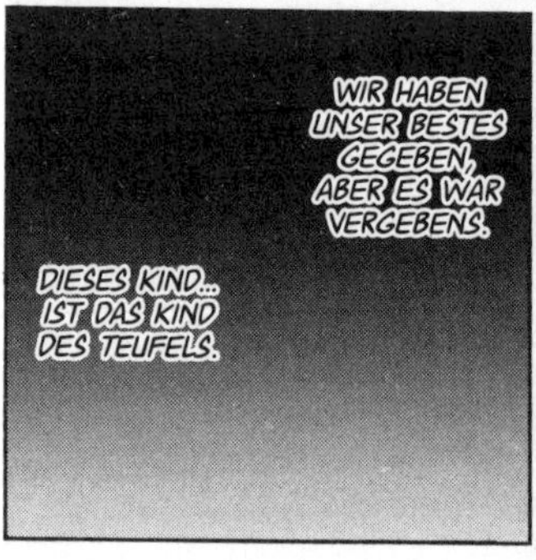

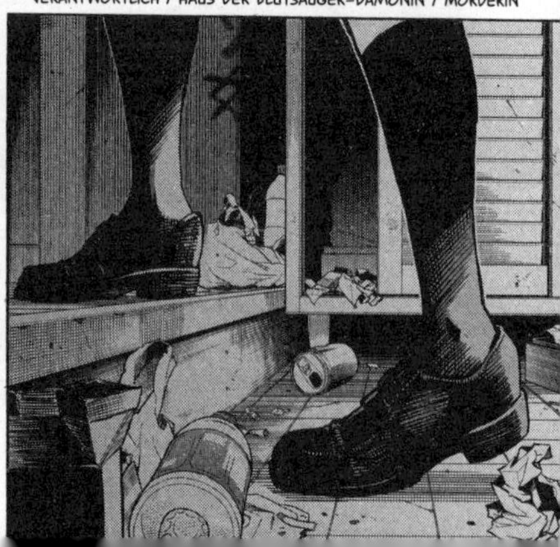

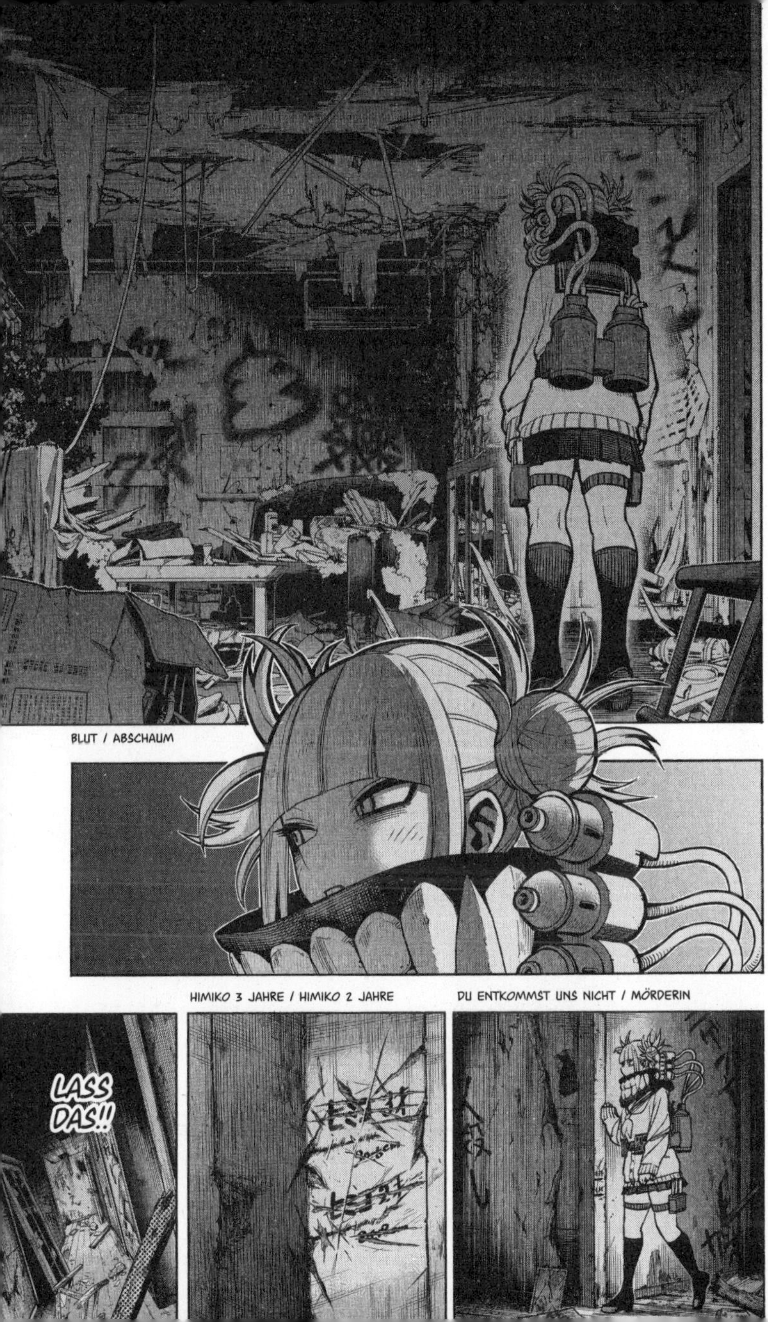

BLUT / ABSCHAUM
HIMIKO 3 JAHRE / HIMIKO 2 JAHRE
DU ENTKOMMST UNS NICHT / MÖRDERIN
LASS DAS!!

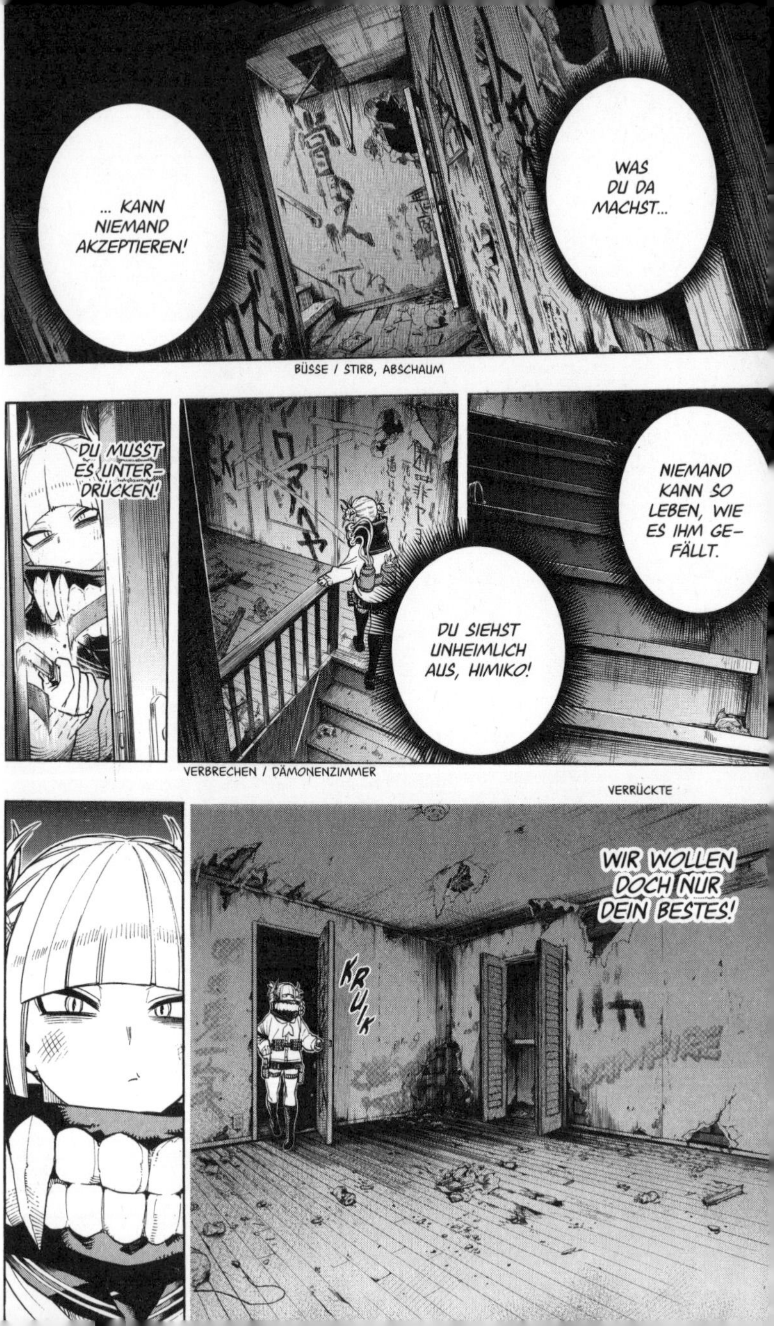
WAS DU DA MACHST...
... KANN NIEMAND AKZEPTIEREN!
BÜSSE / STIRB, ABSCHAUM
NIEMAND KANN SO LEBEN, WIE ES IHM GE-FÄLLT.
DU SIEHST UNHEIMLICH AUS, HIMIKO!
DU MUSST ES UNTER-DRÜCKEN!
VERBRECHEN / DÄMONENZIMMER
VERRÜCKTE
WIR WOLLEN DOCH NUR DEIN BESTES!
KRUIK

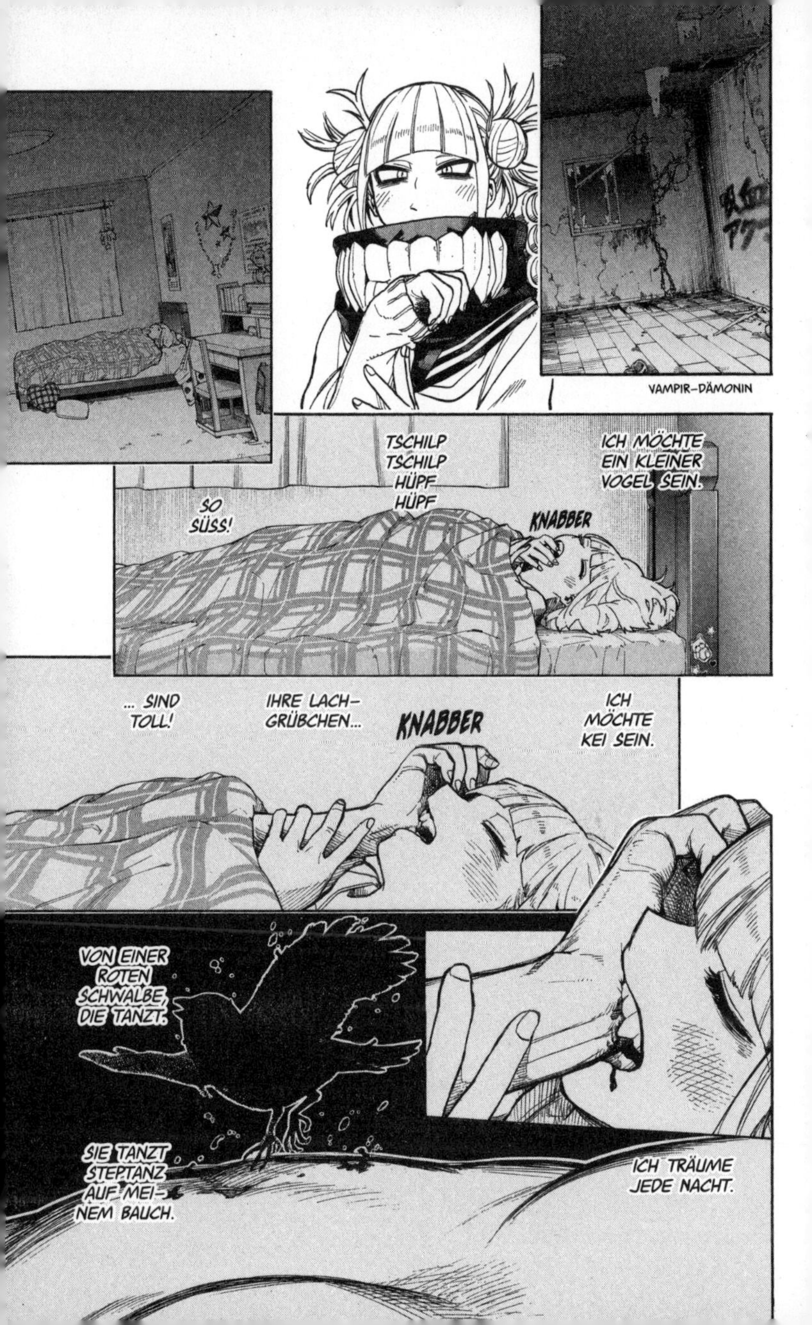
VAMPIR-DÄMONIN
ICH MÖCHTE EIN KLEINER VOGEL SEIN.
KNABBER
TSCHILP TSCHILP HÜPF HÜPF
SO SÜSS!
ICH MÖCHTE KEI SEIN.
KNABBER
IHRE LACH-GRÜBCHEN...
... SIND TOLL!
ICH TRÄUME JEDE NACHT.
VON EINER ROTEN SCHWALBE, DIE TANZT.
SIE TANZT STEPTANZ AUF MEI-NEM BAUCH.

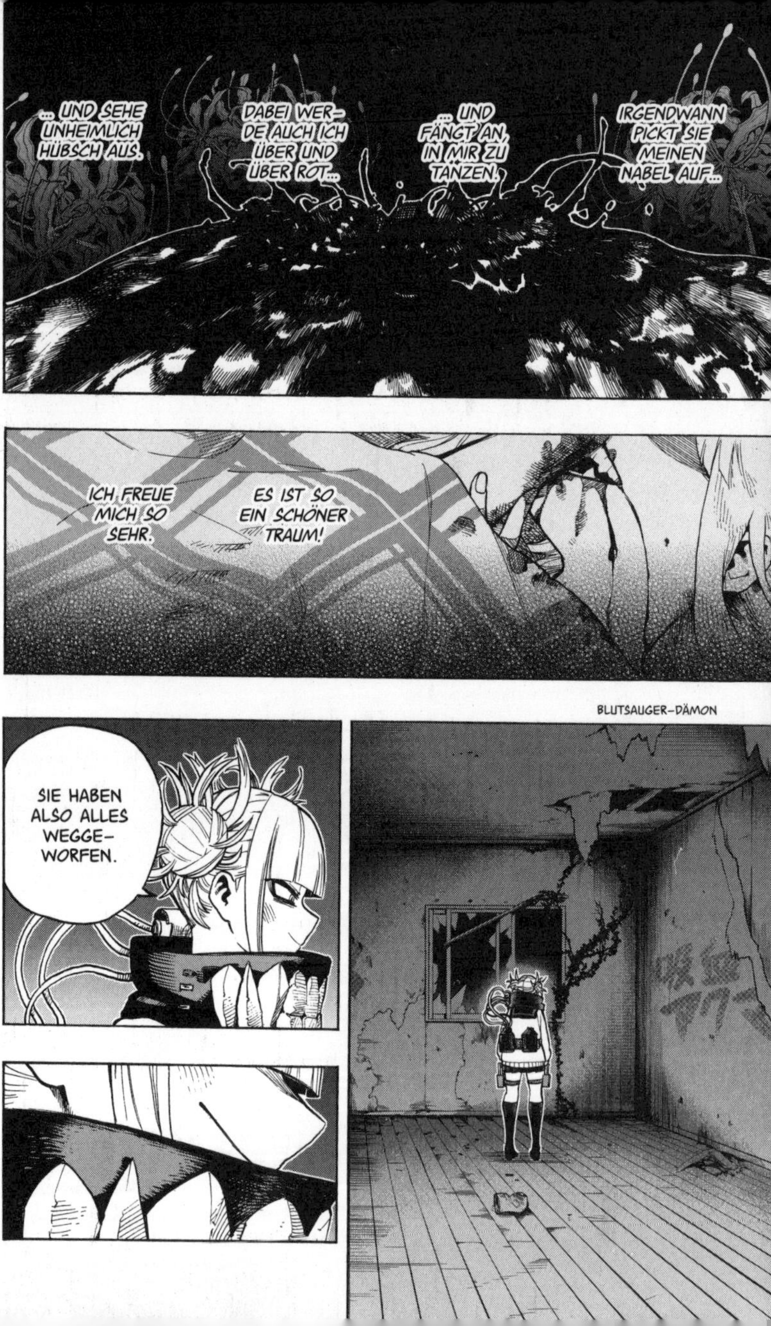
IRGENDWANN PICKT SIE MEINEN NABEL AUF...
... UND FÄNGT AN, IN MIR ZU TANZEN.
DABEI WER-DE AUCH ICH ÜBER UND ÜBER ROT...
... UND SEHE UNHEIMLICH HÜBSCH AUS.
ES IST SO EIN SCHÖNER TRAUM!
ICH FREUE MICH SO SEHR.
BLUTSAUGER-DÄMON
SIE HABEN ALSO ALLES WEGGE-WORFEN.

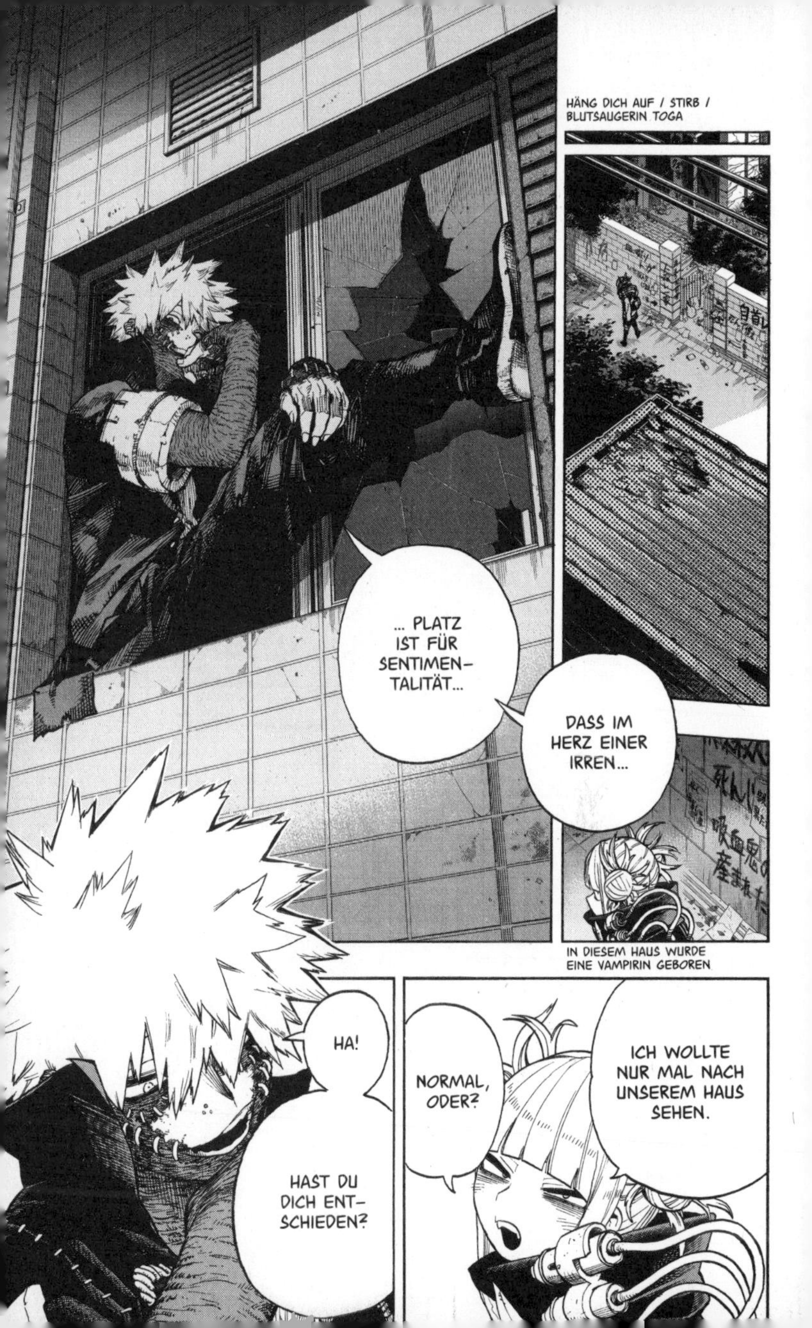
HÄNG DICH AUF / STIRB / BLUTSAUGERIN TOGA
... PLATZ IST FÜR SENTIMENTALITÄT...
DASS IM HERZ EINER IRREN...
IN DIESEM HAUS WURDE EINE VAMPIRIN GEBOREN
ICH WOLLTE NUR MAL NACH UNSEREM HAUS SEHEN.
NORMAL, ODER?
HA!
HAST DU DICH ENTSCHIEDEN?

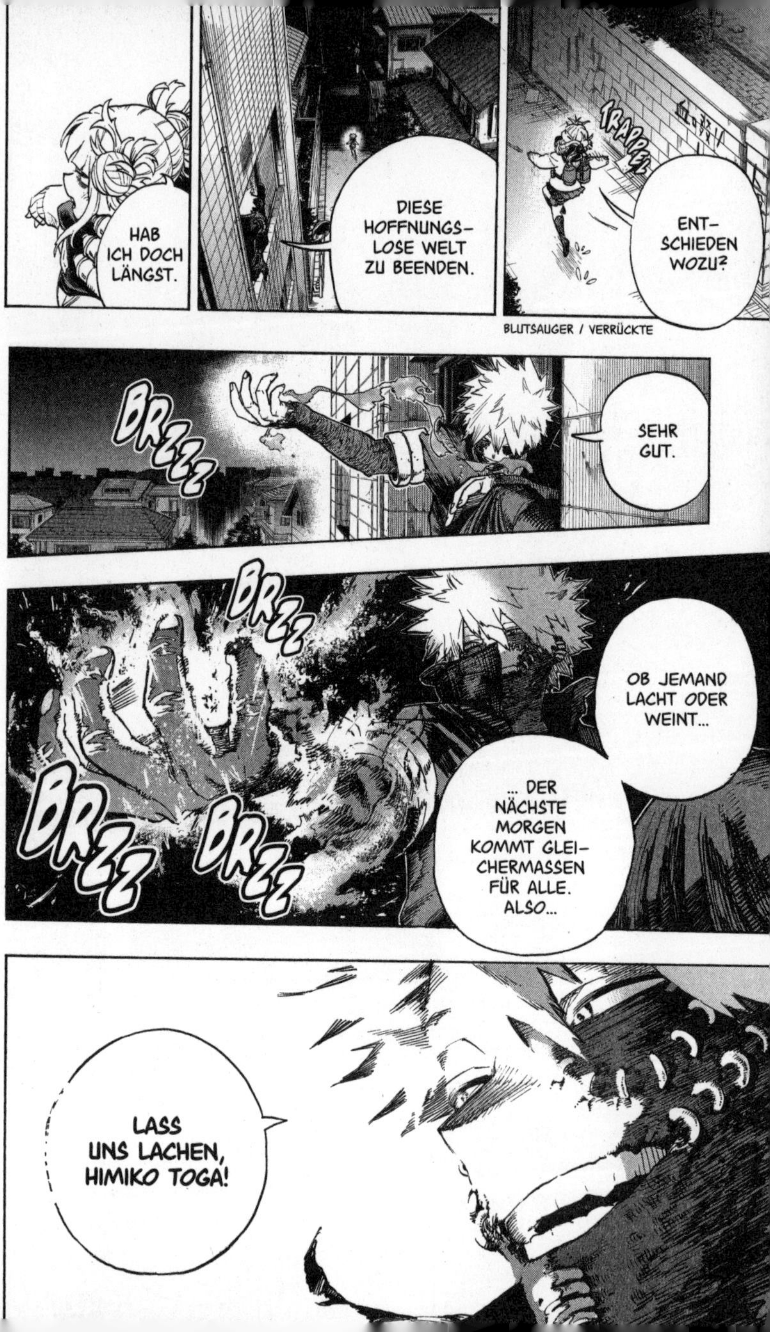
TRAPPEL
ENT-
SCHIEDEN
WOZU?
DIESE
HOFFNUNGS-
LOSE WELT
ZU BEENDEN.
HAB
ICH DOCH
LÄNGST.
BLUTSAUGER / VERRÜCKTE
SEHR
GUT.
BRZZZ
OB JEMAND
LACHT ODER
WEINT...
... DER
NÄCHSTE
MORGEN
KOMMT GLEI-
CHERMASSEN
FÜR ALLE.
ALSO...
BRZZ
BRZZ
BRZZ
LASS
UNS LACHEN,
HIMIKO TOGA!

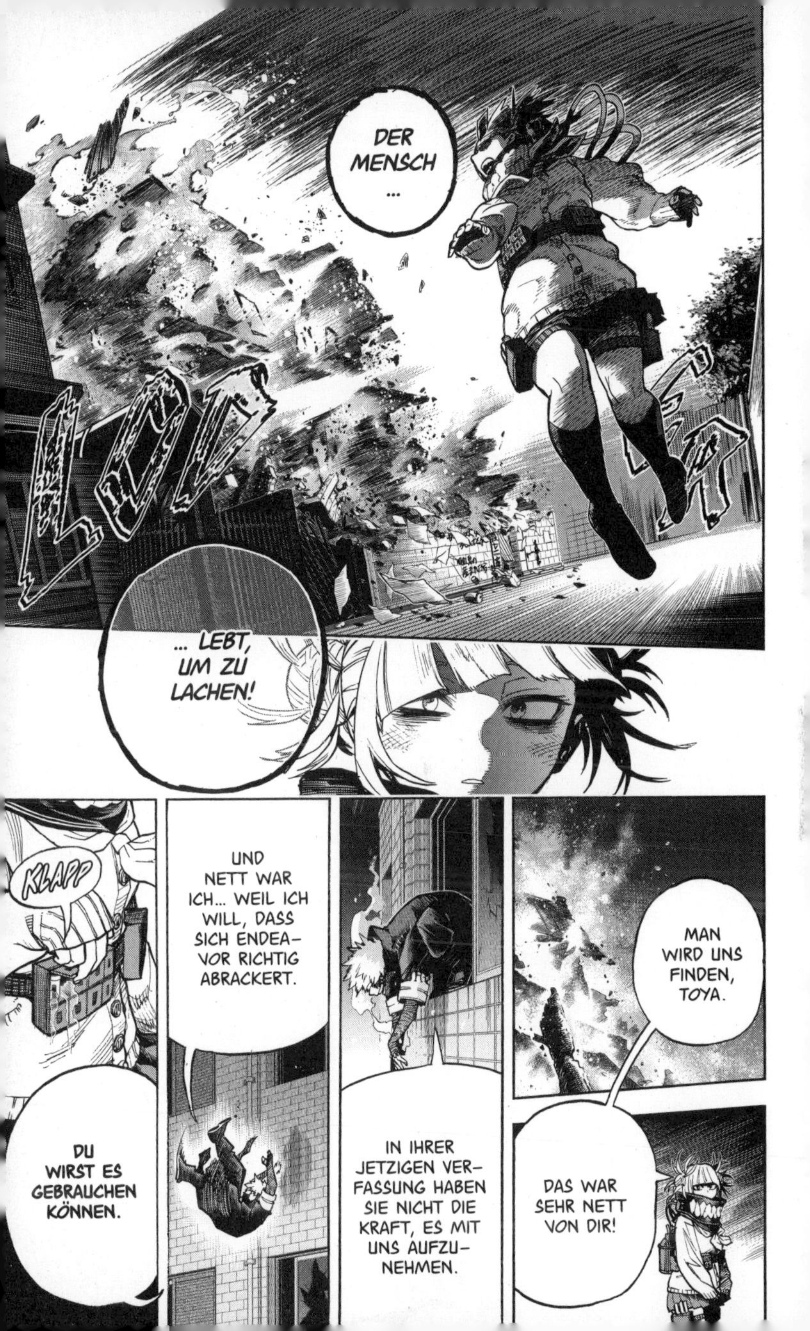
DER MENSCH ...
... LEBT, UM ZU LACHEN!
MAN WIRD UNS FINDEN, TOYA.
DAS WAR SEHR NETT VON DIR!
UND NETT WAR ICH... WEIL ICH WILL, DASS SICH ENDEA-VOR RICHTIG ABRACKERT.
IN IHRER JETZIGEN VER-FASSUNG HABEN SIE NICHT DIE KRAFT, ES MIT UNS AUFZU-NEHMEN.
KLAPP
DU WIRST ES GEBRAUCHEN KÖNNEN.

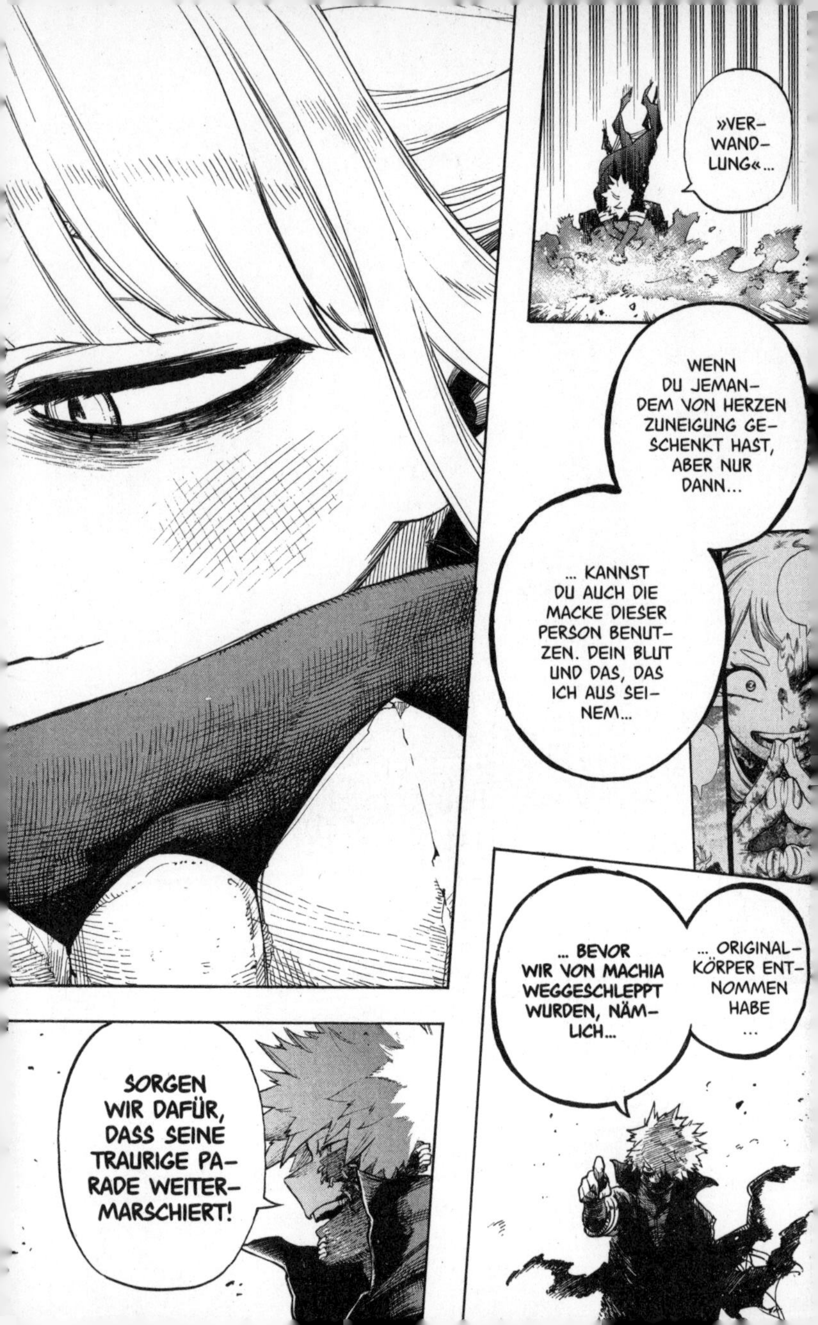
»VER-WAND-LUNG«...
WENN DU JEMAN-DEM VON HERZEN ZUNEIGUNG GE-SCHENKT HAST, ABER NUR DANN...
... KANNST DU AUCH DIE MACKE DIESER PERSON BENUT-ZEN. DEIN BLUT UND DAS, DAS ICH AUS SEI-NEM...
... ORIGINAL-KÖRPER ENT-NOMMEN HABE ...
... BEVOR WIR VON MACHIA WEGGESCHLEPPT WURDEN, NÄM-LICH...
SORGEN WIR DAFÜR, DASS SEINE TRAURIGE PA-RADE WEITER-MARSCHIERT!

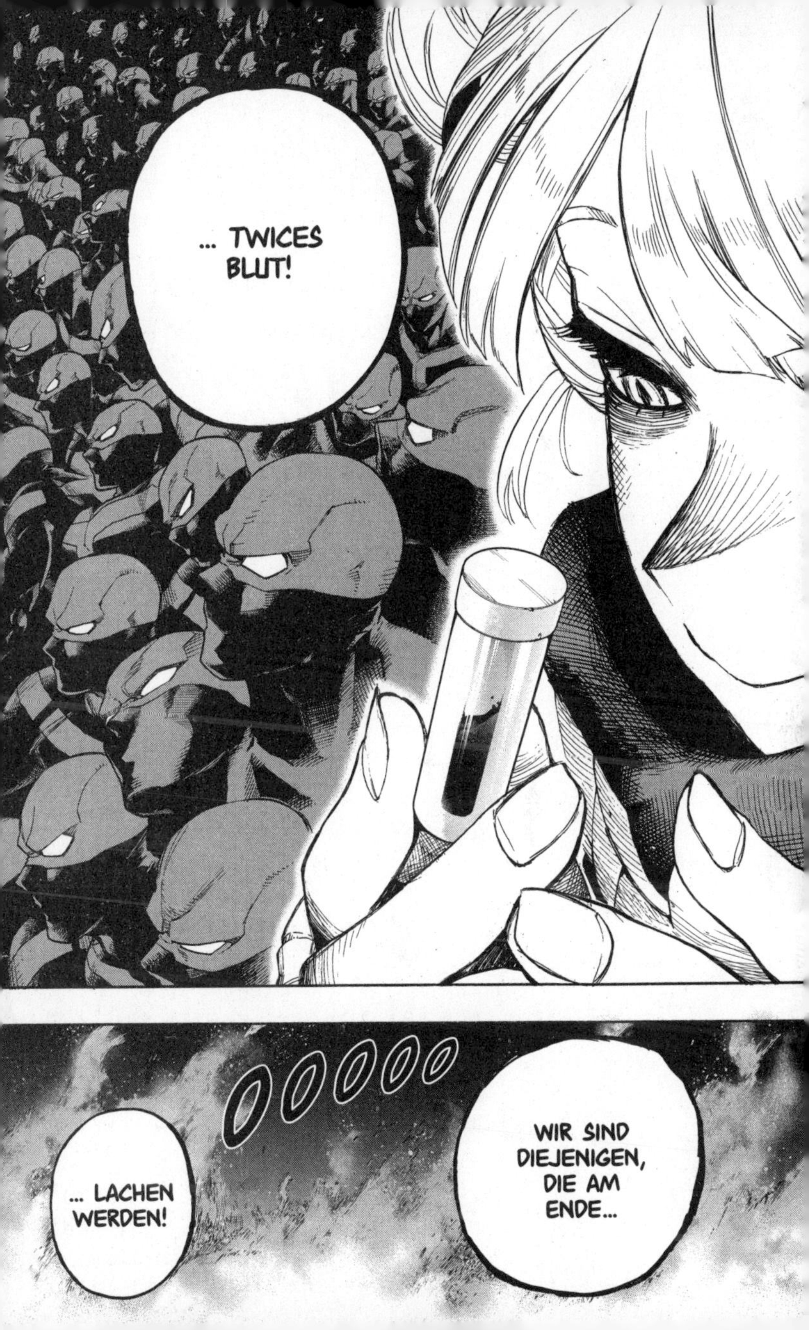
… TWICES BLUT!
WIR SIND DIEJENIGEN, DIE AM ENDE…
… LACHEN WERDEN!

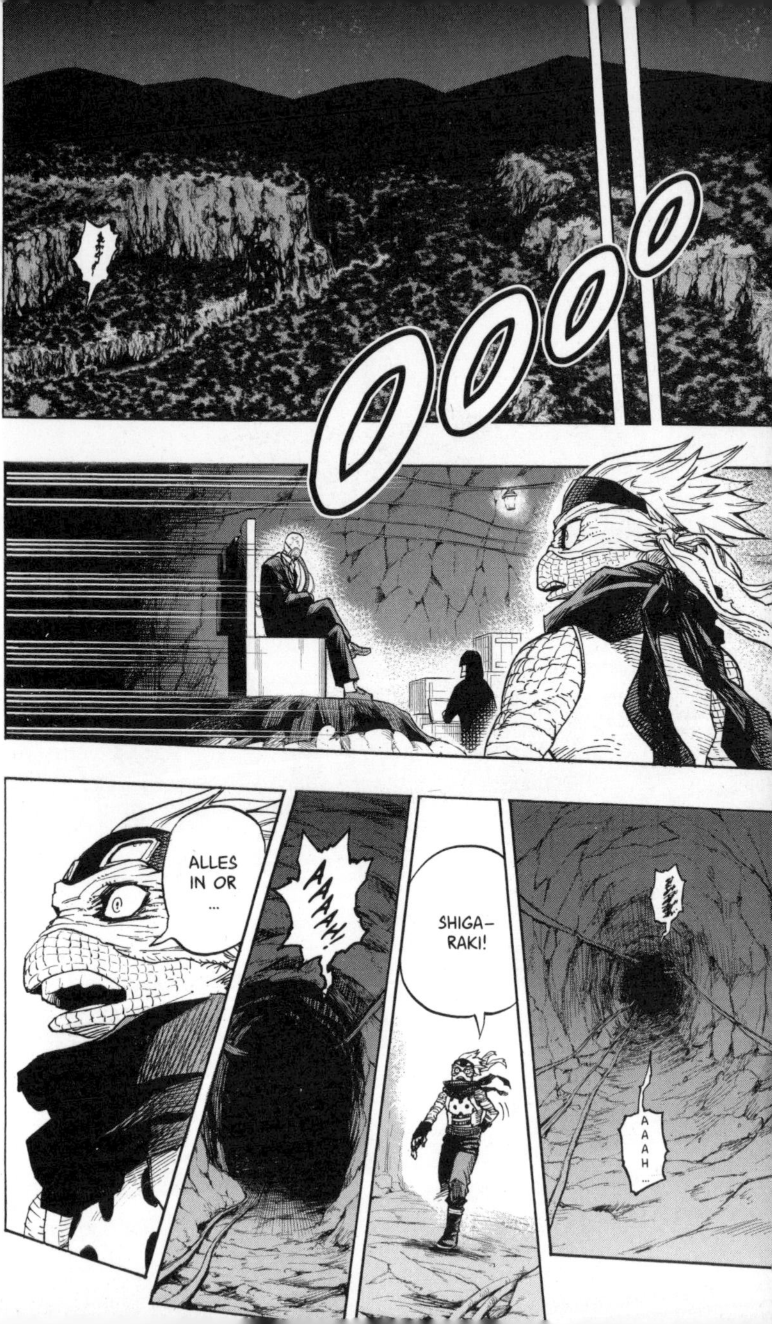
OOOOOO
AAAH ...
SHIGA-
RAKI!
AAAAH!
ALLES
IN OR
...

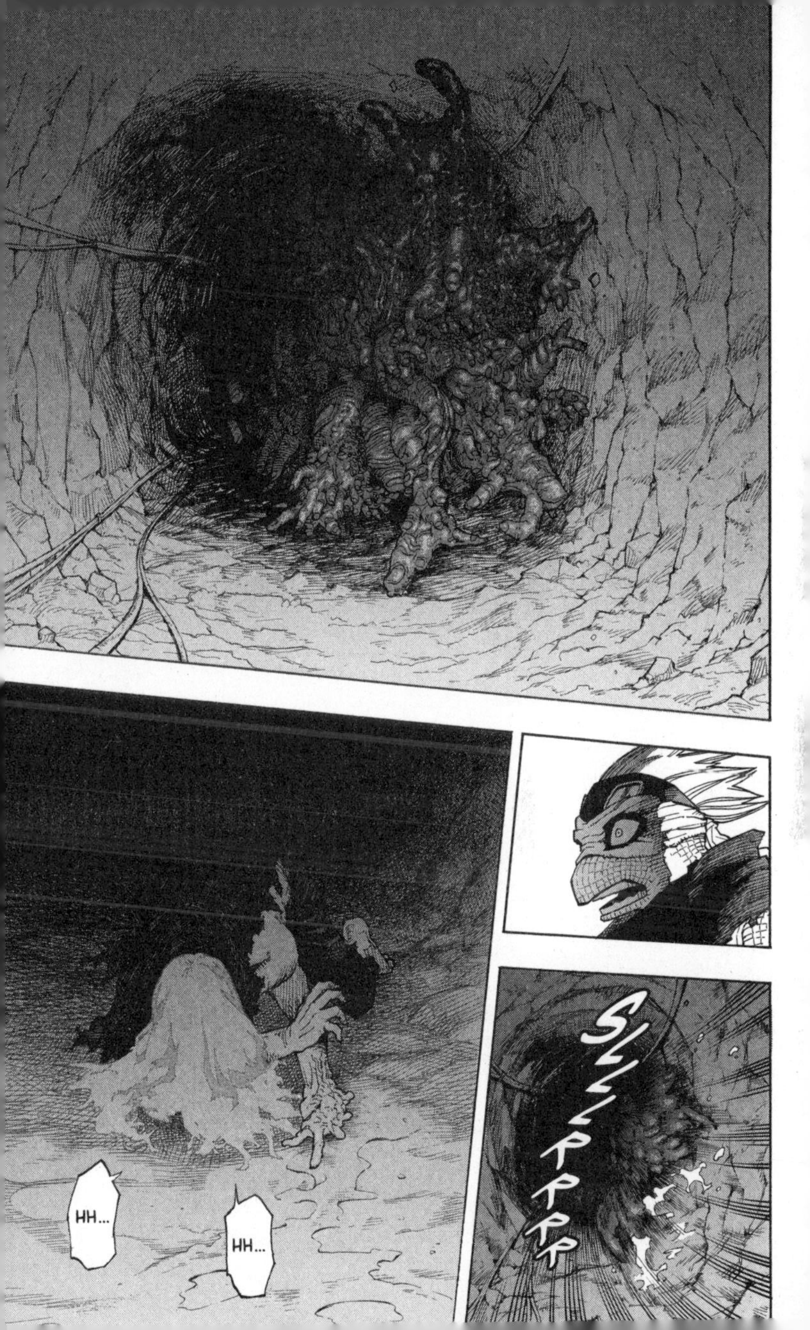
SLLLRRRRR
HH...
HH...

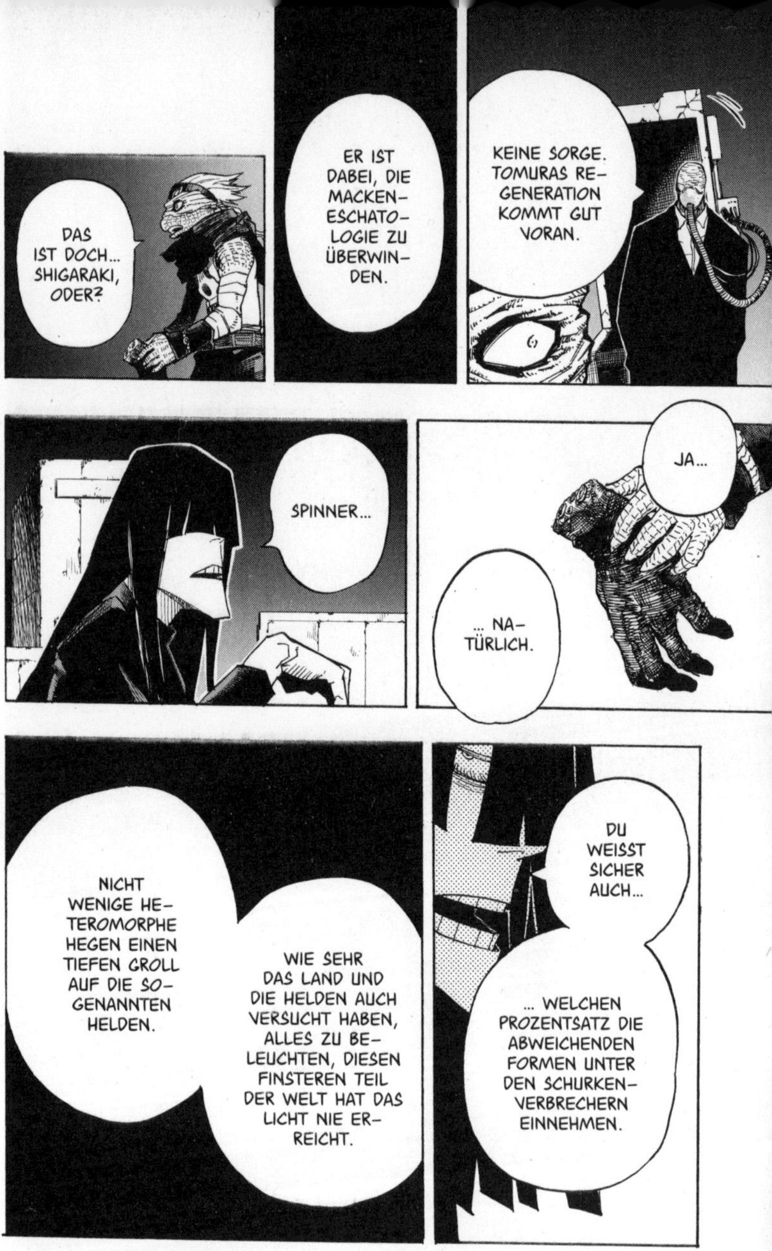
KEINE SORGE. TOMURAS RE-GENERATION KOMMT GUT VORAN.
ER IST DABEI, DIE MACKEN-ESCHATOLOGIE ZU ÜBERWINDEN.
DAS IST DOCH... SHIGARAKI, ODER?
JA...
... NATÜRLICH.
SPINNER...
DU WEISST SICHER AUCH...
... WELCHEN PROZENTSATZ DIE ABWEICHENDEN FORMEN UNTER DEN SCHURKEN-VERBRECHERN EINNEHMEN.
WIE SEHR DAS LAND UND DIE HELDEN AUCH VERSUCHT HABEN, ALLES ZU BELEUCHTEN, DIESEN FINSTEREN TEIL DER WELT HAT DAS LICHT NIE ERREICHT.
NICHT WENIGE HETEROMORPHE HEGEN EINEN TIEFEN GROLL AUF DIE SOGENANNTEN HELDEN.

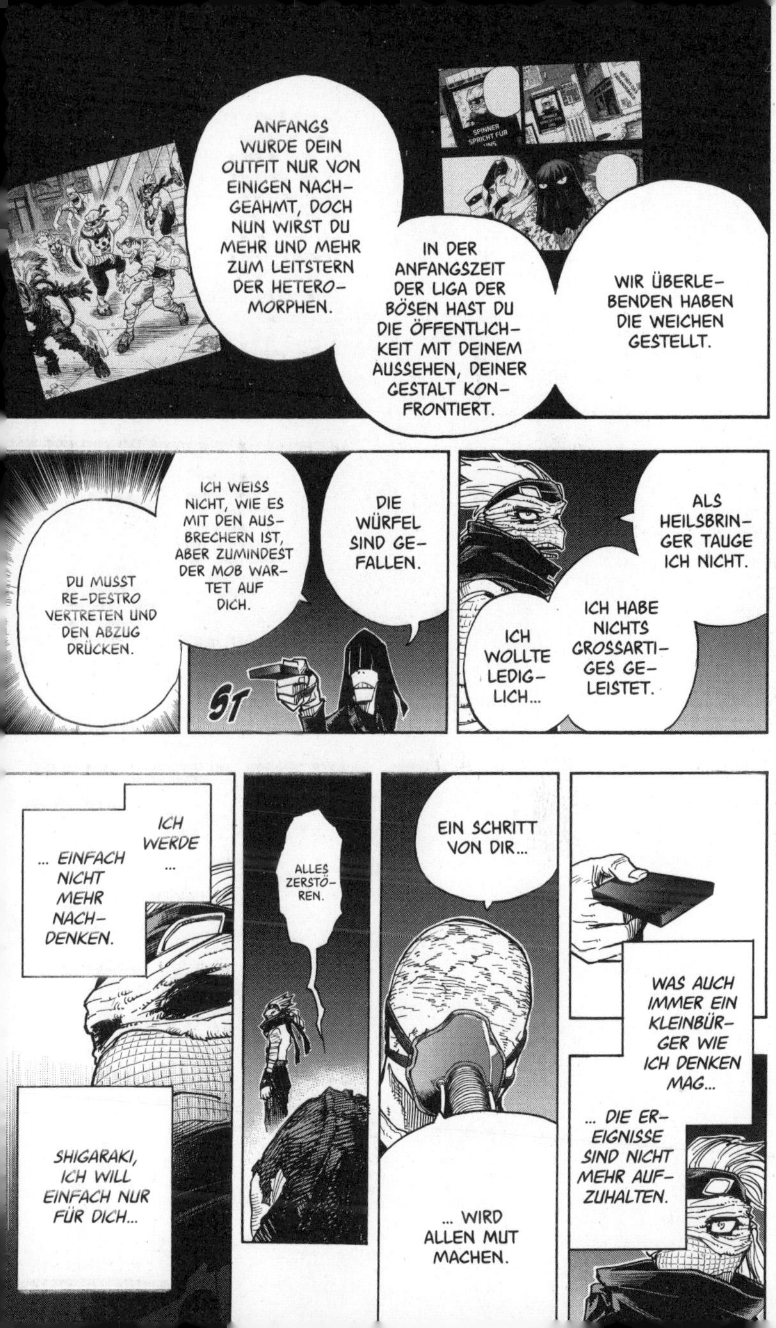
IN DER ANFANGSZEIT DER LIGA DER BÖSEN HAST DU DIE ÖFFENTLICHKEIT MIT DEINEM AUSSEHEN, DEINER GESTALT KONFRONTIERT.
ANFANGS WURDE DEIN OUTFIT NUR VON EINIGEN NACHGEAHMT, DOCH NUN WIRST DU MEHR UND MEHR ZUM LEITSTERN DER HETEROMORPHEN.
WIR ÜBERLEBENDEN HABEN DIE WEICHEN GESTELLT.
ALS HEILSBRINGER TAUGE ICH NICHT.
ICH HABE NICHTS GROSSARTIGES GELEISTET.
ICH WOLLTE LEDIGLICH...
DIE WÜRFEL SIND GEFALLEN.
ICH WEISS NICHT, WIE ES MIT DEN AUSBRECHERN IST, ABER ZUMINDEST DER MOB WARTET AUF DICH.
DU MUSST RE-DESTRO VERTRETEN UND DEN ABZUG DRÜCKEN.
ST
WAS AUCH IMMER EIN KLEINBÜRGER WIE ICH DENKEN MAG...
... DIE EREIGNISSE SIND NICHT MEHR AUFZUHALTEN.
EIN SCHRITT VON DIR...
... WIRD ALLEN MUT MACHEN.
ALLES ZERSTÖREN.
ICH WERDE ...
... EINFACH NICHT MEHR NACHDENKEN.
SHIGARAKI, ICH WILL EINFACH NUR FÜR DICH...

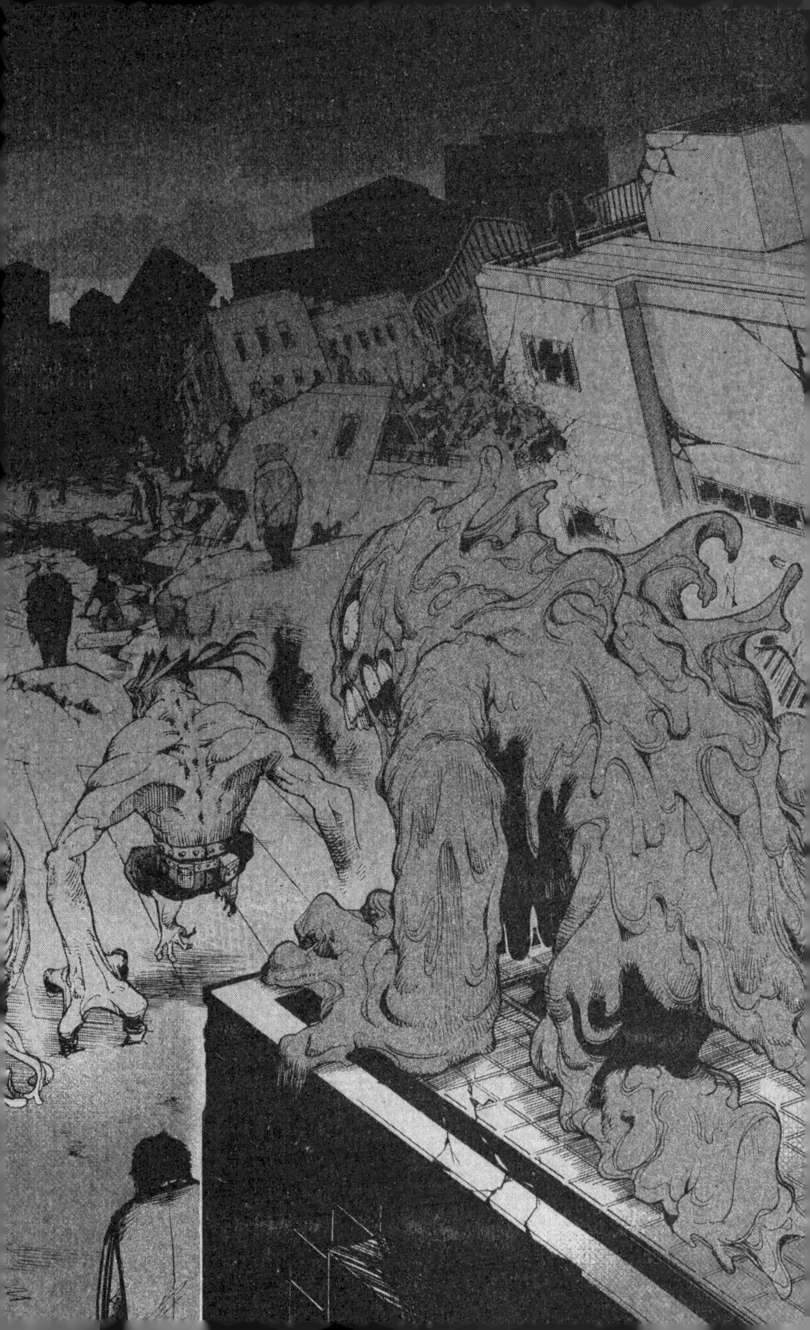

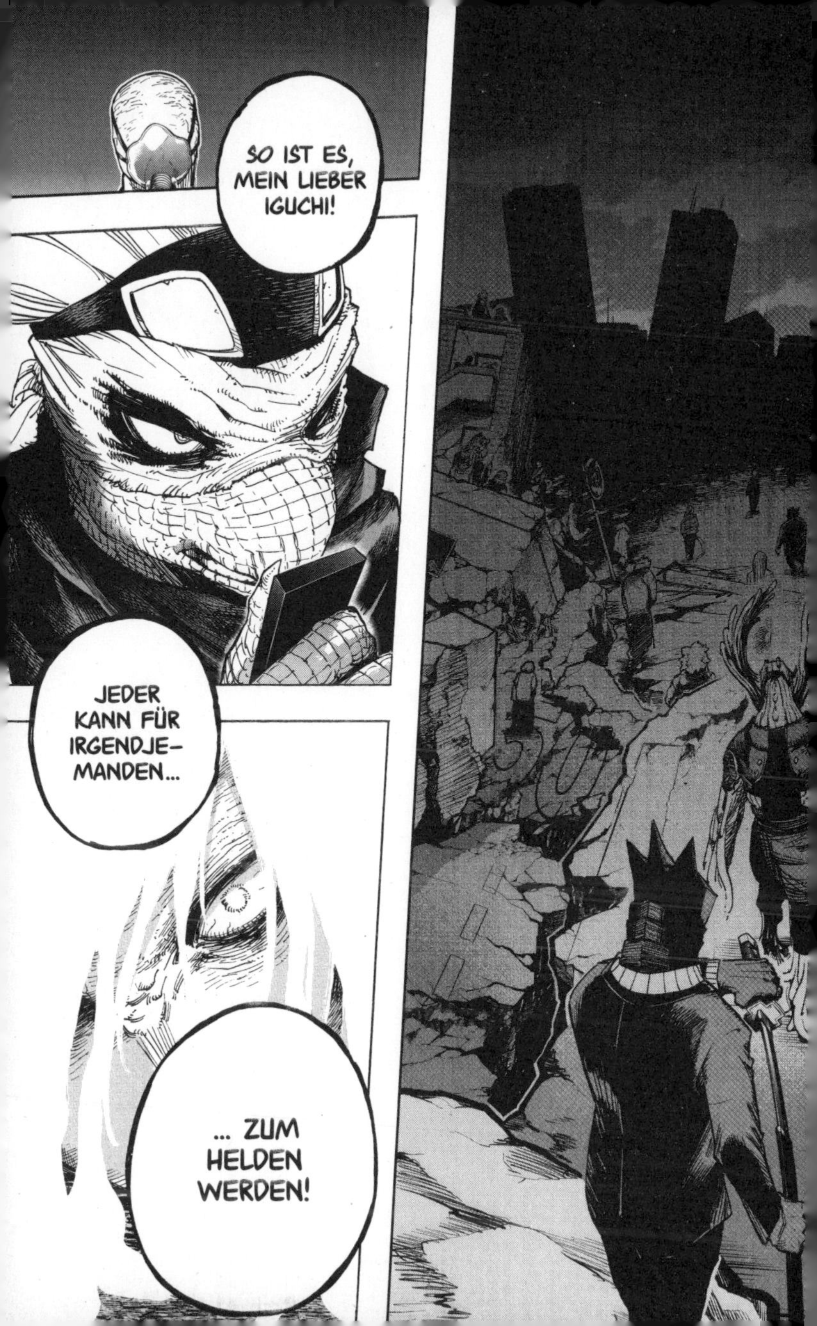
SO IST ES, MEIN LIEBER IGUCHI!
JEDER KANN FÜR IRGENDJE-MANDEN...
... ZUM HELDEN WERDEN!

THE ICH GLAUB, ICH ÜBE MAL SD-CHARAKTERE-CORNER

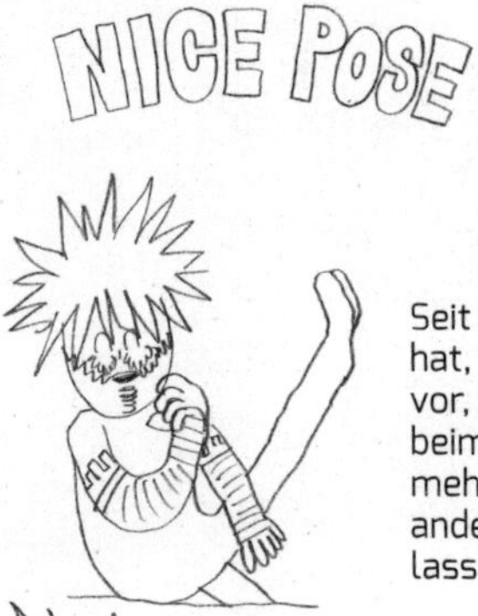

Seit Dabi weiße Haare hat, kommt es mir so vor, als bekäme ich es beim Zeichnen nicht mehr richtig hin, ihn anders aussehen zu lassen als Katsuki!

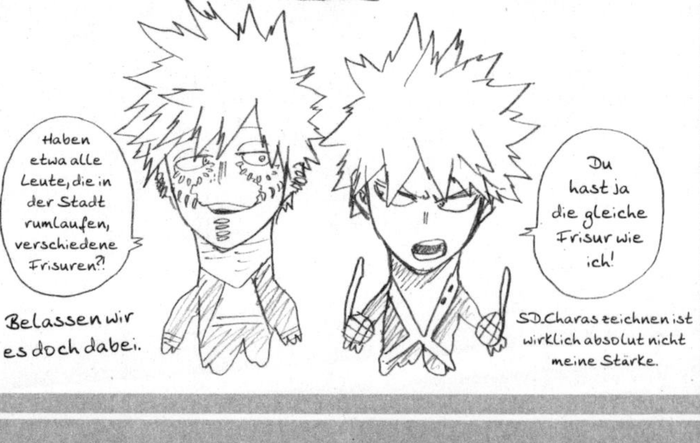

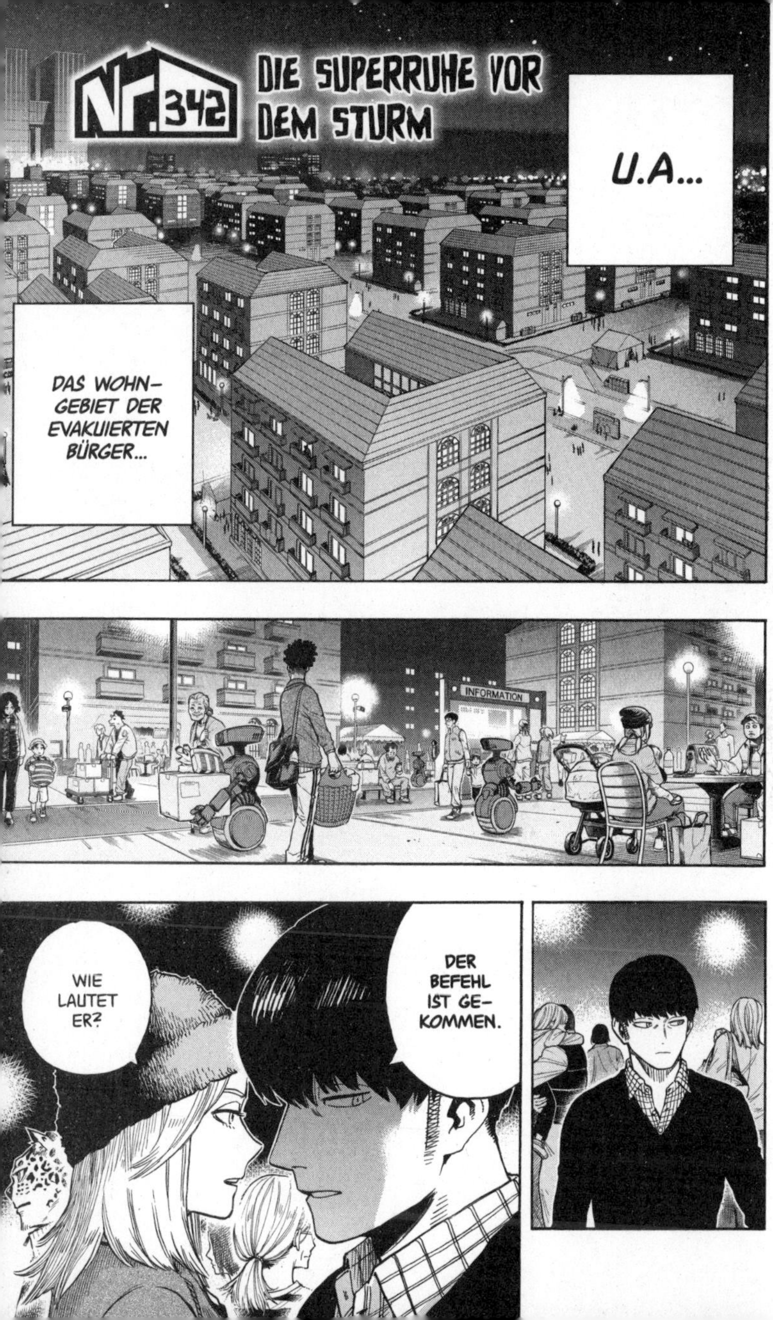
Nr. 342
DIE SUPERRUHE VOR DEM STURM
U.A...
DAS WOHNGEBIET DER EVAKUIERTEN BÜRGER...
INFORMATION
DER BEFEHL IST GEKOMMEN.
WIE LAUTET ER?

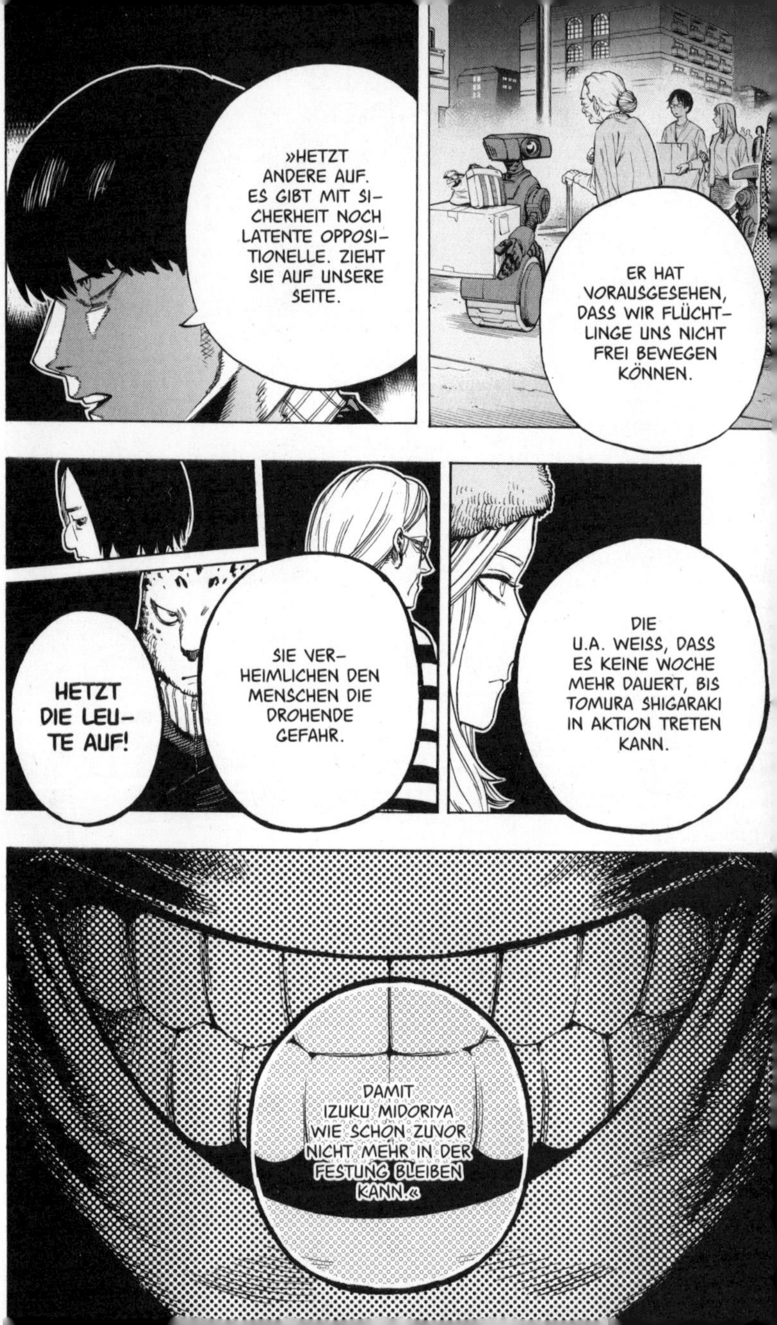
ER HAT VORAUSGESEHEN, DASS WIR FLÜCHTLINGE UNS NICHT FREI BEWEGEN KÖNNEN.
»HETZT ANDERE AUF. ES GIBT MIT SICHERHEIT NOCH LATENTE OPPOSITIONELLE. ZIEHT SIE AUF UNSERE SEITE.
DIE U.A. WEISS, DASS ES KEINE WOCHE MEHR DAUERT, BIS TOMURA SHIGARAKI IN AKTION TRETEN KANN.
SIE VERHEIMLICHEN DEN MENSCHEN DIE DROHENDE GEFAHR.
HETZT DIE LEUTE AUF!
DAMIT IZUKU MIDORIYA WIE SCHON ZUVOR NICHT MEHR IN DER FESTUNG BLEIBEN KANN.«

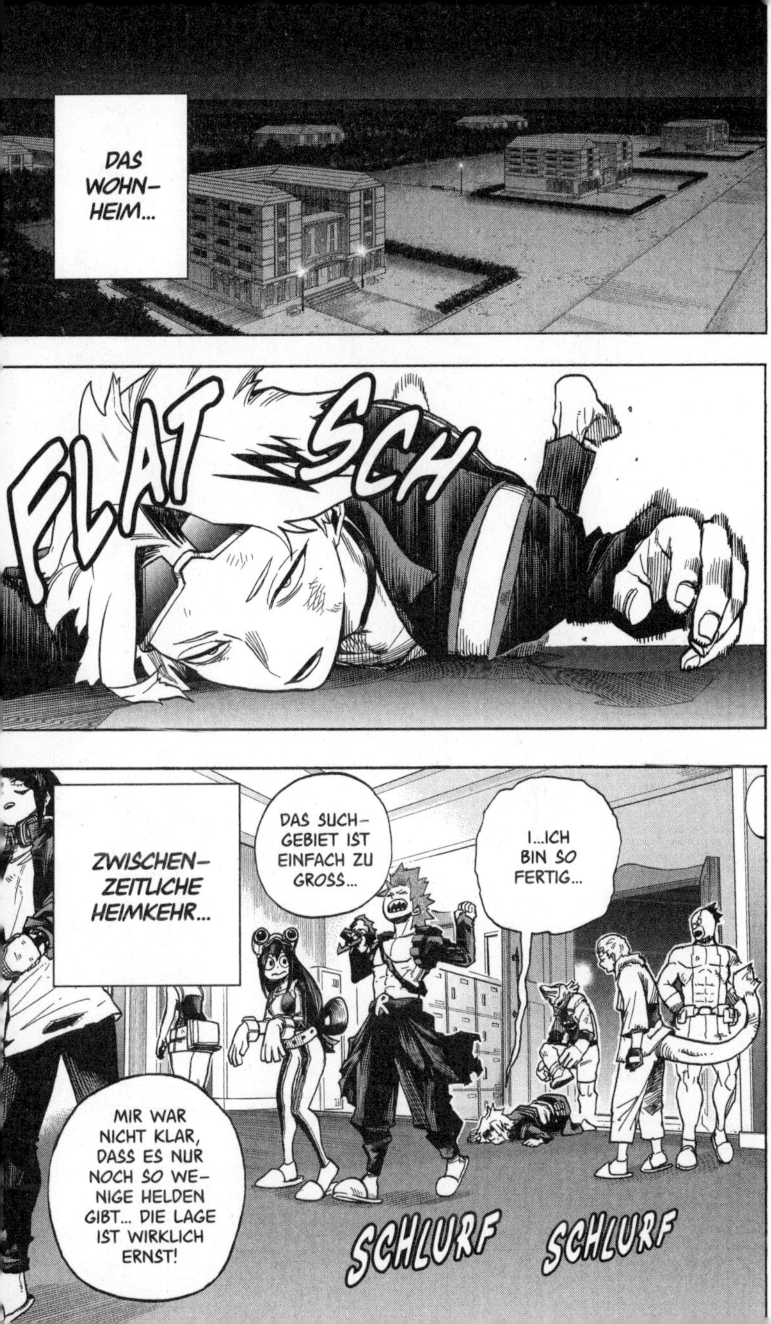
DAS WOHN-HEIM...
FLATSCH
ZWISCHEN-ZEITLICHE HEIMKEHR...
I...ICH BIN SO FERTIG...
DAS SUCH-GEBIET IST EINFACH ZU GROSS...
MIR WAR NICHT KLAR, DASS ES NUR NOCH SO WE-NIGE HELDEN GIBT... DIE LAGE IST WIRKLICH ERNST!
SCHLURF
SCHLURF

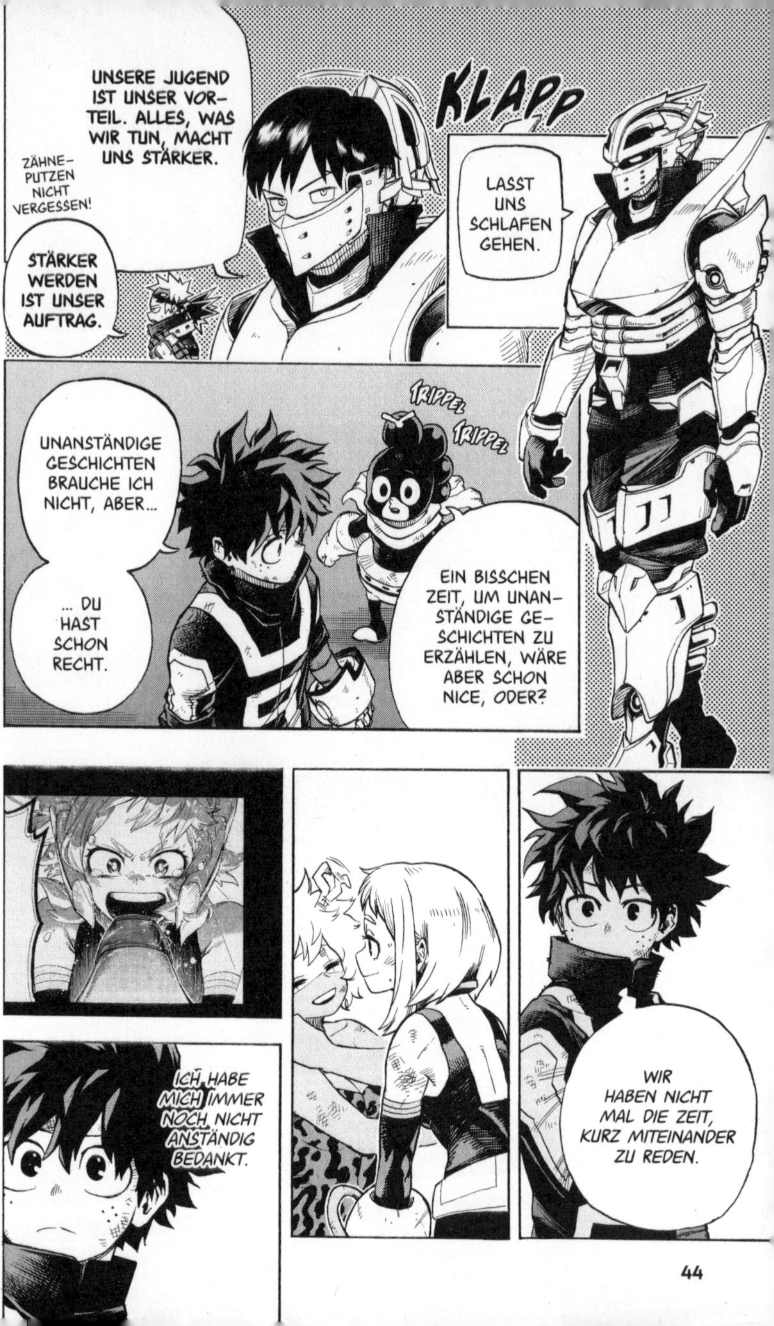
KLAPP
LASST UNS SCHLAFEN GEHEN.
UNSERE JUGEND IST UNSER VORTEIL. ALLES, WAS WIR TUN, MACHT UNS STÄRKER.
ZÄHNEPUTZEN NICHT VERGESSEN!
STÄRKER WERDEN IST UNSER AUFTRAG.
TRIPPEL
TRIPPEL
EIN BISSCHEN ZEIT, UM UNANSTÄNDIGE GESCHICHTEN ZU ERZÄHLEN, WÄRE ABER SCHON NICE, ODER?
UNANSTÄNDIGE GESCHICHTEN BRAUCHE ICH NICHT, ABER...
... DU HAST SCHON RECHT.
WIR HABEN NICHT MAL DIE ZEIT, KURZ MITEINANDER ZU REDEN.
ICH HABE MICH IMMER NOCH NICHT ANSTÄNDIG BEDANKT.

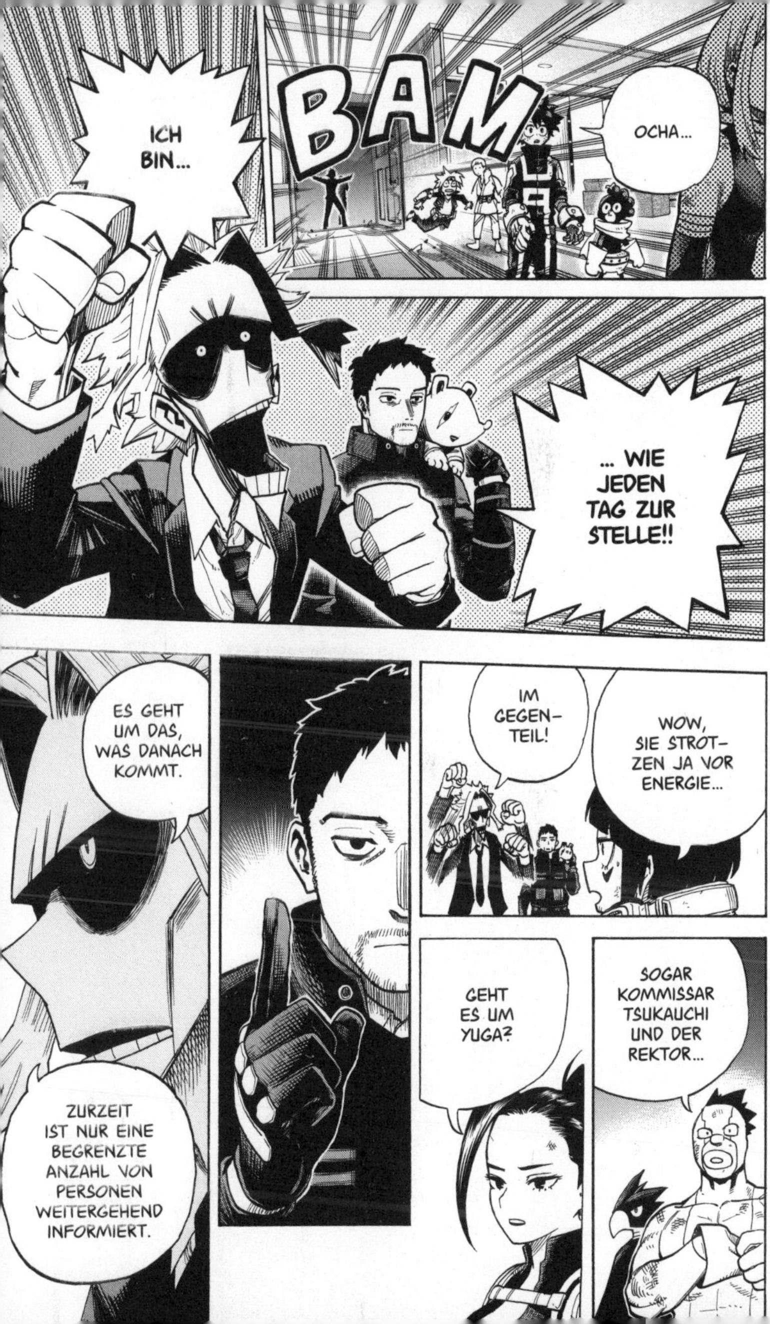
OCHA…
BAM
ICH BIN…
… WIE JEDEN TAG ZUR STELLE!!
WOW, SIE STROTZEN JA VOR ENERGIE…
IM GEGENTEIL!
SOGAR KOMMISSAR TSUKAUCHI UND DER REKTOR…
GEHT ES UM YUGA?
ES GEHT UM DAS, WAS DANACH KOMMT.
ZURZEIT IST NUR EINE BEGRENZTE ANZAHL VON PERSONEN WEITERGEHEND INFORMIERT.

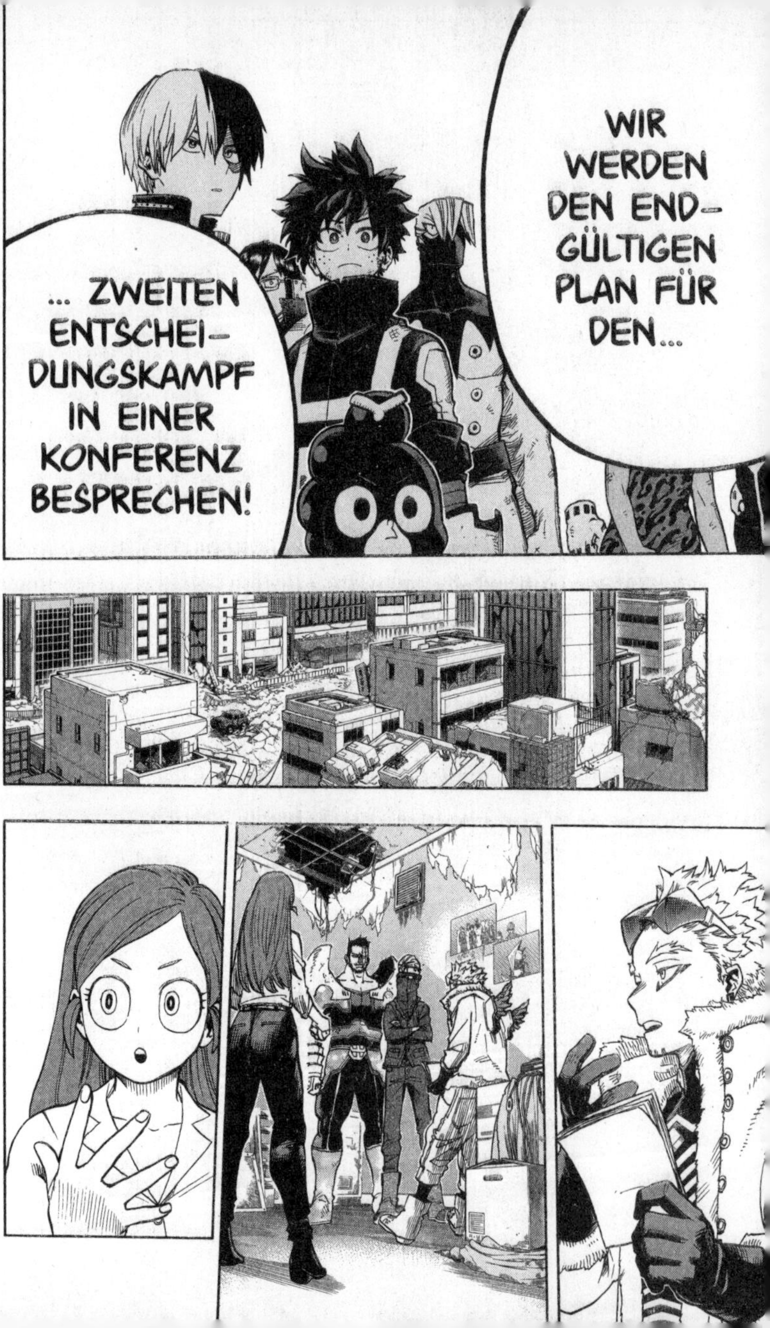
WIR WERDEN DEN END-GÜLTIGEN PLAN FÜR DEN...
... ZWEITEN ENTSCHEI-DUNGSKAMPF IN EINER KONFERENZ BESPRECHEN!

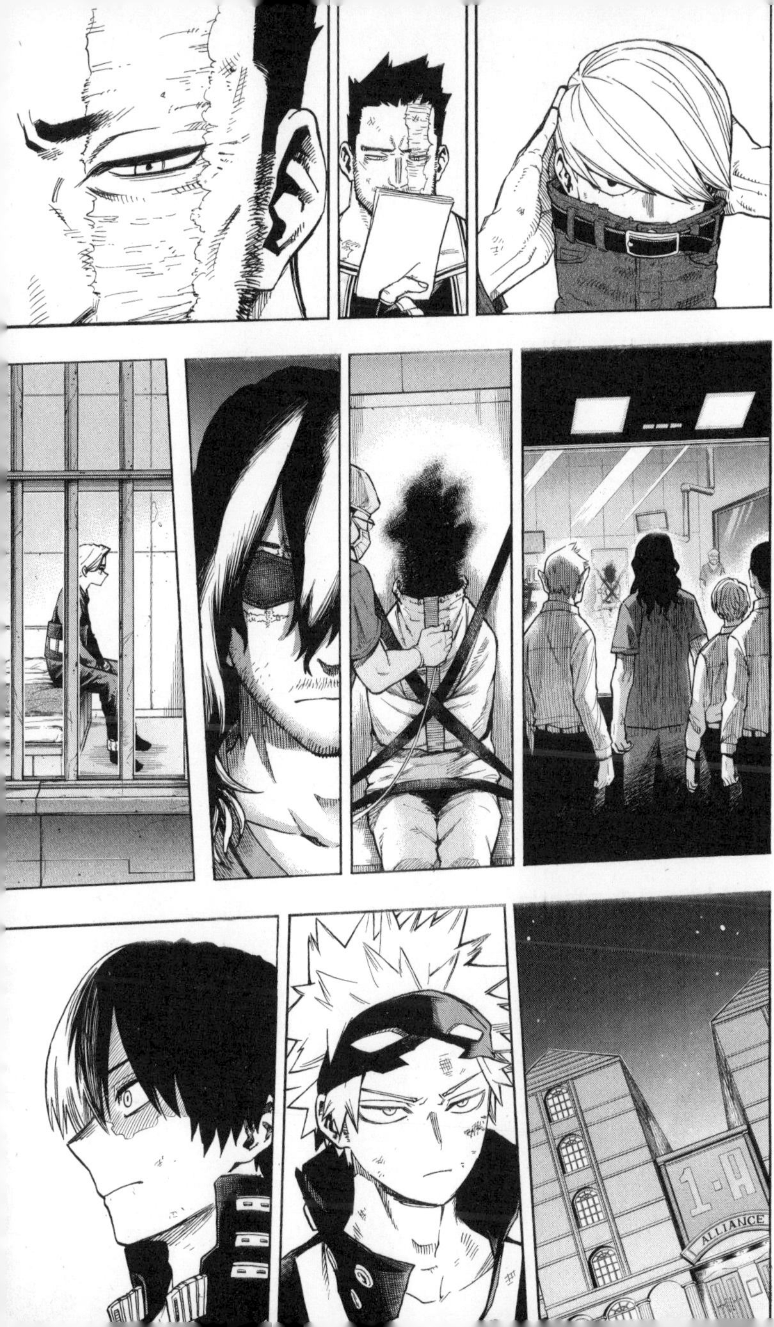
1-A
ALLIANCE

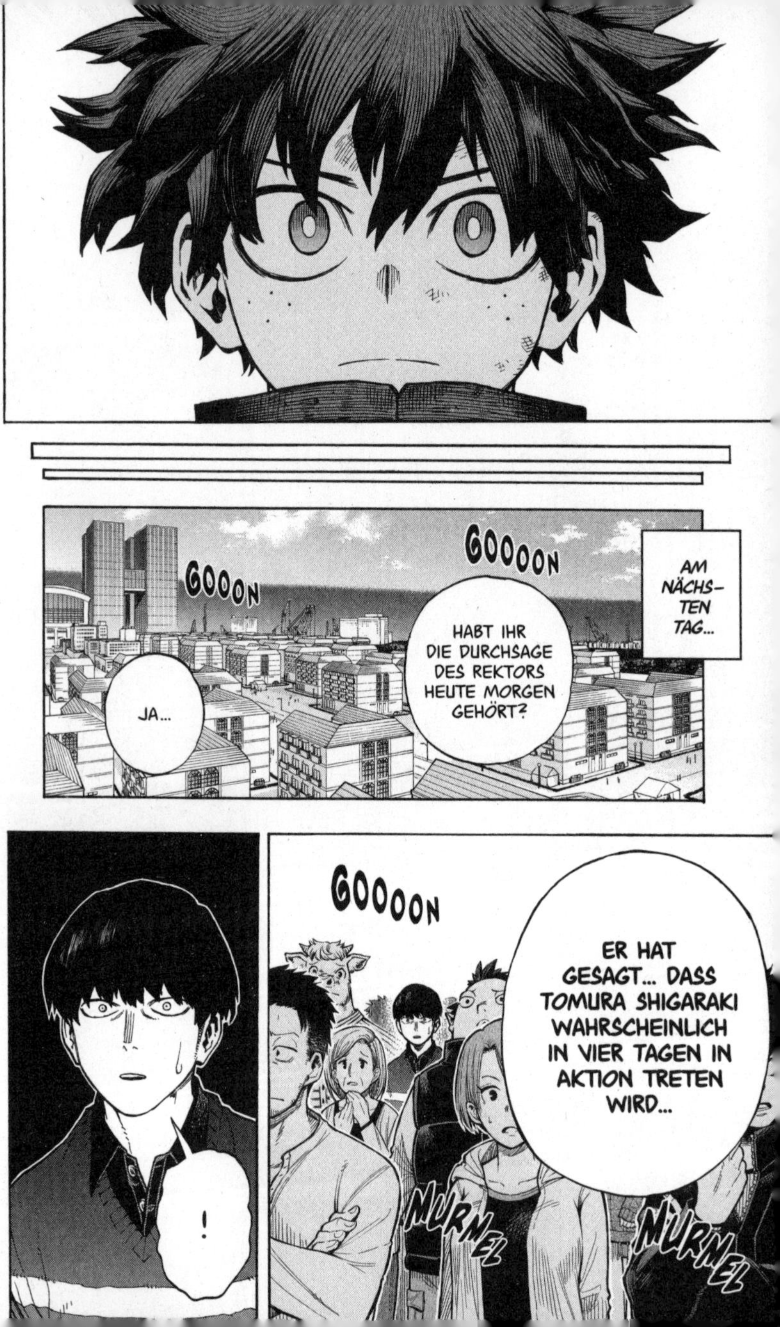
AM NÄCHSTEN TAG...
GOOOON
GOOON
HABT IHR DIE DURCHSAGE DES REKTORS HEUTE MORGEN GEHÖRT?
JA...
GOOOON
ER HAT GESAGT... DASS TOMURA SHIGARAKI WAHRSCHEINLICH IN VIER TAGEN IN AKTION TRETEN WIRD...
MURMEL
MURMEL
!

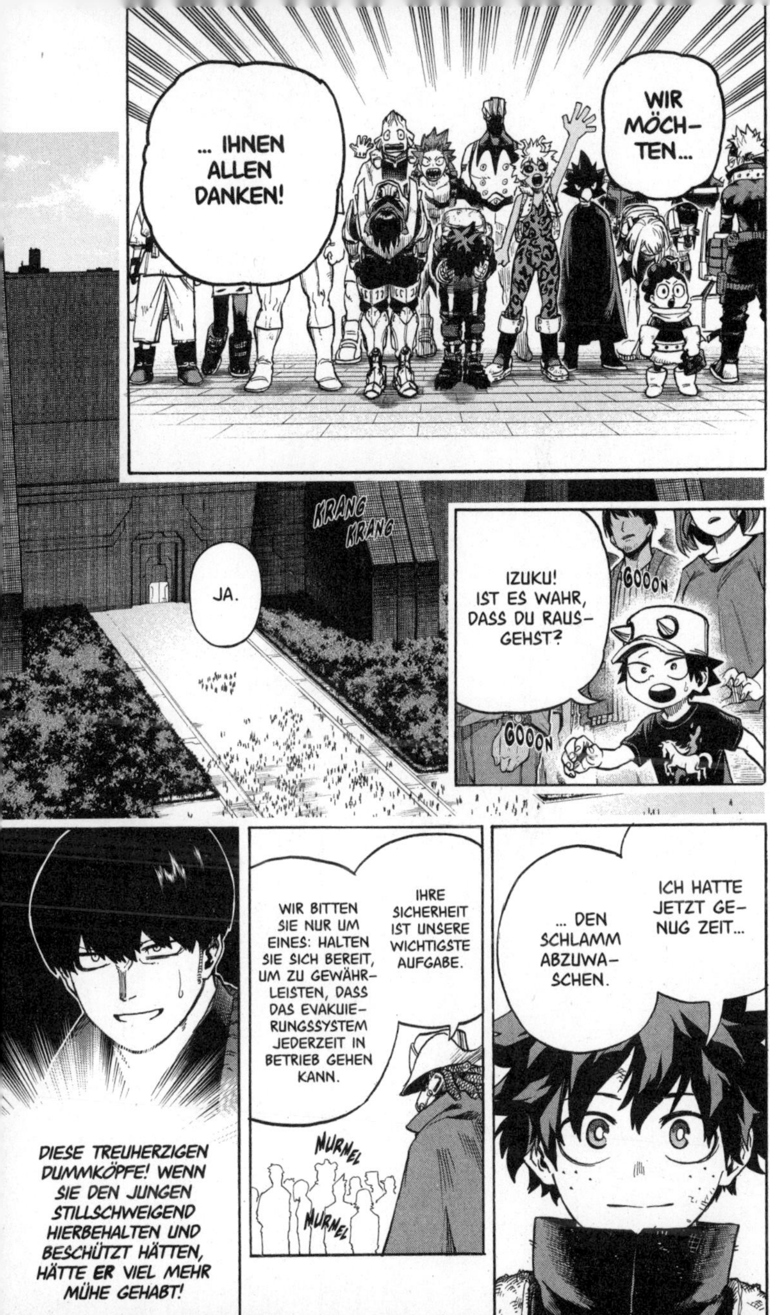
WIR MÖCHTEN...
... IHNEN ALLEN DANKEN!
IZUKU! IST ES WAHR, DASS DU RAUSGEHST?
GOOON
GOOON
KRANG KRANG
JA.
ICH HATTE JETZT GENUG ZEIT...
... DEN SCHLAMM ABZUWASCHEN.
IHRE SICHERHEIT IST UNSERE WICHTIGSTE AUFGABE.
WIR BITTEN SIE NUR UM EINES: HALTEN SIE SICH BEREIT, UM ZU GEWÄHRLEISTEN, DASS DAS EVAKUIERUNGSSYSTEM JEDERZEIT IN BETRIEB GEHEN KANN.
MURMEL
MURMEL
DIESE TREUHERZIGEN DUMMKÖPFE! WENN SIE DEN JUNGEN STILLSCHWEIGEND HIERBEHALTEN UND BESCHÜTZT HÄTTEN, HÄTTE ER VIEL MEHR MÜHE GEHABT!

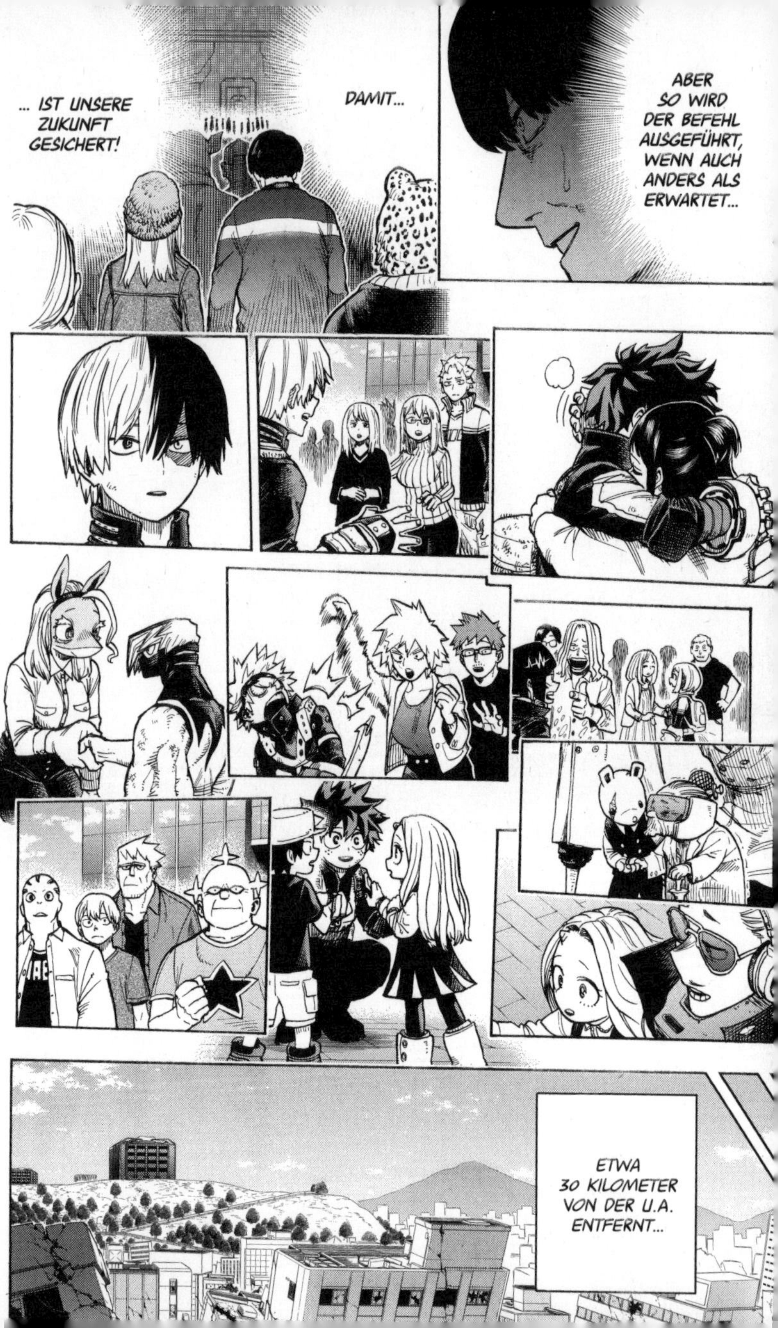
ABER SO WIRD DER BEFEHL AUSGEFÜHRT, WENN AUCH ANDERS ALS ERWARTET...
DAMIT...
... IST UNSERE ZUKUNFT GESICHERT!
ETWA 30 KILOMETER VON DER U.A. ENTFERNT...

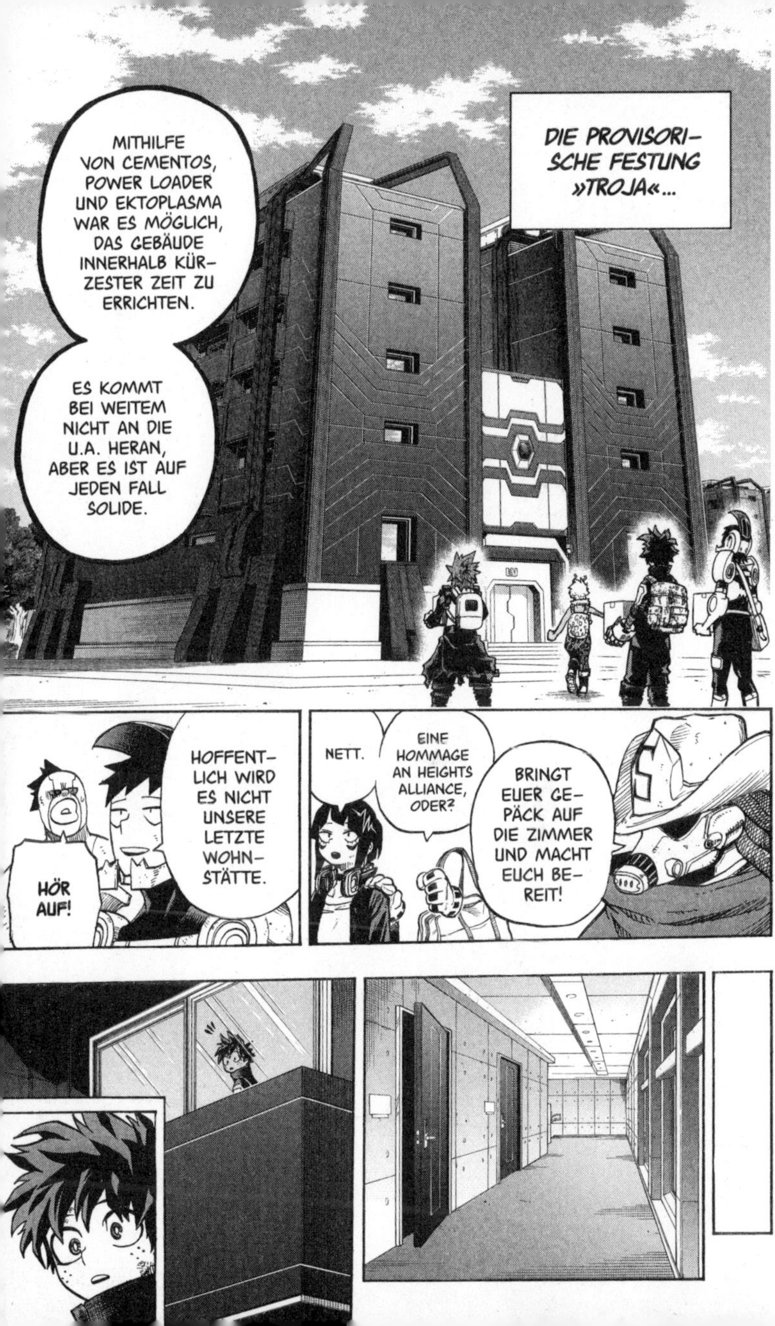

DIE PROVISORI-
SCHE FESTUNG
»TROJA«...
MITHILFE VON CEMENTOS, POWER LOADER UND EKTOPLASMA WAR ES MÖGLICH, DAS GEBÄUDE INNERHALB KÜR-ZESTER ZEIT ZU ERRICHTEN.
ES KOMMT BEI WEITEM NICHT AN DIE U.A. HERAN, ABER ES IST AUF JEDEN FALL SOLIDE.
BRINGT EUER GE-PÄCK AUF DIE ZIMMER UND MACHT EUCH BE-REIT!
EINE HOMMAGE AN HEIGHTS ALLIANCE, ODER?
NETT.
HOFFENT-LICH WIRD ES NICHT UNSERE LETZTE WOHN-STÄTTE.
HÖR AUF!

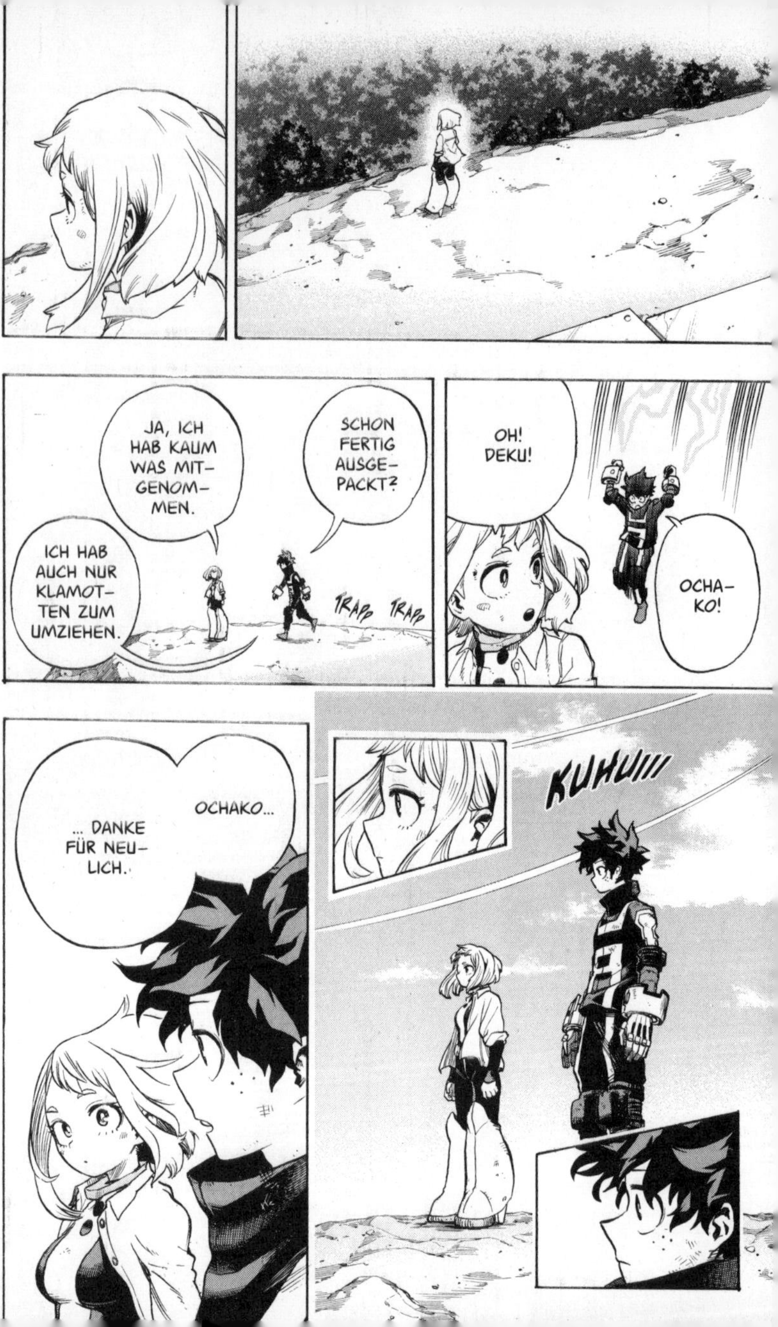
OH! DEKU!
OCHA-KO!
SCHON FERTIG AUSGE-PACKT?
JA, ICH HAB KAUM WAS MIT-GENOM-MEN.
ICH HAB AUCH NUR KLAMOT-TEN ZUM UMZIEHEN.
TRAPP TRAPP
KUHUIII
OCHAKO...
... DANKE FÜR NEU-LICH.

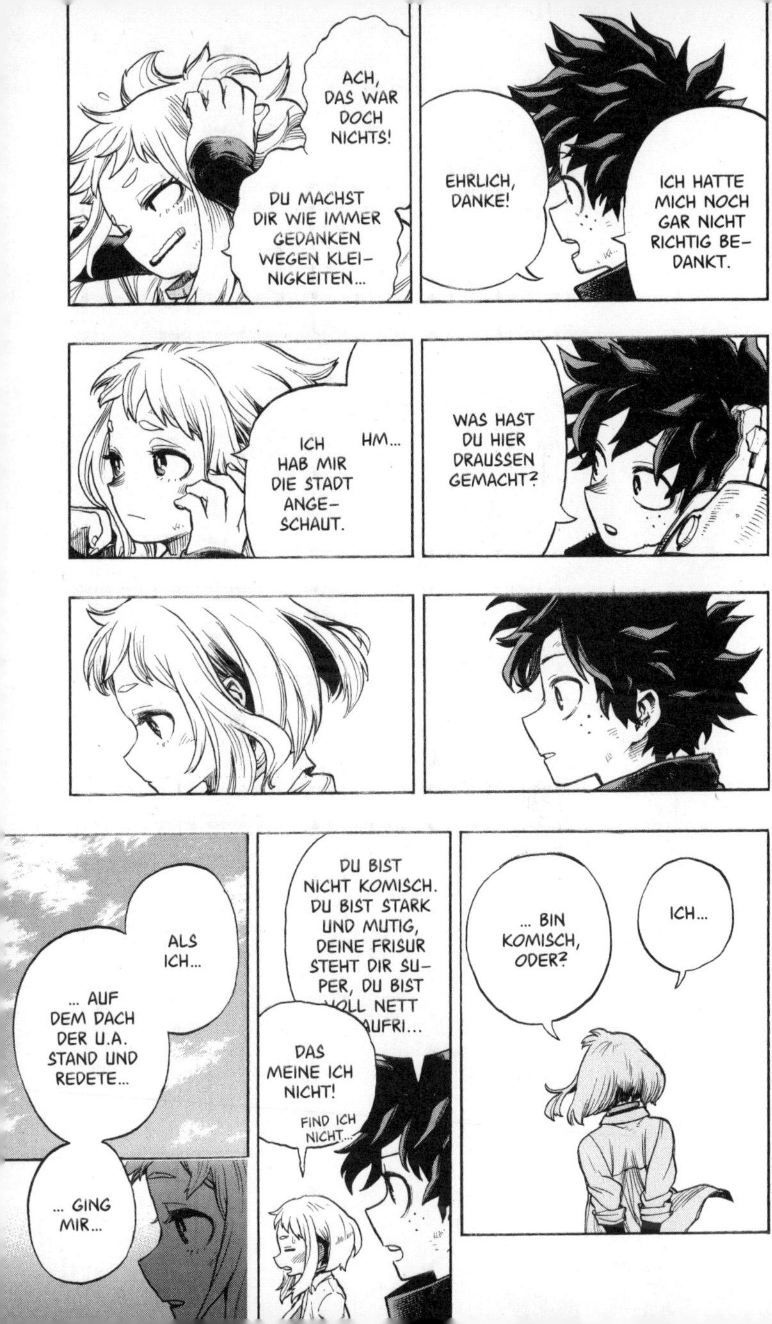
ICH HATTE MICH NOCH GAR NICHT RICHTIG BEDANKT.
EHRLICH, DANKE!
ACH, DAS WAR DOCH NICHTS!
DU MACHST DIR WIE IMMER GEDANKEN WEGEN KLEINIGKEITEN...
WAS HAST DU HIER DRAUSSEN GEMACHT?
HM...
ICH HAB MIR DIE STADT ANGESCHAUT.
ICH...
... BIN KOMISCH, ODER?
DU BIST NICHT KOMISCH. DU BIST STARK UND MUTIG, DEINE FRISUR STEHT DIR SUPER, DU BIST VOLL NETT ...AUFRI...
DAS MEINE ICH NICHT!
FIND ICH NICHT...
ALS ICH...
... AUF DEM DACH DER U.A. STAND UND REDETE...
... GING MIR...

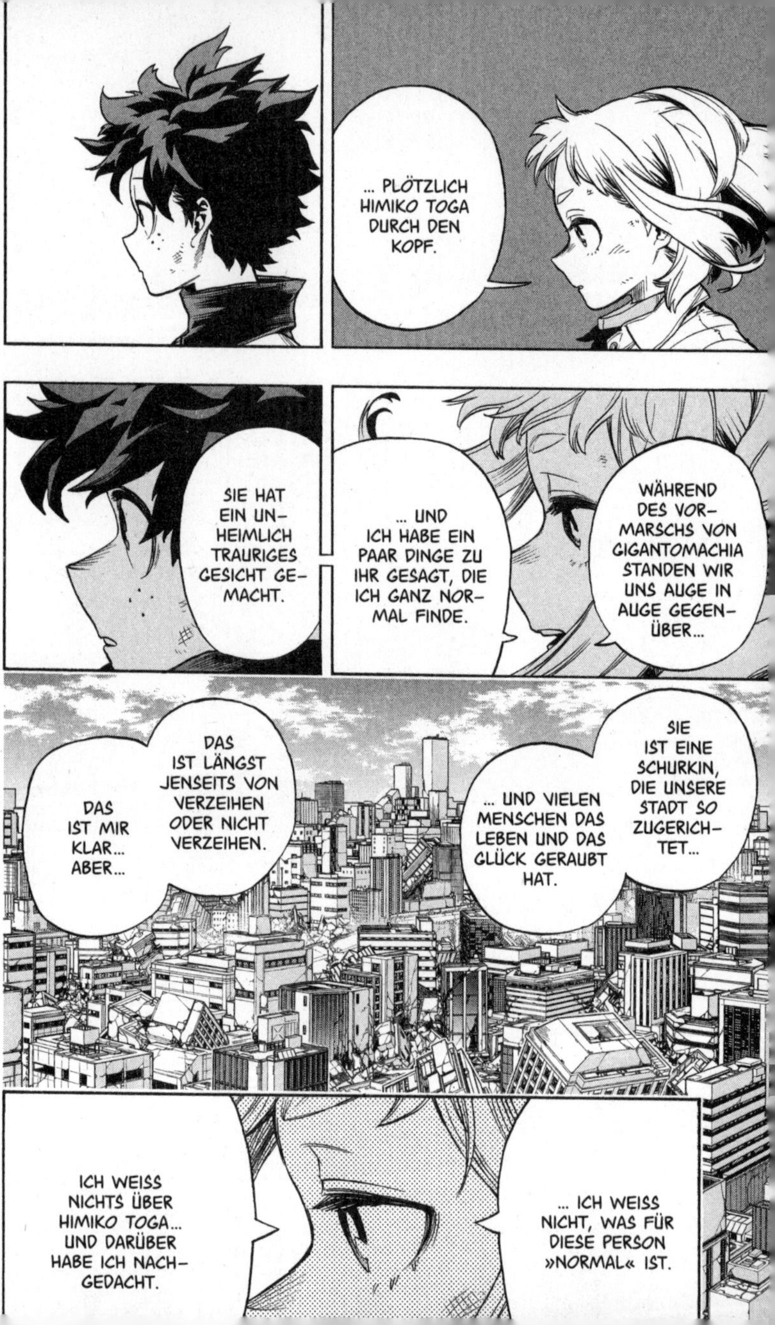
... PLÖTZLICH HIMIKO TOGA DURCH DEN KOPF.
WÄHREND DES VOR-MARSCHS VON GIGANTOMACHIA STANDEN WIR UNS AUGE IN AUGE GEGEN-ÜBER...
... UND ICH HABE EIN PAAR DINGE ZU IHR GESAGT, DIE ICH GANZ NOR-MAL FINDE.
SIE HAT EIN UN-HEIMLICH TRAURIGES GESICHT GE-MACHT.
SIE IST EINE SCHURKIN, DIE UNSERE STADT SO ZUGERICH-TET...
... UND VIELEN MENSCHEN DAS LEBEN UND DAS GLÜCK GERAUBT HAT.
DAS IST LÄNGST JENSEITS VON VERZEIHEN ODER NICHT VERZEIHEN.
DAS IST MIR KLAR... ABER...
... ICH WEISS NICHT, WAS FÜR DIESE PERSON »NORMAL« IST.
ICH WEISS NICHTS ÜBER HIMIKO TOGA... UND DARÜBER HABE ICH NACH-GEDACHT.

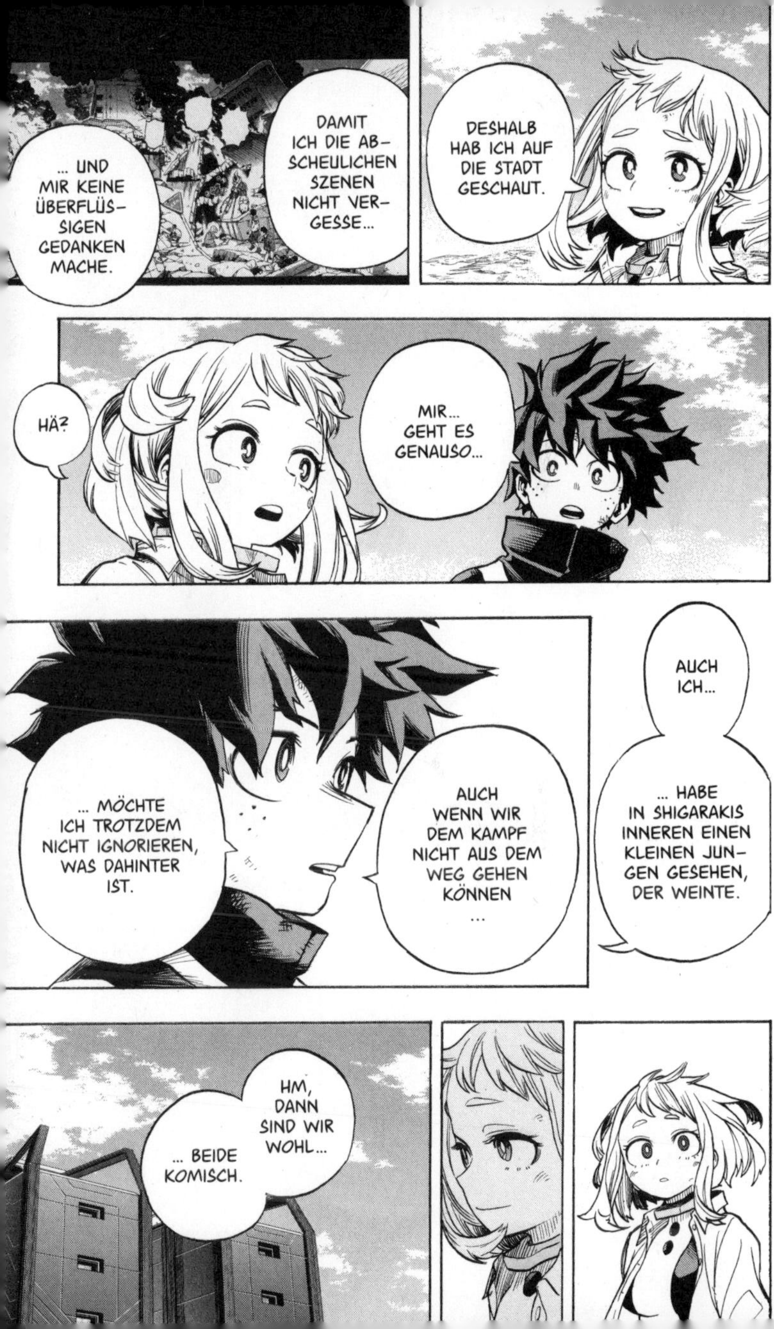
DESHALB HAB ICH AUF DIE STADT GESCHAUT.
DAMIT ICH DIE ABSCHEULICHEN SZENEN NICHT VERGESSE...
... UND MIR KEINE ÜBERFLÜSSIGEN GEDANKEN MACHE.
MIR... GEHT ES GENAUSO...
HÄ?
AUCH ICH...
... HABE IN SHIGARAKIS INNEREN EINEN KLEINEN JUNGEN GESEHEN, DER WEINTE.
AUCH WENN WIR DEM KAMPF NICHT AUS DEM WEG GEHEN KÖNNEN ...
... MÖCHTE ICH TROTZDEM NICHT IGNORIEREN, WAS DAHINTER IST.
HM, DANN SIND WIR WOHL...
... BEIDE KOMISCH.

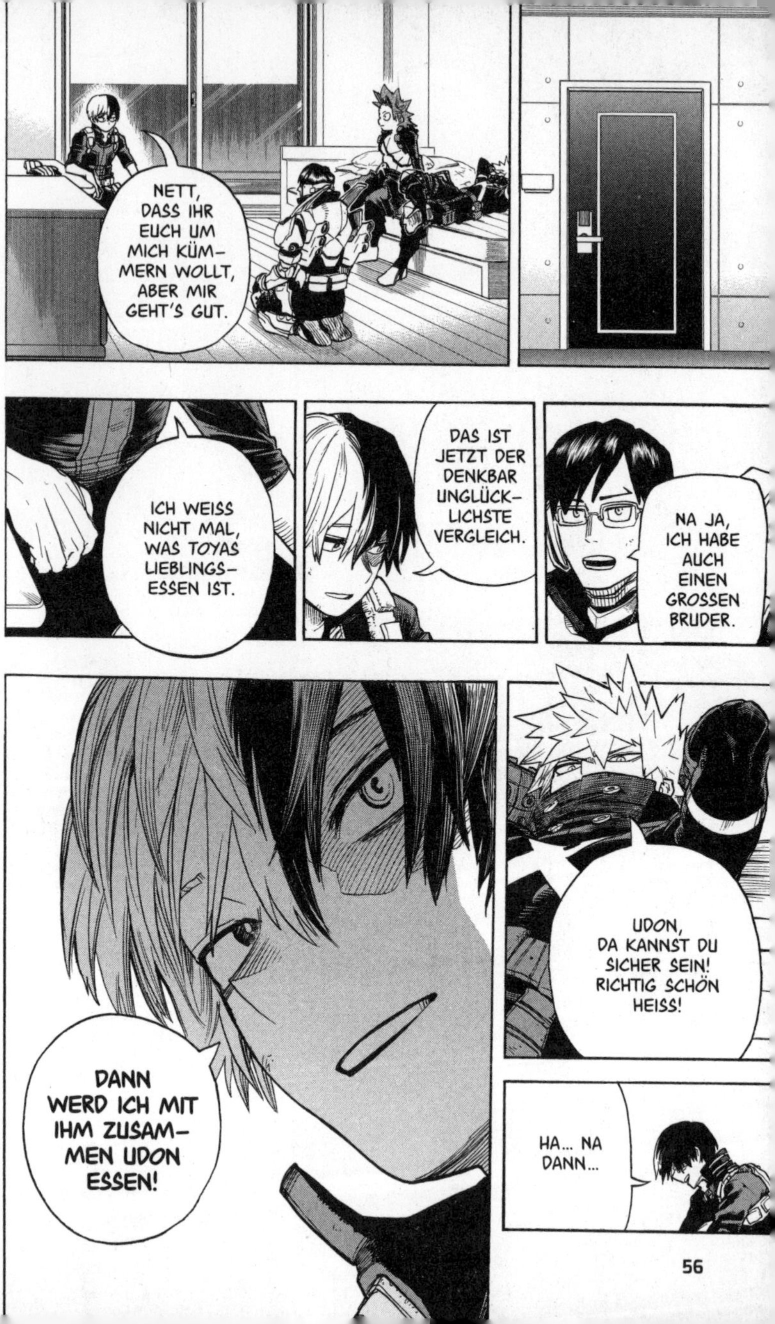
NETT, DASS IHR EUCH UM MICH KÜMMERN WOLLT, ABER MIR GEHT'S GUT.
NA JA, ICH HABE AUCH EINEN GROSSEN BRUDER.
DAS IST JETZT DER DENKBAR UNGLÜCKLICHSTE VERGLEICH.
ICH WEISS NICHT MAL, WAS TOYAS LIEBLINGSESSEN IST.
DANN WERD ICH MIT IHM ZUSAMMEN UDON ESSEN!
UDON, DA KANNST DU SICHER SEIN! RICHTIG SCHÖN HEISS!
HA... NA DANN...

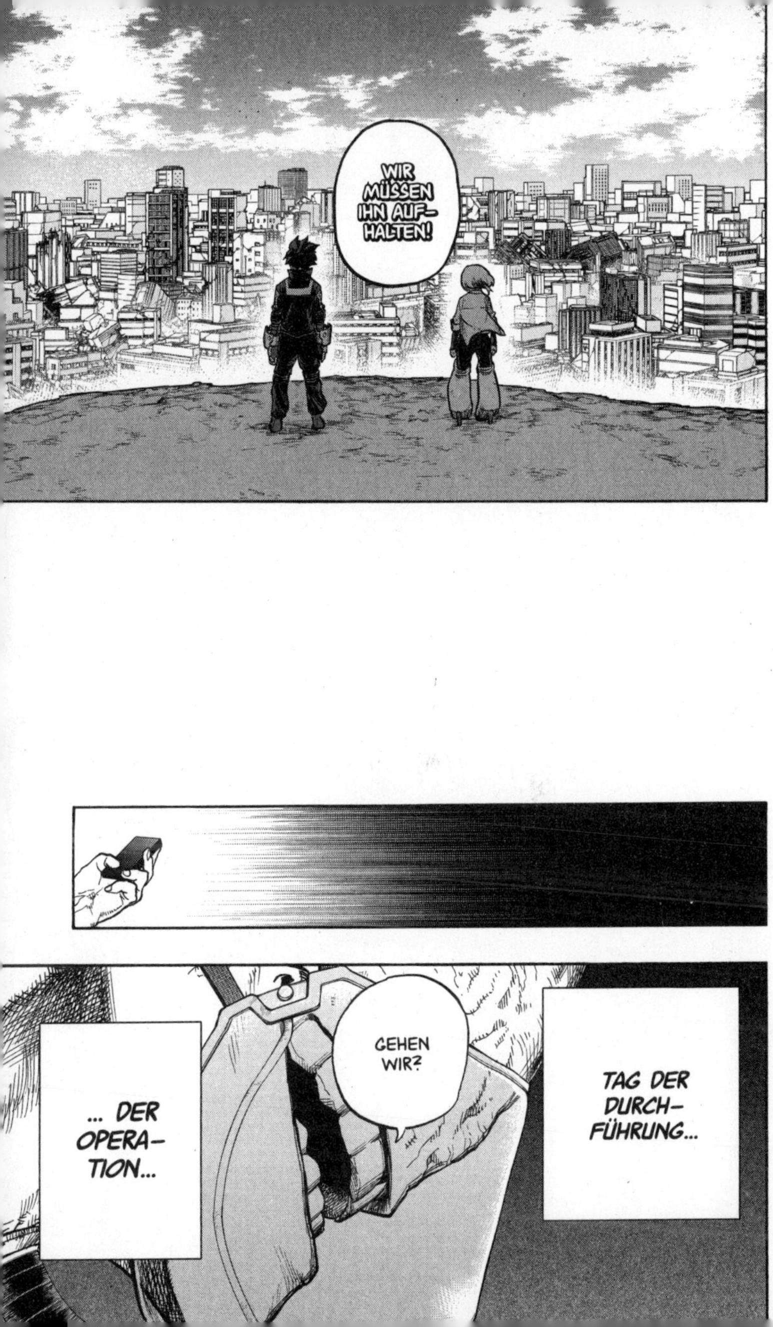
WIR MÜSSEN IHN AUF-HALTEN!
TAG DER DURCH-FÜHRUNG...
GEHEN WIR?
... DER OPERA-TION...

Tajima

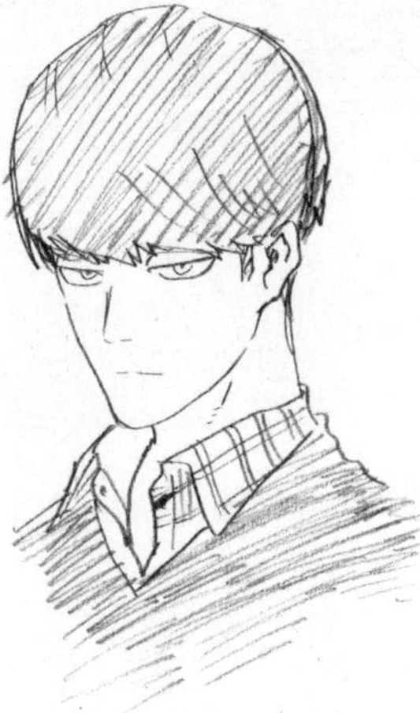

Michaela

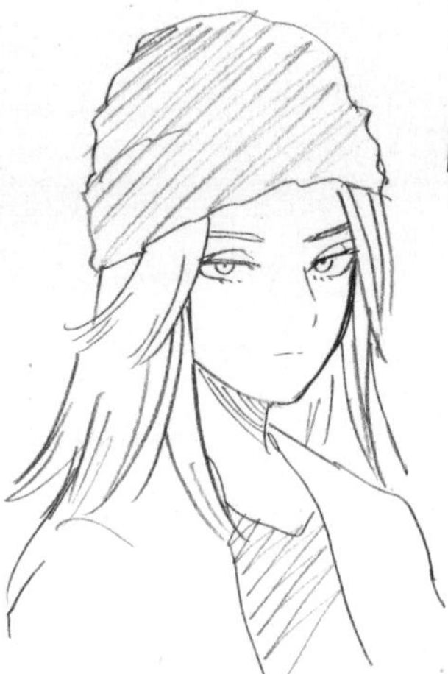

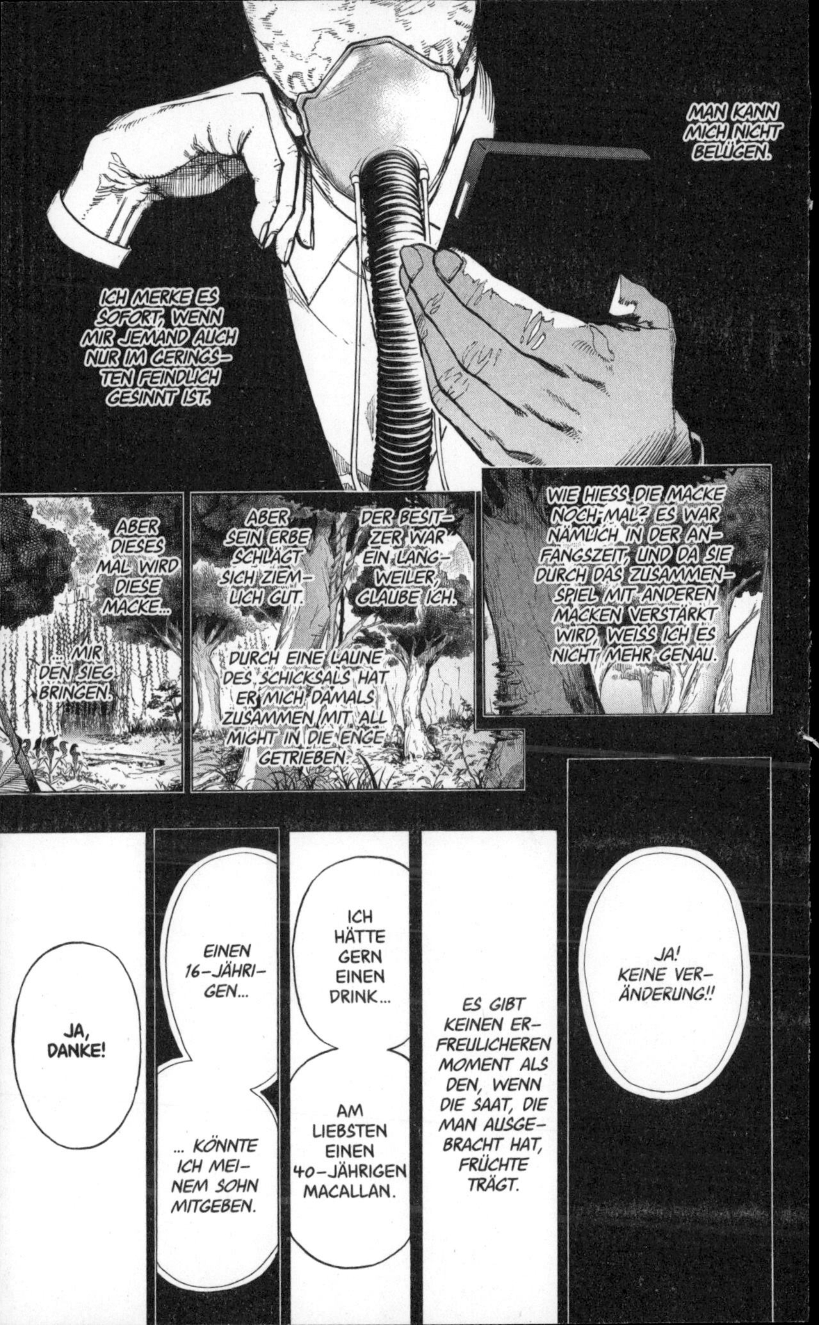

MAN KANN MICH NICHT BELÜGEN.
ICH MERKE ES SOFORT, WENN MIR JEMAND AUCH NUR IM GERINGSTEN FEINDLICH GESINNT IST.
WIE HIESS DIE MACKE NOCH MAL? ES WAR NÄMLICH IN DER ANFANGSZEIT, UND DA SIE DURCH DAS ZUSAMMENSPIEL MIT ANDEREN MACKEN VERSTÄRKT WIRD, WEISS ICH ES NICHT MEHR GENAU.
DER BESITZER WAR EIN LANGWEILER, GLAUBE ICH.
ABER SEIN ERBE SCHLÄGT SICH ZIEMLICH GUT.
DURCH EINE LAUNE DES SCHICKSALS HAT ER MICH DAMALS ZUSAMMEN MIT ALL MIGHT IN DIE ENGE GETRIEBEN.
ABER DIESES MAL WIRD DIESE MACKE...
... MIR DEN SIEG BRINGEN.
JA! KEINE VERÄNDERUNG!!
ES GIBT KEINEN ERFREULICHEREN MOMENT ALS DEN, WENN DIE SAAT, DIE MAN AUSGEBRACHT HAT, FRÜCHTE TRÄGT.
ICH HÄTTE GERN EINEN DRINK...
AM LIEBSTEN EINEN 40-JÄHRIGEN MACALLAN.
EINEN 16-JÄHRIGEN...
... KÖNNTE ICH MEINEM SOHN MITGEBEN.
JA, DANKE!

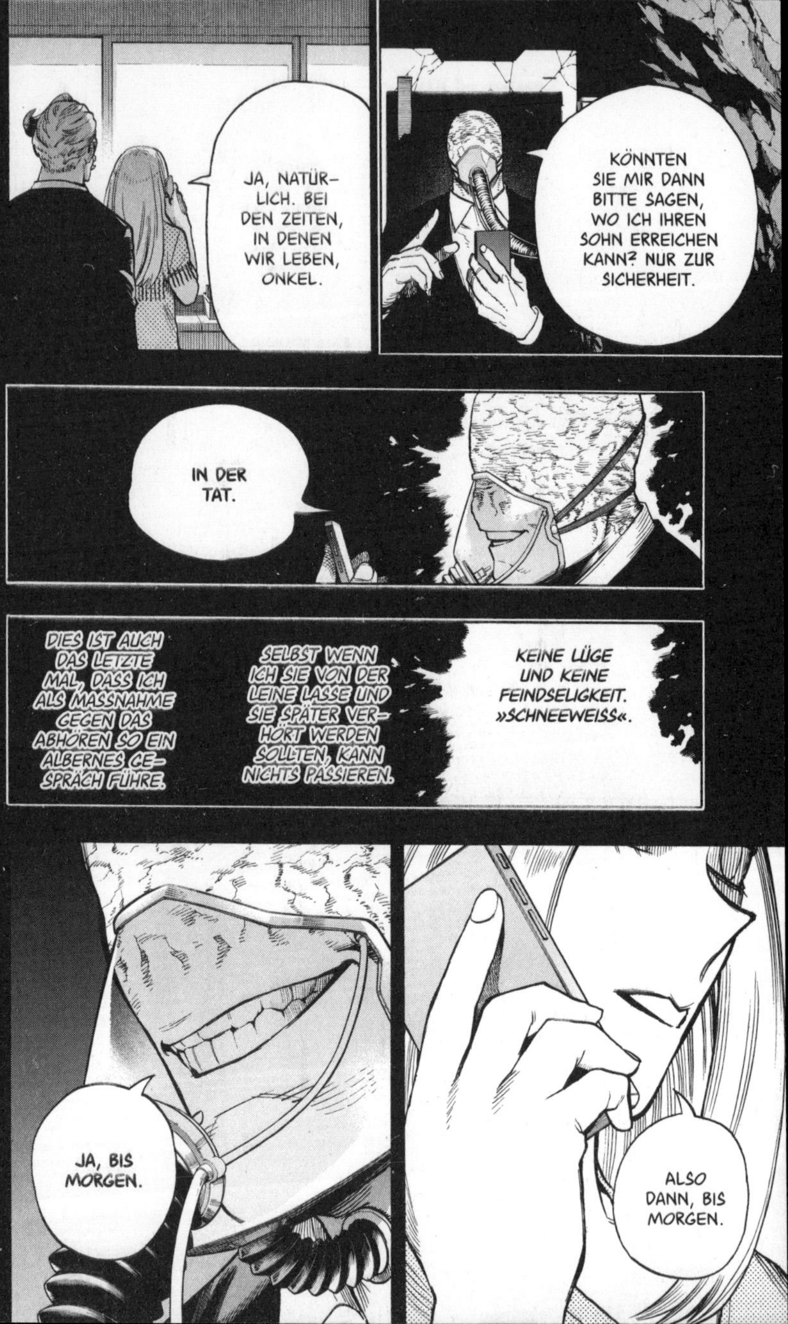
KÖNNTEN SIE MIR DANN BITTE SAGEN, WO ICH IHREN SOHN ERREICHEN KANN? NUR ZUR SICHERHEIT.
JA, NATÜR-LICH. BEI DEN ZEITEN, IN DENEN WIR LEBEN, ONKEL.
IN DER TAT.
KEINE LÜGE UND KEINE FEINDSELIGKEIT. »SCHNEEWEISS«.
SELBST WENN ICH SIE VON DER LEINE LASSE UND SIE SPÄTER VER-HÖRT WERDEN SOLLTEN, KANN NICHTS PASSIEREN.
DIES IST AUCH DAS LETZTE MAL, DASS ICH ALS MASSNAHME GEGEN DAS ABHÖREN SO EIN ALBERNES GE-SPRÄCH FÜHRE.
ALSO DANN, BIS MORGEN.
JA, BIS MORGEN.

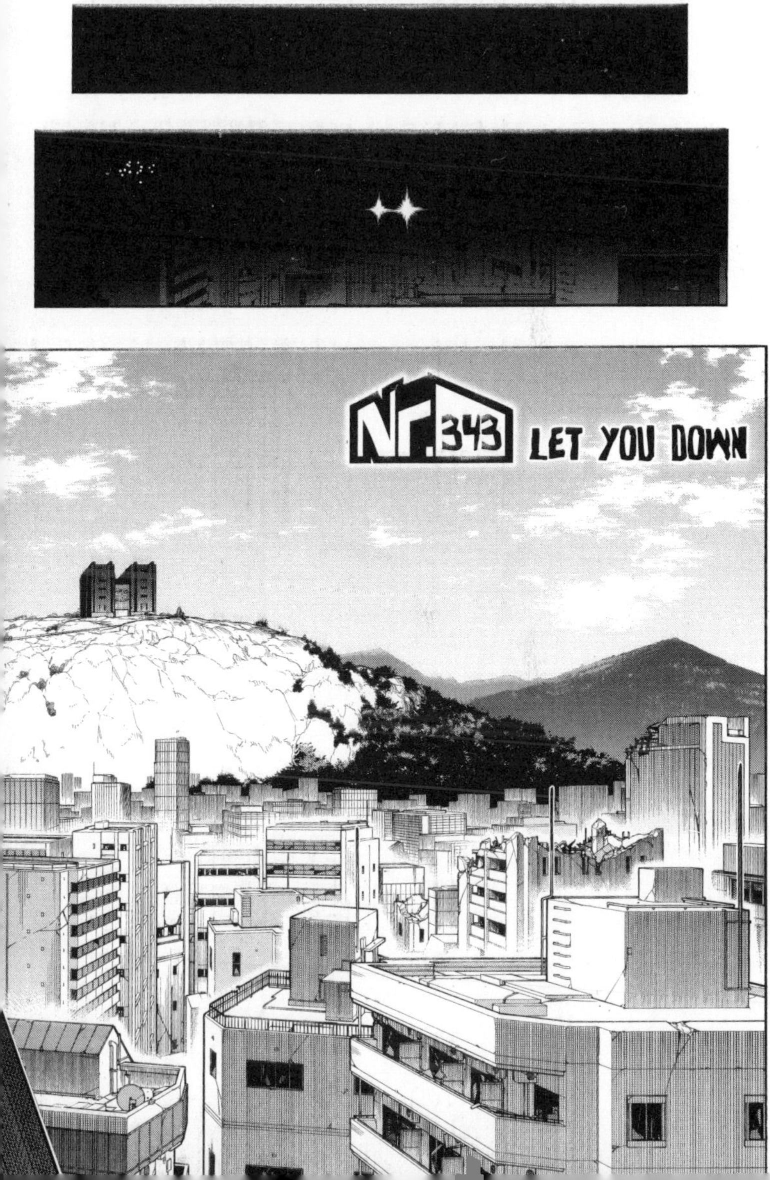
Nr. 343
LET YOU DOWN

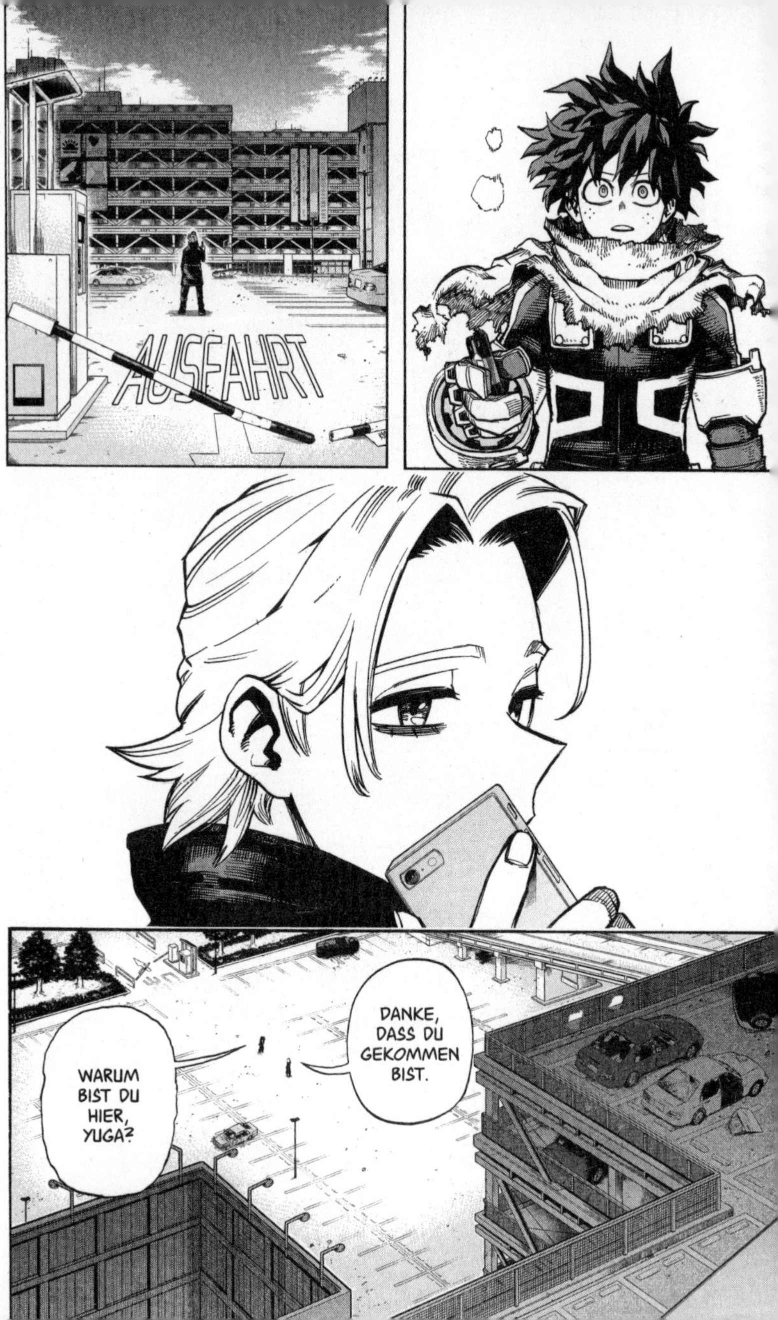
AUSFAHRT
DANKE, DASS DU GEKOMMEN BIST.
WARUM BIST DU HIER, YUGA?

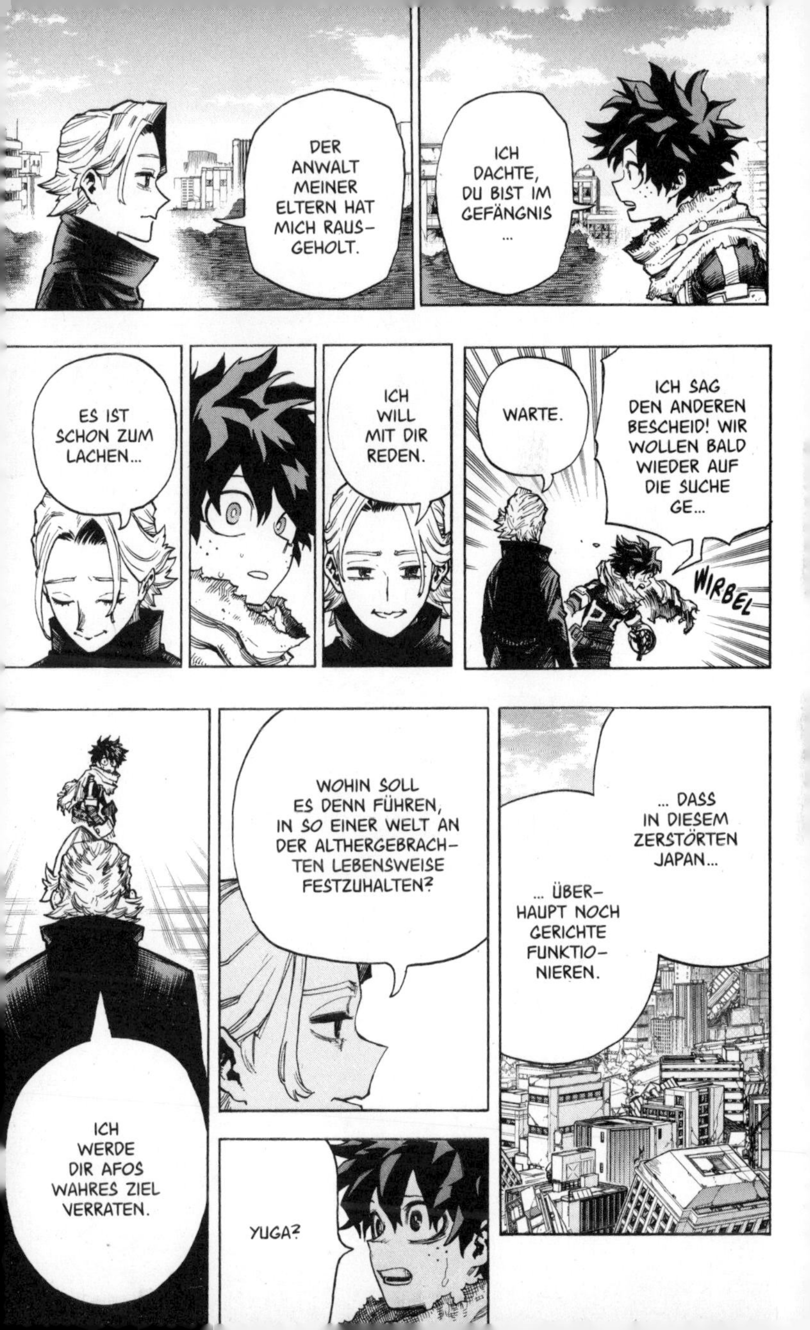
ICH DACHTE, DU BIST IM GEFÄNGNIS ...
DER ANWALT MEINER ELTERN HAT MICH RAUS-GEHOLT.
ICH SAG DEN ANDEREN BESCHEID! WIR WOLLEN BALD WIEDER AUF DIE SUCHE GE...
WIRBEL
WARTE.
ICH WILL MIT DIR REDEN.
ES IST SCHON ZUM LACHEN...
... DASS IN DIESEM ZERSTÖRTEN JAPAN...
... ÜBER-HAUPT NOCH GERICHTE FUNKTIO-NIEREN.
WOHIN SOLL ES DENN FÜHREN, IN SO EINER WELT AN DER ALTHERGEBRACH-TEN LEBENSWEISE FESTZUHALTEN?
YUGA?
ICH WERDE DIR AFOS WAHRES ZIEL VERRATEN.

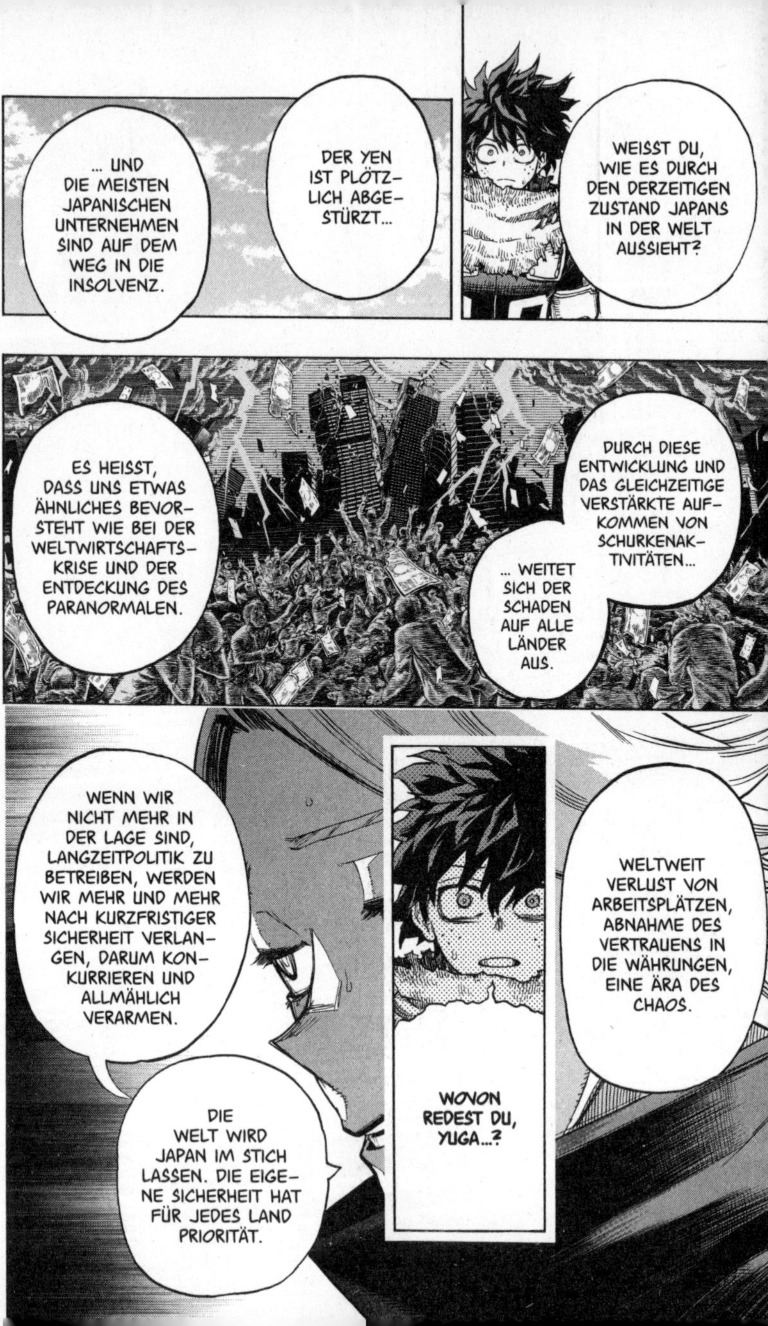
WEISST DU, WIE ES DURCH DEN DERZEITIGEN ZUSTAND JAPANS IN DER WELT AUSSIEHT?
DER YEN IST PLÖTZLICH ABGESTÜRZT...
... UND DIE MEISTEN JAPANISCHEN UNTERNEHMEN SIND AUF DEM WEG IN DIE INSOLVENZ.
DURCH DIESE ENTWICKLUNG UND DAS GLEICHZEITIGE VERSTÄRKTE AUFKOMMEN VON SCHURKENAKTIVITÄTEN...
... WEITET SICH DER SCHADEN AUF ALLE LÄNDER AUS.
ES HEISST, DASS UNS ETWAS ÄHNLICHES BEVORSTEHT WIE BEI DER WELTWIRTSCHAFTSKRISE UND DER ENTDECKUNG DES PARANORMALEN.
WELTWEIT VERLUST VON ARBEITSPLÄTZEN, ABNAHME DES VERTRAUENS IN DIE WÄHRUNGEN, EINE ÄRA DES CHAOS.
WOVON REDEST DU, YUGA...?
WENN WIR NICHT MEHR IN DER LAGE SIND, LANGZEITPOLITIK ZU BETREIBEN, WERDEN WIR MEHR UND MEHR NACH KURZFRISTIGER SICHERHEIT VERLANGEN, DARUM KONKURRIEREN UND ALLMÄHLICH VERARMEN.
DIE WELT WIRD JAPAN IM STICH LASSEN. DIE EIGENE SICHERHEIT HAT FÜR JEDES LAND PRIORITÄT.

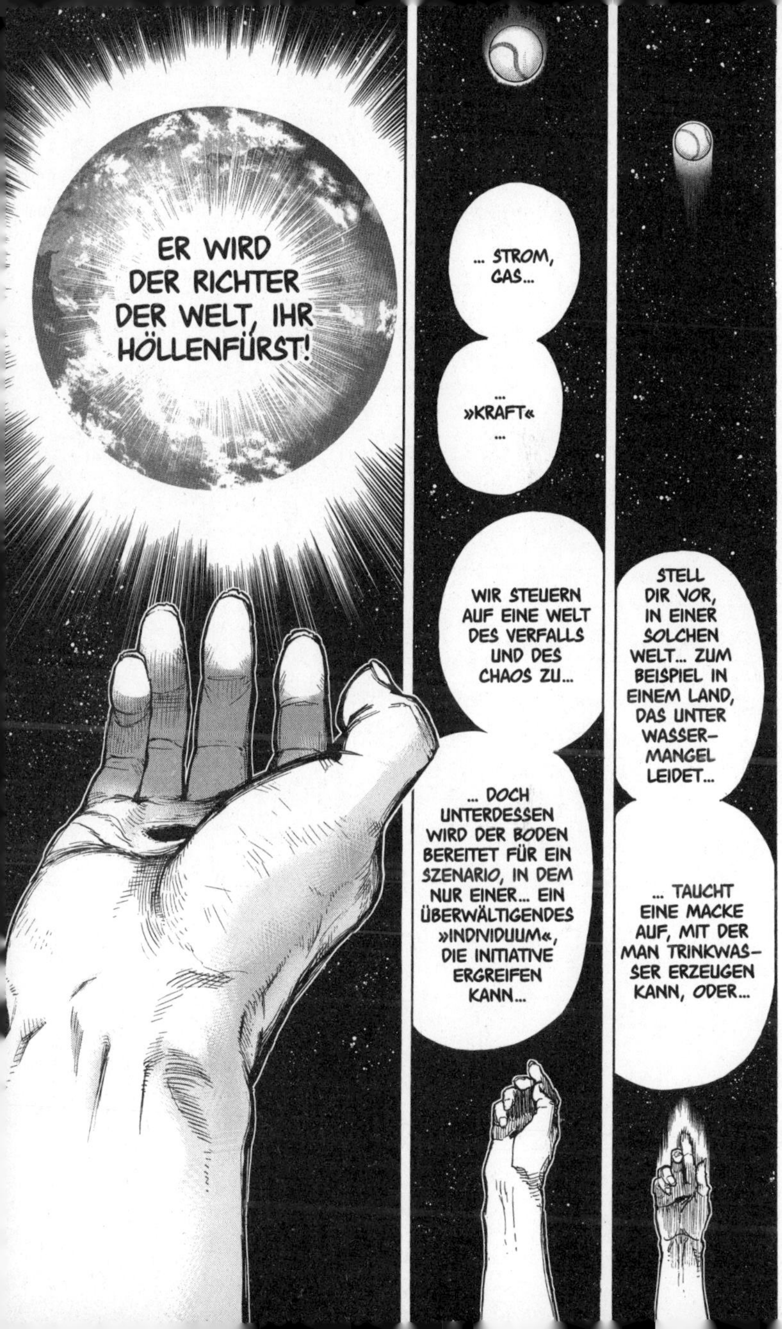
ER WIRD DER RICHTER DER WELT, IHR HÖLLENFÜRST!
... STROM, GAS...
... »KRAFT« ...
STELL DIR VOR, IN EINER SOLCHEN WELT... ZUM BEISPIEL IN EINEM LAND, DAS UNTER WASSER-MANGEL LEIDET...
... TAUCHT EINE MACKE AUF, MIT DER MAN TRINKWAS-SER ERZEUGEN KANN, ODER...
WIR STEUERN AUF EINE WELT DES VERFALLS UND DES CHAOS ZU...
... DOCH UNTERDESSEN WIRD DER BODEN BEREITET FÜR EIN SZENARIO, IN DEM NUR EINER... EIN ÜBERWÄLTIGENDES »INDIVIDUUM«, DIE INITIATIVE ERGREIFEN KANN...

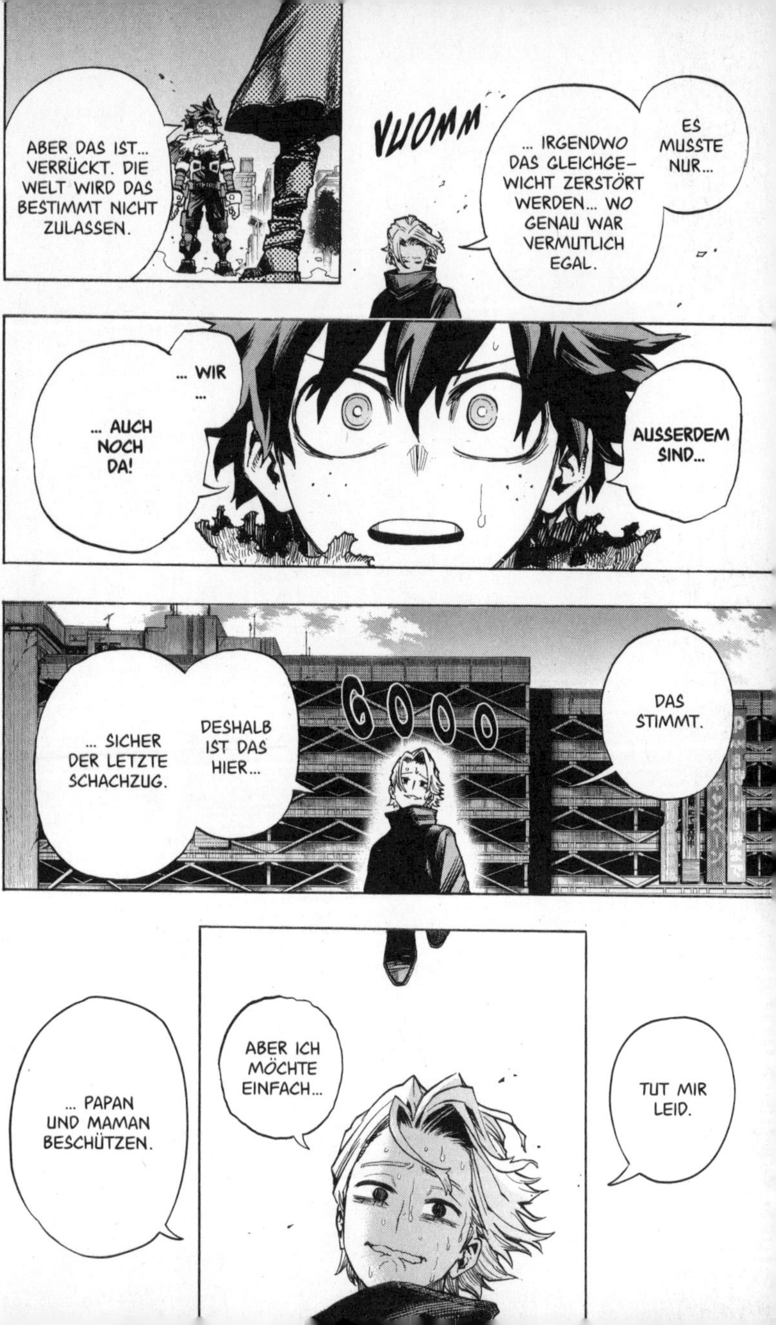
ES MUSSTE NUR...
... IRGENDWO DAS GLEICHGE-WICHT ZERSTÖRT WERDEN... WO GENAU WAR VERMUTLICH EGAL.
VUOMM
ABER DAS IST... VERRÜCKT. DIE WELT WIRD DAS BESTIMMT NICHT ZULASSEN.
AUSSERDEM SIND...
... WIR ...
... AUCH NOCH DA!
DAS STIMMT.
GOOO
DESHALB IST DAS HIER...
... SICHER DER LETZTE SCHACHZUG.
TUT MIR LEID.
ABER ICH MÖCHTE EINFACH...
... PAPAN UND MAMAN BESCHÜTZEN.

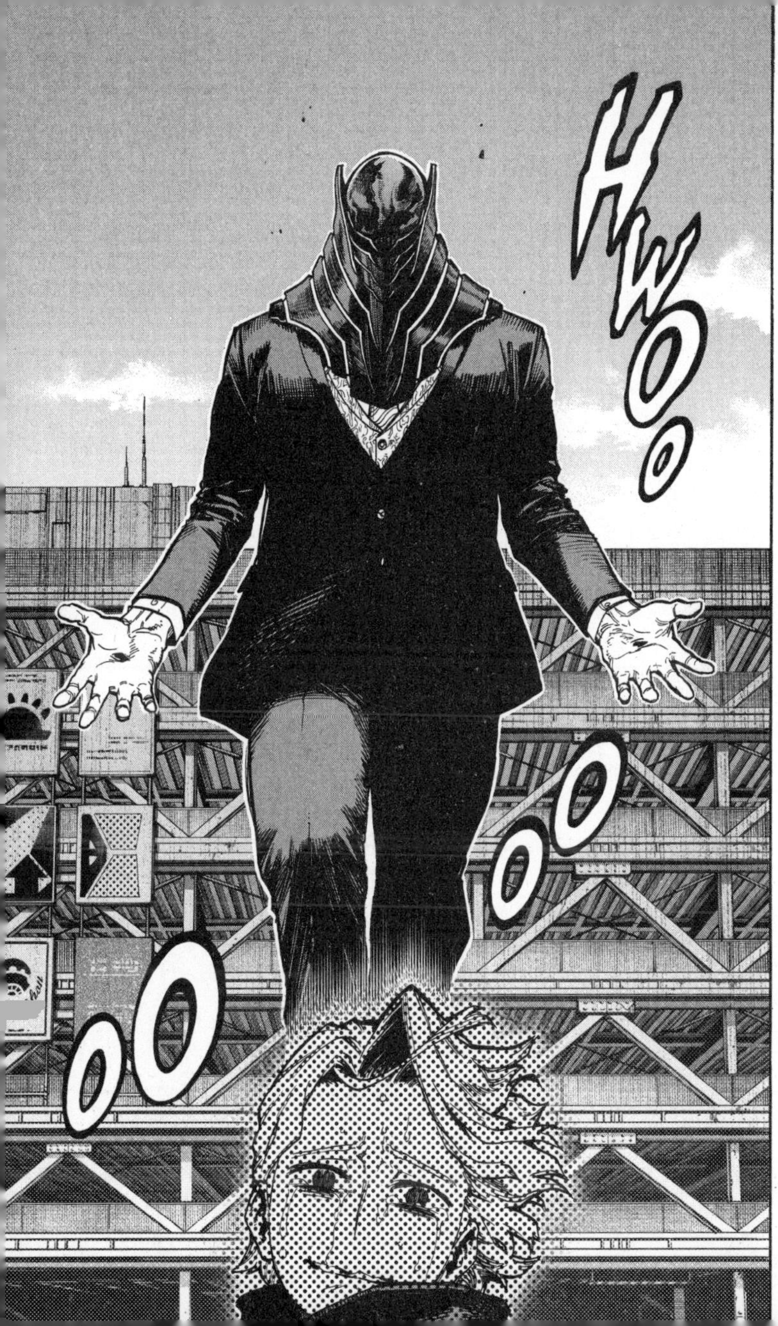
HWOOOOOO

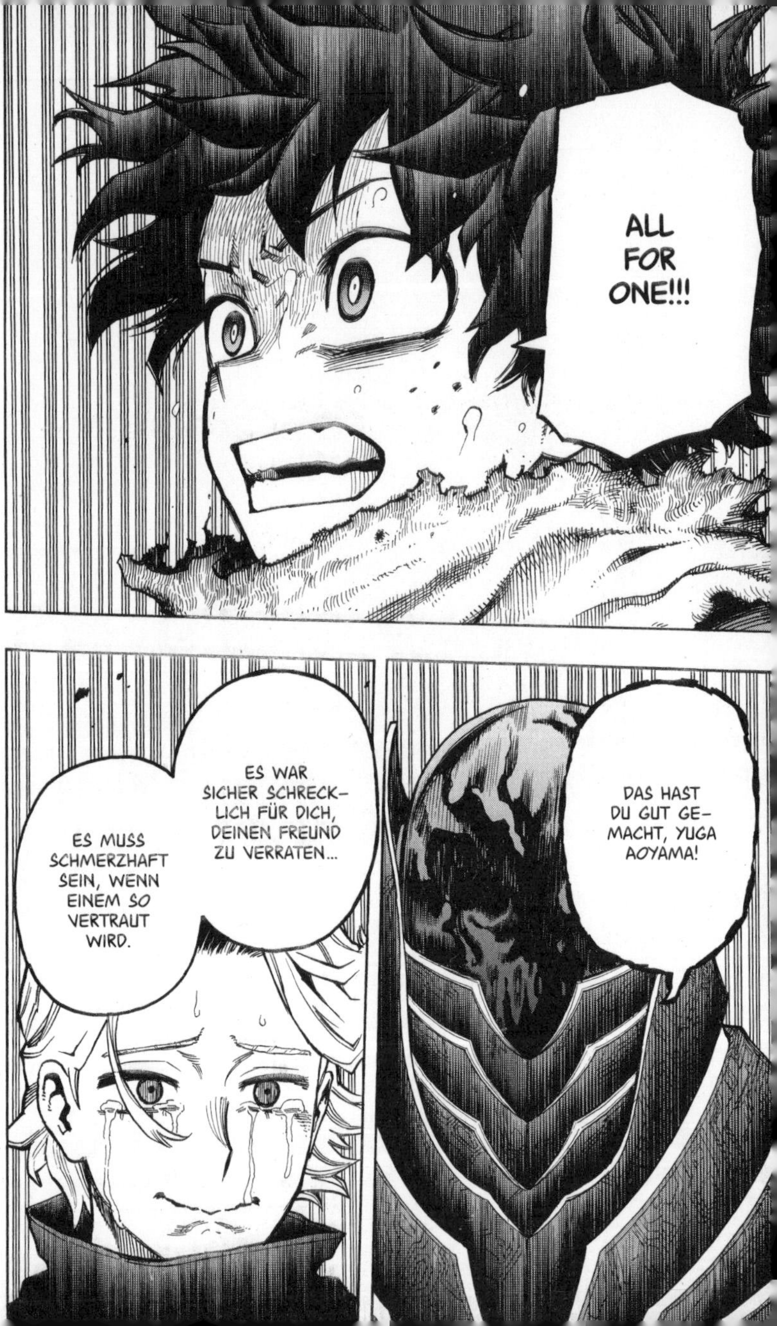
ALL FOR ONE!!!
DAS HAST DU GUT GE-MACHT, YUGA AOYAMA!
ES WAR SICHER SCHRECK-LICH FÜR DICH, DEINEN FREUND ZU VERRATEN...
ES MUSS SCHMERZHAFT SEIN, WENN EINEM SO VERTRAUT WIRD.

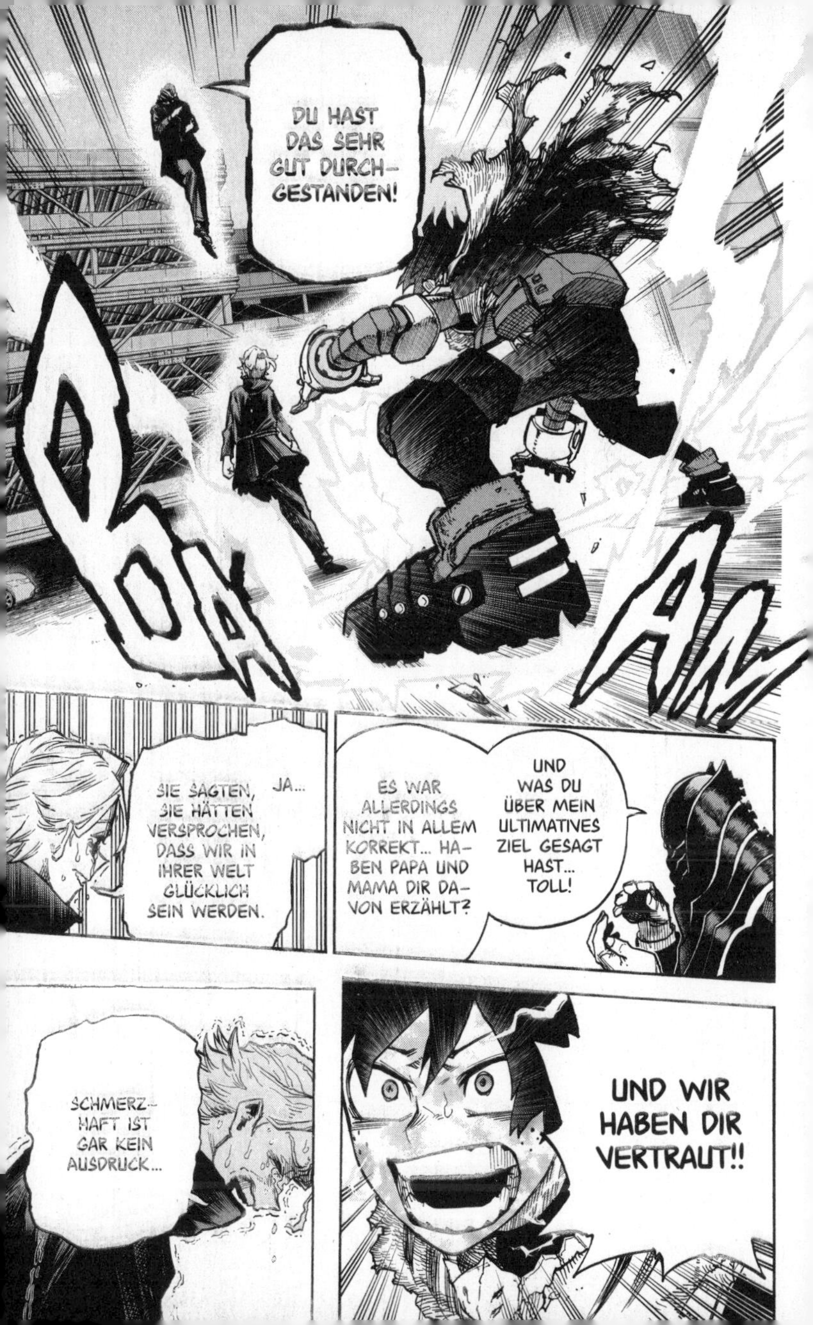
DU HAST DAS SEHR GUT DURCHGESTANDEN!
UND WAS DU ÜBER MEIN ULTIMATIVES ZIEL GESAGT HAST... TOLL!
ES WAR ALLERDINGS NICHT IN ALLEM KORREKT... HABEN PAPA UND MAMA DIR DAVON ERZÄHLT?
JA...
SIE SAGTEN, SIE HÄTTEN VERSPROCHEN, DASS WIR IN IHRER WELT GLÜCKLICH SEIN WERDEN.
UND WIR HABEN DIR VERTRAUT!!
SCHMERZHAFT IST GAR KEIN AUSDRUCK...

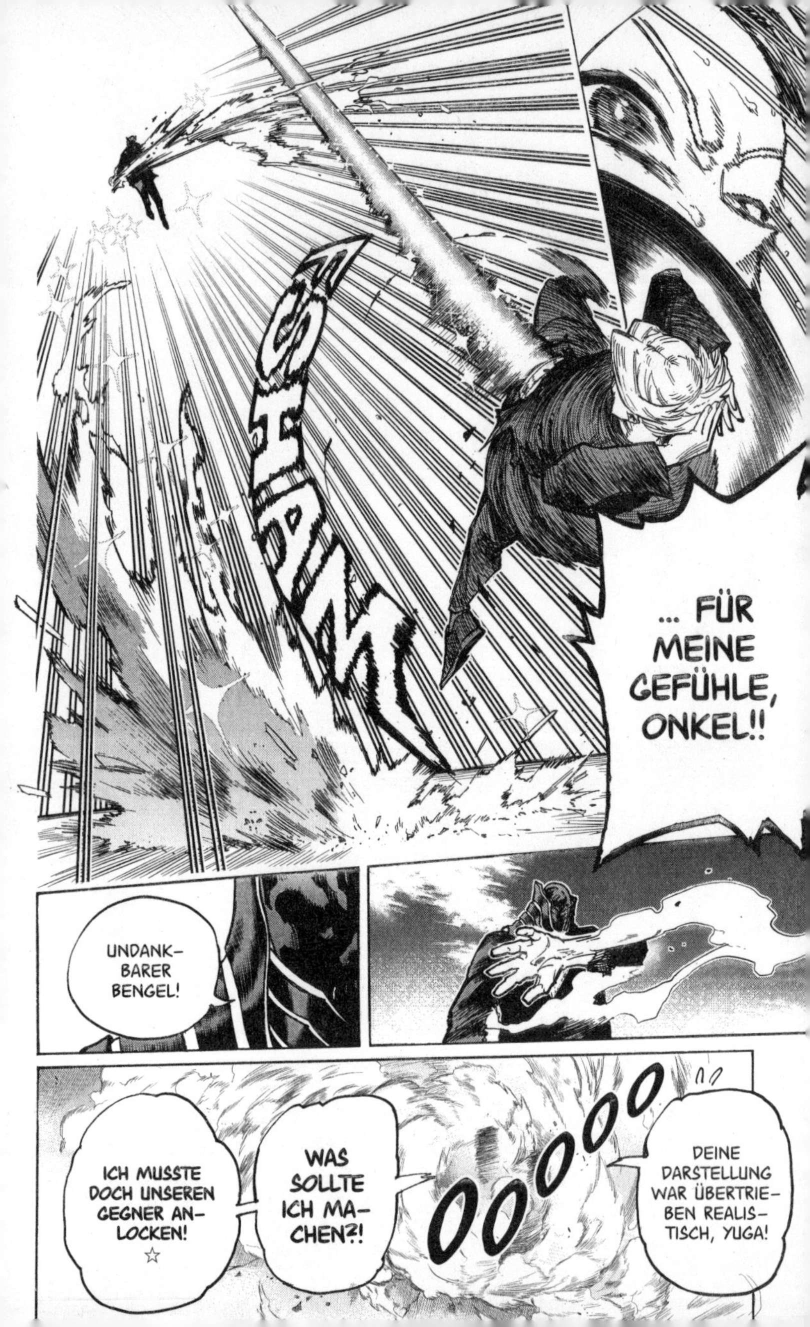
... FÜR MEINE GEFÜHLE, ONKEL!!
UNDANK-BARER BENGEL!
DEINE DARSTELLUNG WAR ÜBERTRIE-BEN REALIS-TISCH, YUGA!
OOOOOO
WAS SOLLTE ICH MA-CHEN?!
ICH MUSSTE DOCH UNSEREN GEGNER AN-LOCKEN! ☆

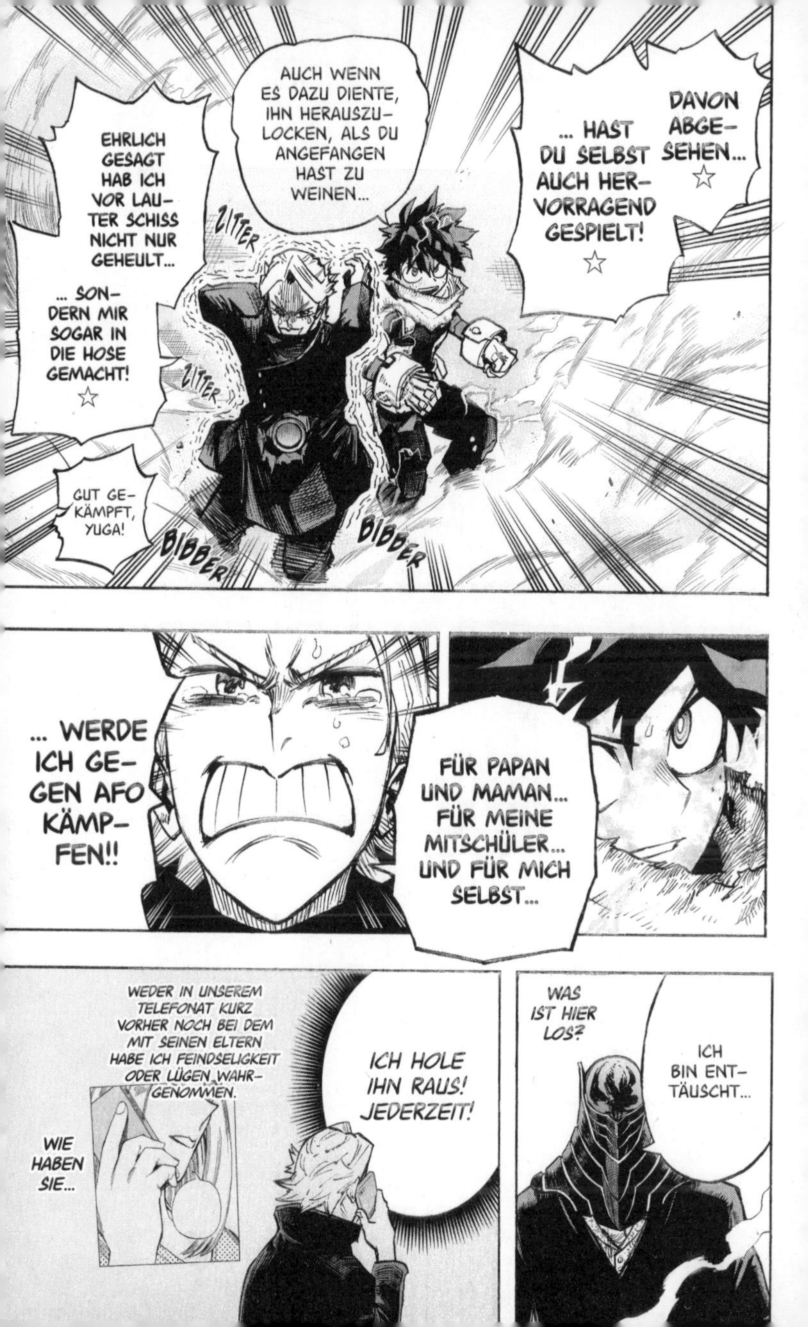
DAVON ABGESEHEN... ☆
... HAST DU SELBST AUCH HERVORRAGEND GESPIELT! ☆
AUCH WENN ES DAZU DIENTE, IHN HERAUSZULOCKEN, ALS DU ANGEFANGEN HAST ZU WEINEN...
EHRLICH GESAGT HAB ICH VOR LAUTER SCHISS NICHT NUR GEHEULT...
... SONDERN MIR SOGAR IN DIE HOSE GEMACHT! ☆
ZITTER
ZITTER
GUT GEKÄMPFT, YUGA!
BIBBER
BIBBER
FÜR PAPAN UND MAMAN... FÜR MEINE MITSCHÜLER... UND FÜR MICH SELBST...
... WERDE ICH GEGEN AFO KÄMPFEN!!
WAS IST HIER LOS?
ICH BIN ENTTÄUSCHT...
ICH HOLE IHN RAUS! JEDERZEIT!
WEDER IN UNSEREM TELEFONAT KURZ VORHER NOCH BEI DEM MIT SEINEN ELTERN HABE ICH FEINDSELIGKEIT ODER LÜGEN WAHRGENOMMEN.
WIE HABEN SIE...

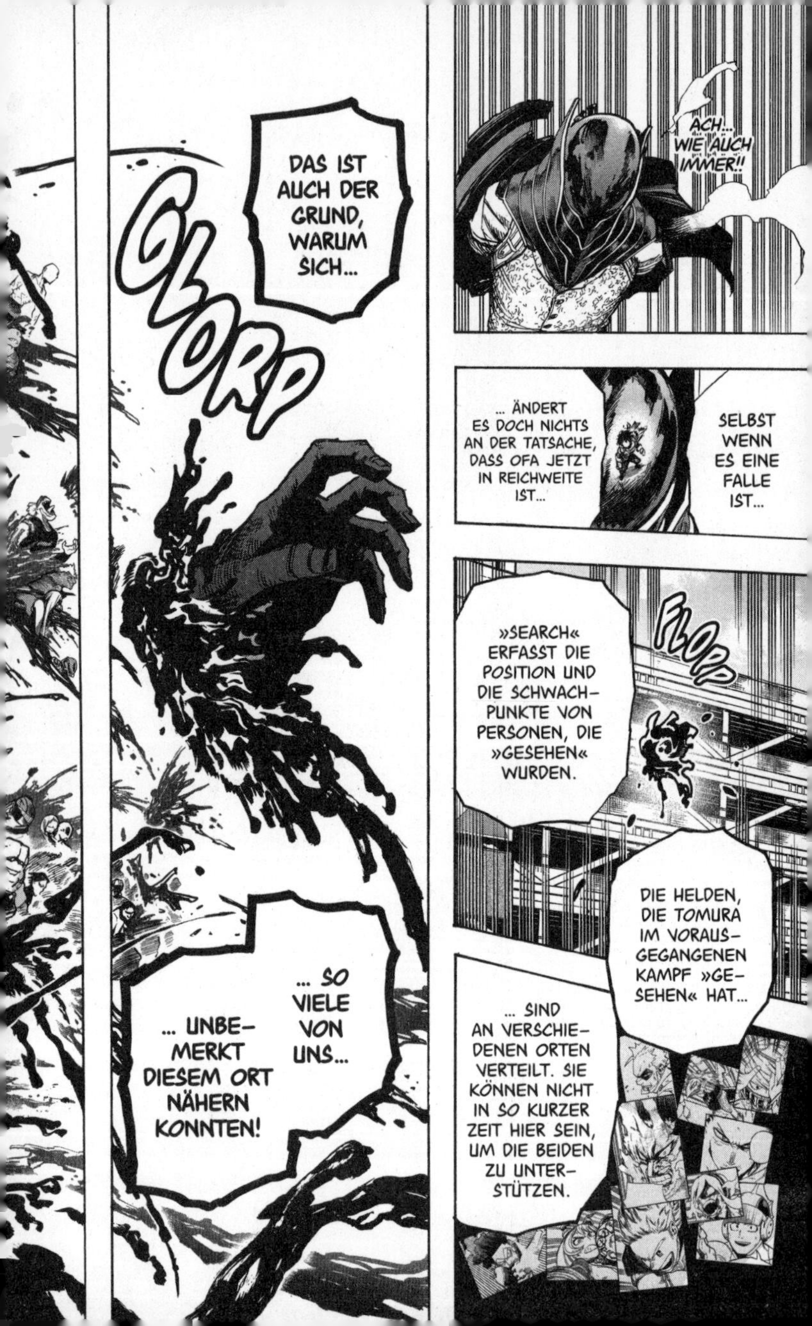
ACH... WIE AUCH IMMER!!
SELBST WENN ES EINE FALLE IST...
... ÄNDERT ES DOCH NICHTS AN DER TATSACHE, DASS OFA JETZT IN REICHWEITE IST...
FLOPP
»SEARCH« ERFASST DIE POSITION UND DIE SCHWACH-PUNKTE VON PERSONEN, DIE »GESEHEN« WURDEN.
DIE HELDEN, DIE TOMURA IM VORAUS-GEGANGENEN KAMPF »GE-SEHEN« HAT...
... SIND AN VERSCHIE-DENEN ORTEN VERTEILT. SIE KÖNNEN NICHT IN SO KURZER ZEIT HIER SEIN, UM DIE BEIDEN ZU UNTER-STÜTZEN.
DAS IST AUCH DER GRUND, WARUM SICH...
GLORP
... SO VIELE VON UNS...
... UNBE-MERKT DIESEM ORT NÄHERN KONNTEN!

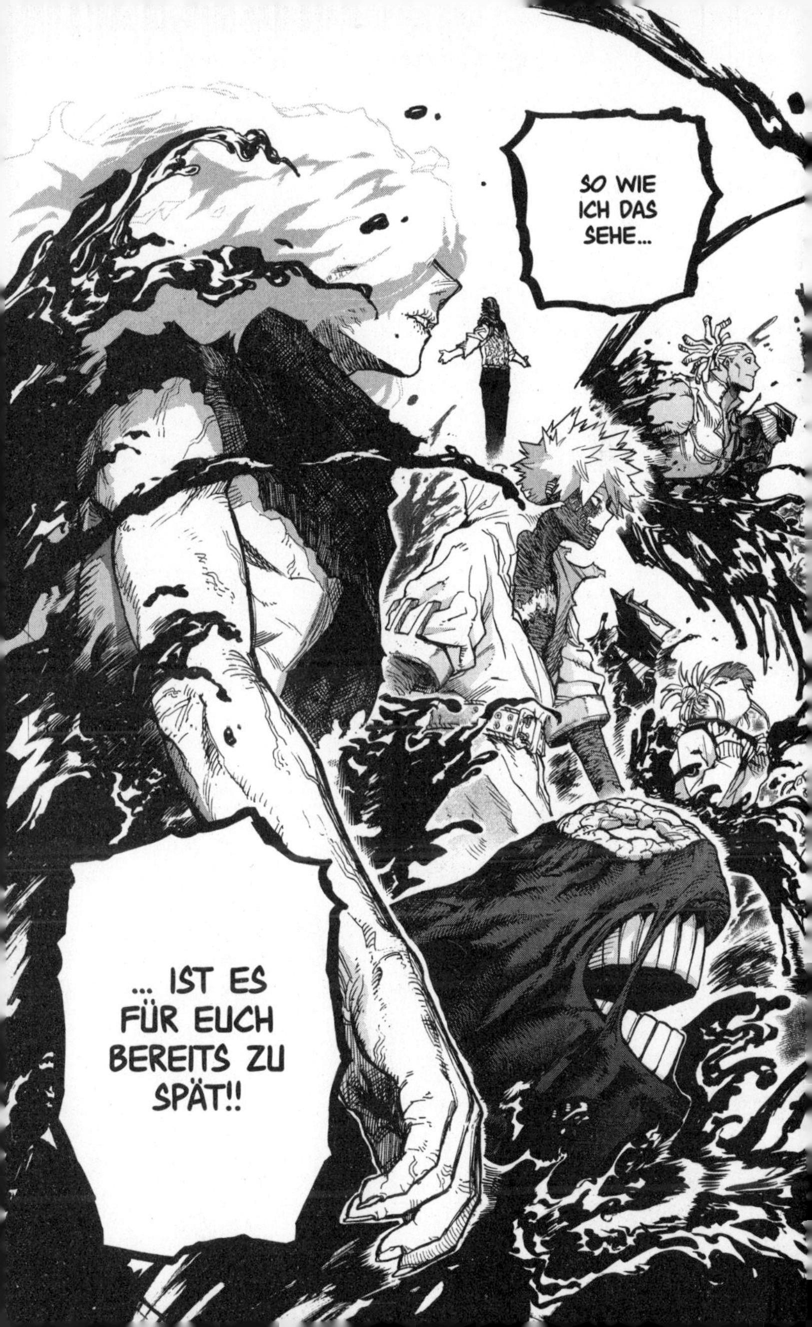
SO WIE ICH DAS SEHE...
... IST ES FÜR EUCH BEREITS ZU SPÄT!!

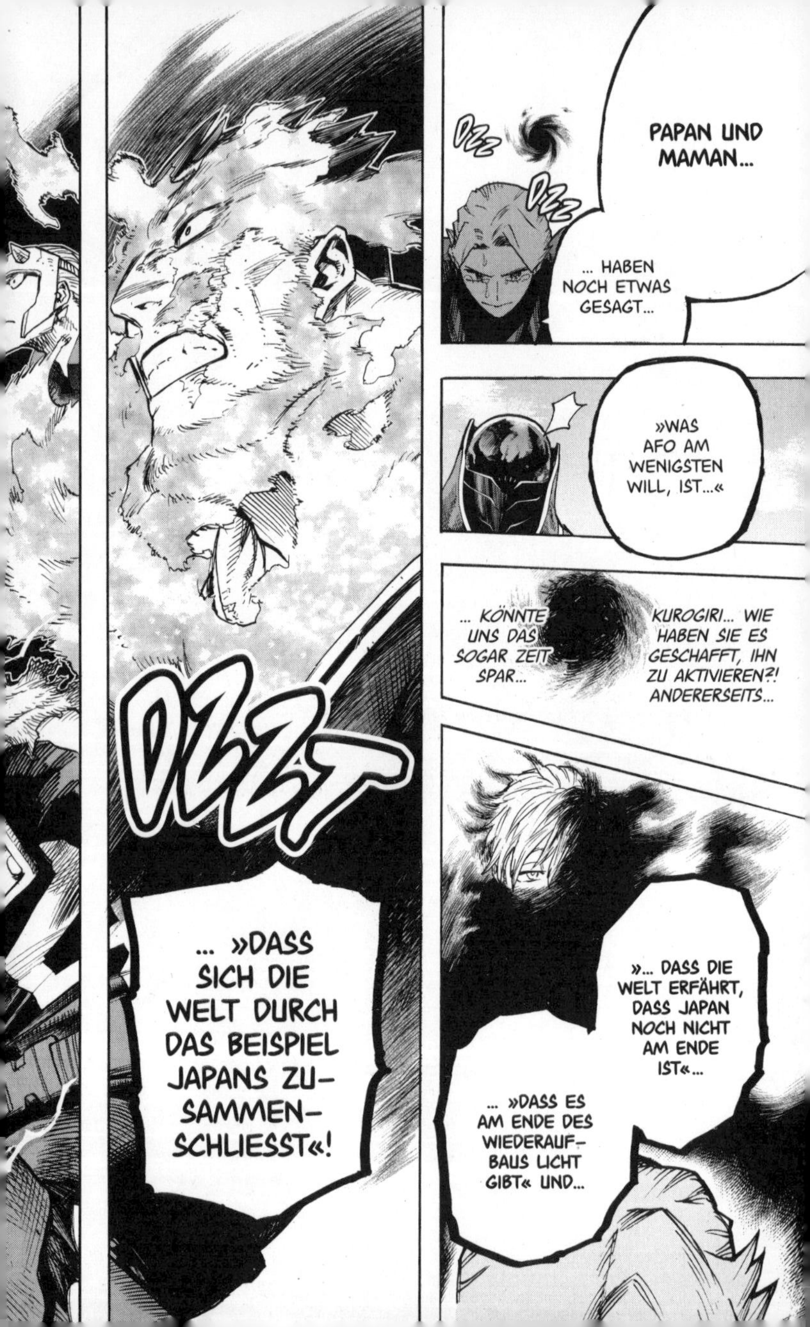

DZZ
PAPAN UND MAMAN...
DZZ
... HABEN NOCH ETWAS GESAGT...
»WAS AFO AM WENIGSTEN WILL, IST...«
KUROGIRI... WIE HABEN SIE ES GESCHAFFT, IHN ZU AKTIVIEREN?! ANDERERSEITS...
... KÖNNTE UNS DAS SOGAR ZEIT SPAR...
»... DASS DIE WELT ERFÄHRT, DASS JAPAN NOCH NICHT AM ENDE IST«...
... »DASS ES AM ENDE DES WIEDERAUF-BAUS LICHT GIBT« UND...
DZZT
... »DASS SICH DIE WELT DURCH DAS BEISPIEL JAPANS ZU-SAMMEN-SCHLIESST«!

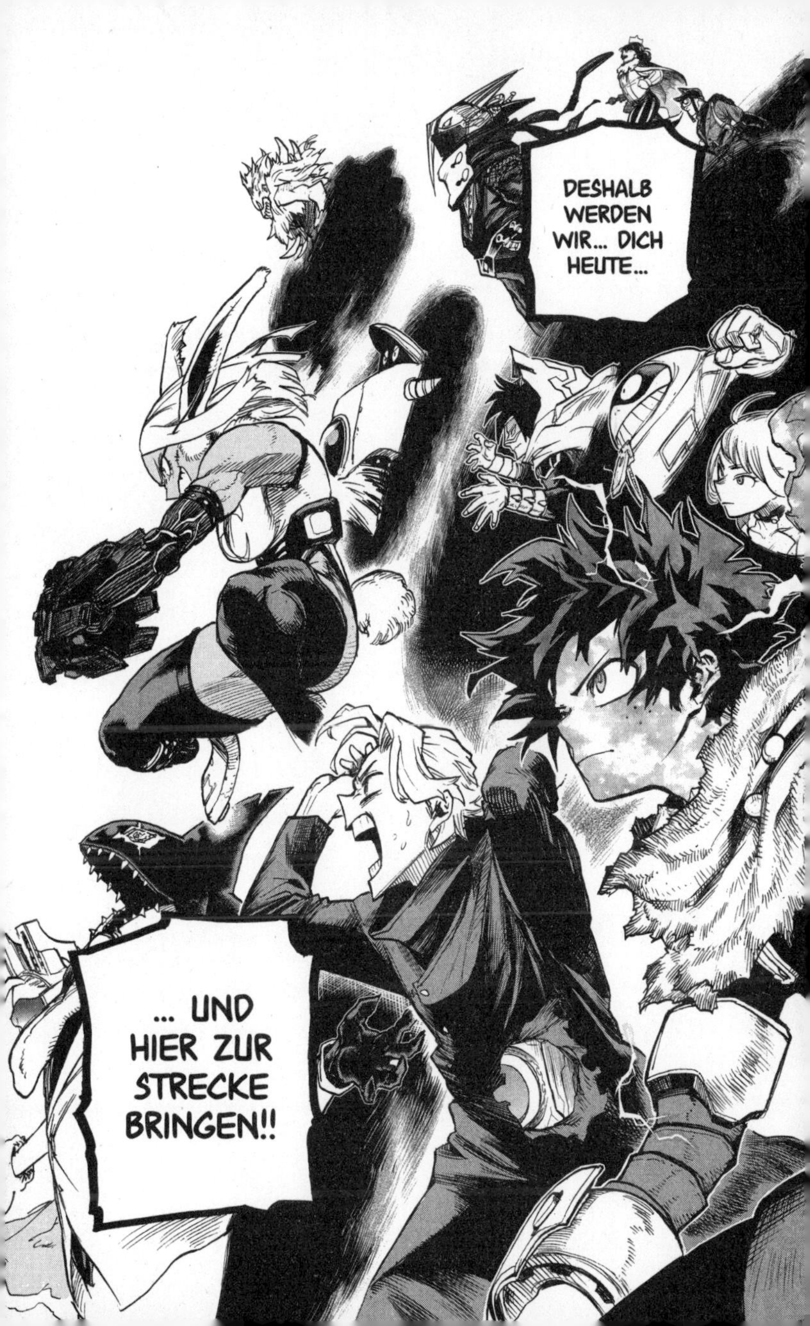
DESHALB WERDEN WIR... DICH HEUTE...
... UND HIER ZUR STRECKE BRINGEN!!

THE EINFACH MAL SO EIN NEUES KOSTÜM-PROTAGONIST

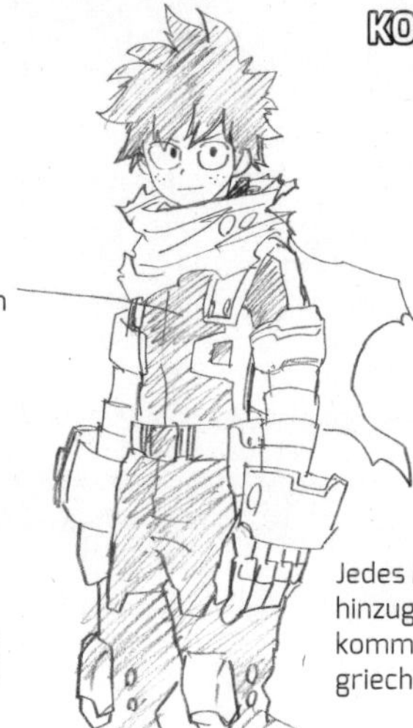

KOSTÜM Z (ZITA)

Band 1-5
α (Alpha)

Band 6-11
β (Beta)

Band 12-18
γ (Gamma)

Band 19-21
δ (Delta)

Band 32-34
ε (Epsilon)

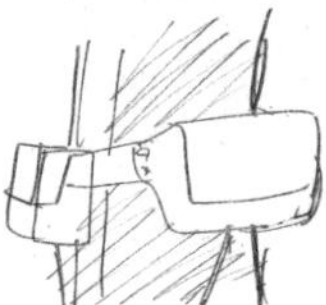

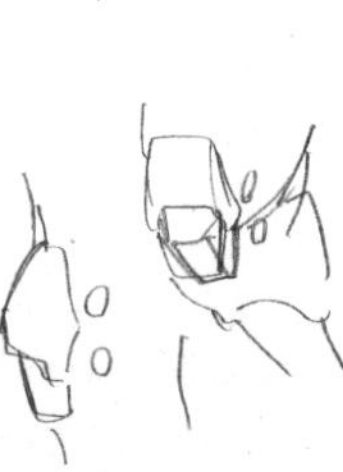

Jedes Mal wenn etwas hinzugefügt wird, bekommt es einen höheren griechischen Buchstaben.

Dekus Entwicklung hinterlässt sozusagen Spuren in seinem Kostüm.

Hatsume hat es mit dem beschränkten zur Verfügung stehenden Material und der begrenzten Zeit für ihn angefertigt.

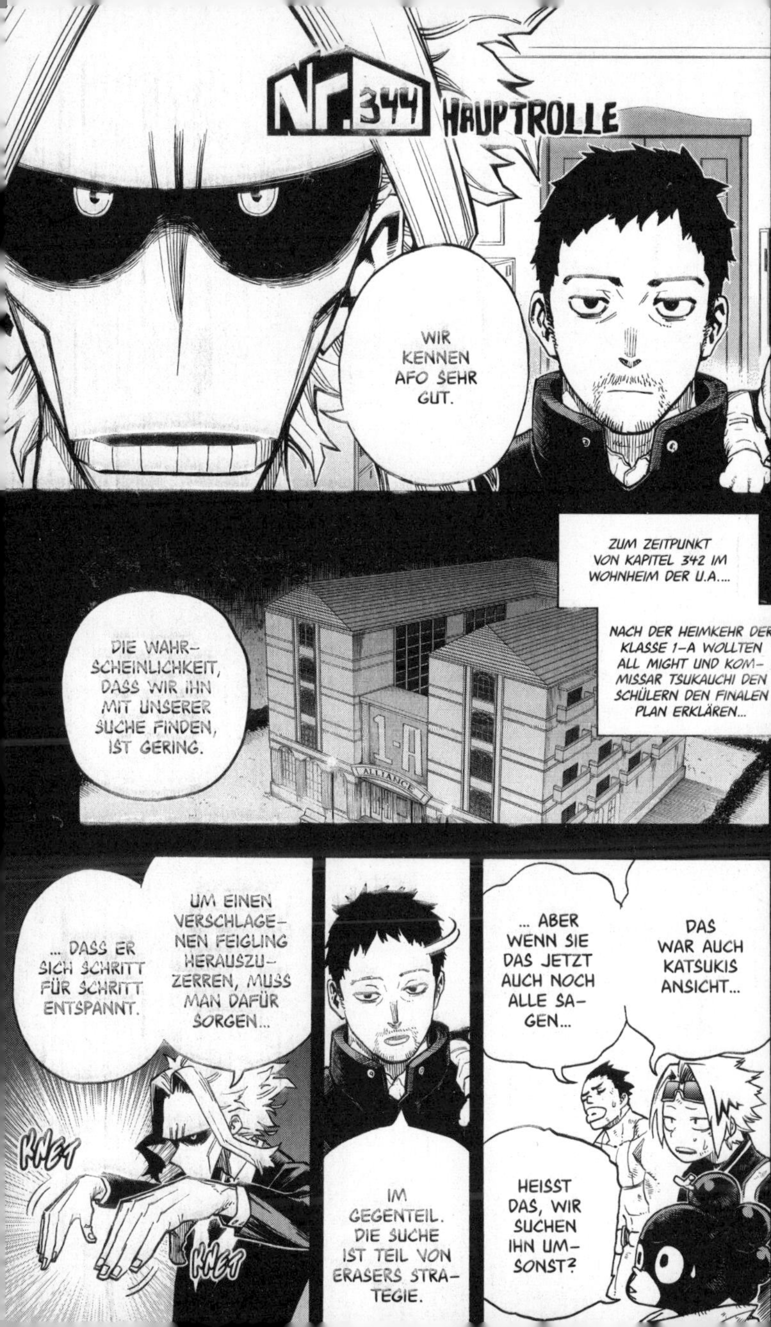
Nr. 344 HAUPTROLLE
WIR KENNEN AFO SEHR GUT.
ZUM ZEITPUNKT VON KAPITEL 342 IM WOHNHEIM DER U.A....
NACH DER HEIMKEHR DER KLASSE 1-A WOLLTEN ALL MIGHT UND KOMMISSAR TSUKAUCHI DEN SCHÜLERN DEN FINALEN PLAN ERKLÄREN...
DIE WAHRSCHEINLICHKEIT, DASS WIR IHN MIT UNSERER SUCHE FINDEN, IST GERING.
1-A
ALLIANCE
DAS WAR AUCH KATSUKIS ANSICHT...
... ABER WENN SIE DAS JETZT AUCH NOCH ALLE SAGEN...
HEISST DAS, WIR SUCHEN IHN UMSONST?
IM GEGENTEIL. DIE SUCHE IST TEIL VON ERASERS STRATEGIE.
UM EINEN VERSCHLAGENEN FEIGLING HERAUSZUZERREN, MUSS MAN DAFÜR SORGEN...
... DASS ER SICH SCHRITT FÜR SCHRITT ENTSPANNT.
KNET
KNET

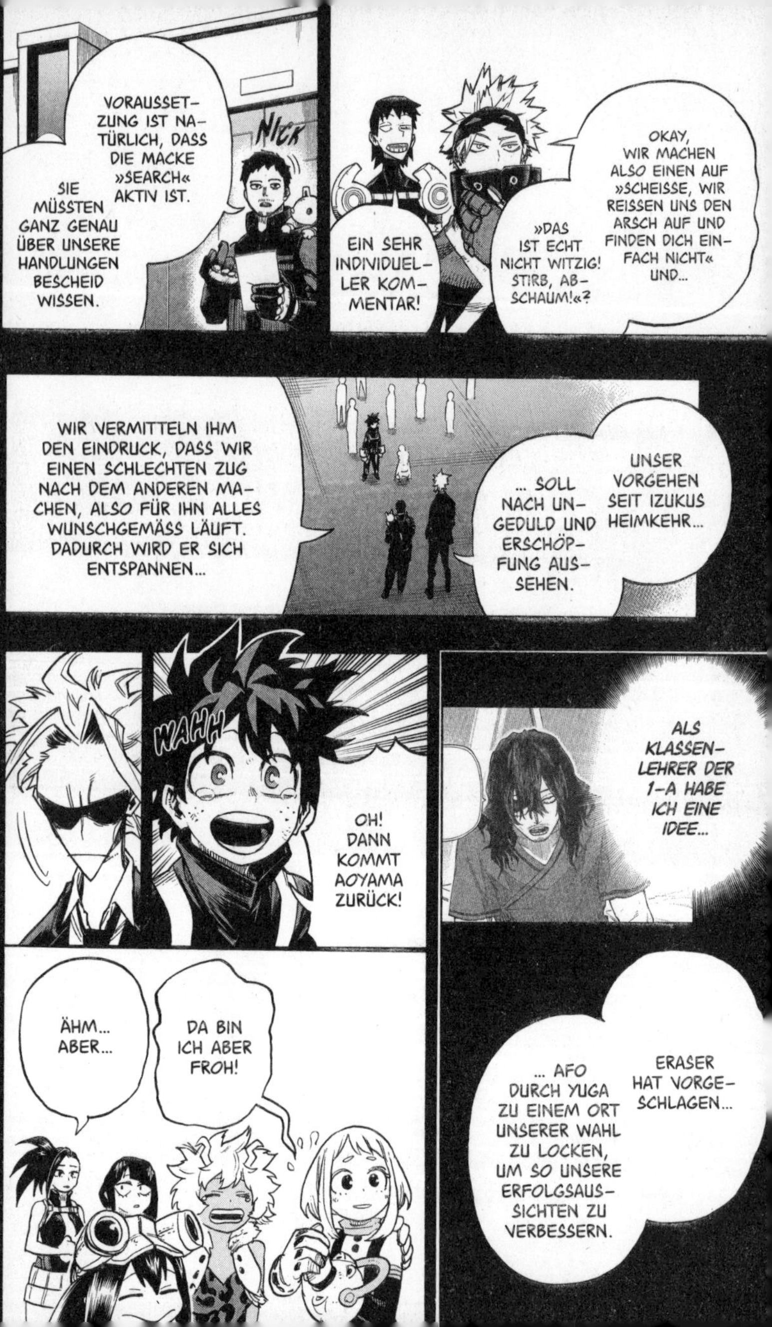

OKAY, WIR MACHEN ALSO EINEN AUF »SCHEISSE, WIR REISSEN UNS DEN ARSCH AUF UND FINDEN DICH EINFACH NICHT« UND...
»DAS IST ECHT NICHT WITZIG! STIRB, ABSCHAUM!«?
EIN SEHR INDIVIDUELLER KOMMENTAR!
NICK
VORAUSSETZUNG IST NATÜRLICH, DASS DIE MACKE »SEARCH« AKTIV IST.
SIE MÜSSTEN GANZ GENAU ÜBER UNSERE HANDLUNGEN BESCHEID WISSEN.
UNSER VORGEHEN SEIT IZUKUS HEIMKEHR...
... SOLL NACH UNGEDULD UND ERSCHÖPFUNG AUSSEHEN.
WIR VERMITTELN IHM DEN EINDRUCK, DASS WIR EINEN SCHLECHTEN ZUG NACH DEM ANDEREN MACHEN, ALSO FÜR IHN ALLES WUNSCHGEMÄSS LÄUFT. DADURCH WIRD ER SICH ENTSPANNEN...
ALS KLASSENLEHRER DER 1-A HABE ICH EINE IDEE...
WAHH
OH! DANN KOMMT AOYAMA ZURÜCK!
ERASER HAT VORGESCHLAGEN...
... AFO DURCH YUGA ZU EINEM ORT UNSERER WAHL ZU LOCKEN, UM SO UNSERE ERFOLGSAUSSICHTEN ZU VERBESSERN.
DA BIN ICH ABER FROH!
ÄHM... ABER...

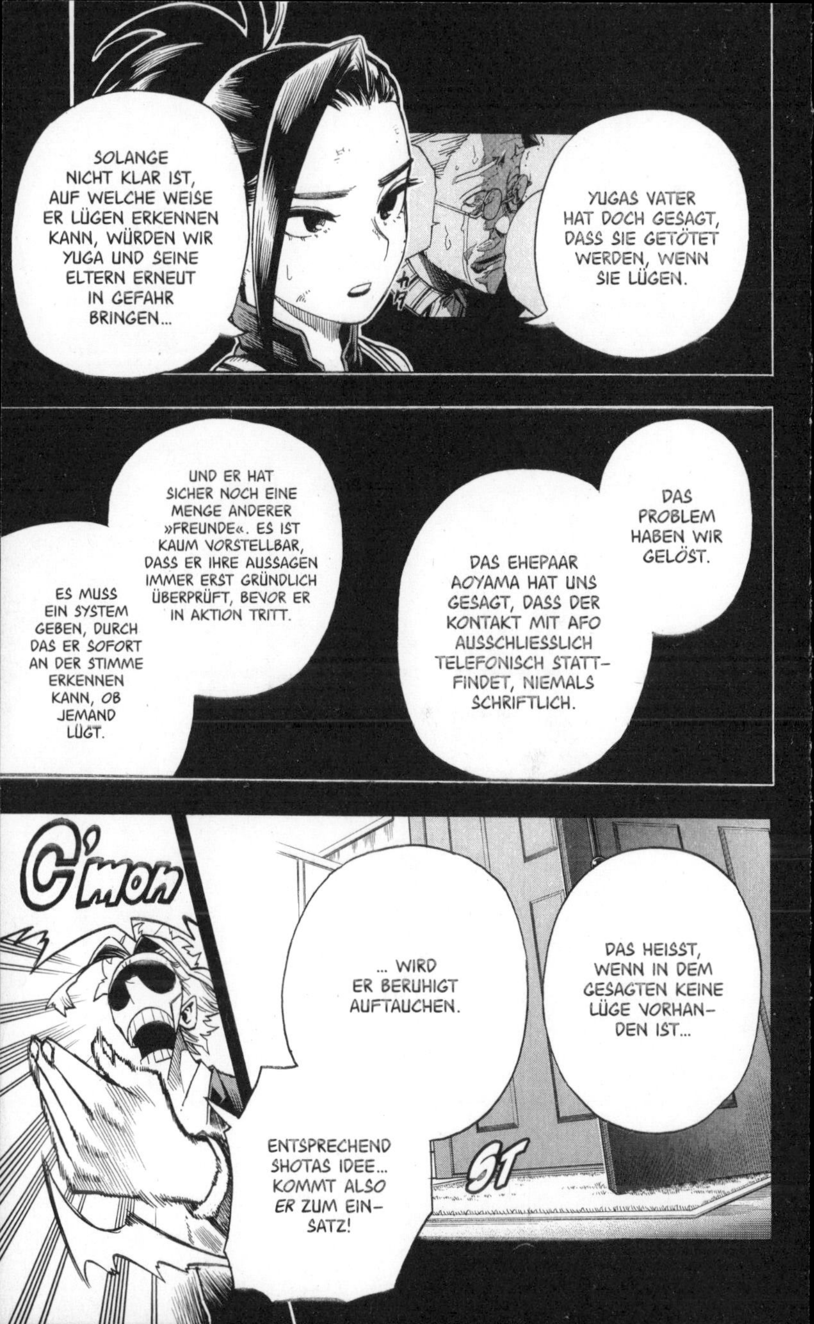
YUGAS VATER HAT DOCH GESAGT, DASS SIE GETÖTET WERDEN, WENN SIE LÜGEN.
SOLANGE NICHT KLAR IST, AUF WELCHE WEISE ER LÜGEN ERKENNEN KANN, WÜRDEN WIR YUGA UND SEINE ELTERN ERNEUT IN GEFAHR BRINGEN …
DAS PROBLEM HABEN WIR GELÖST.
DAS EHEPAAR AOYAMA HAT UNS GESAGT, DASS DER KONTAKT MIT AFO AUSSCHLIESSLICH TELEFONISCH STATT-FINDET, NIEMALS SCHRIFTLICH.
UND ER HAT SICHER NOCH EINE MENGE ANDERER »FREUNDE«. ES IST KAUM VORSTELLBAR, DASS ER IHRE AUSSAGEN IMMER ERST GRÜNDLICH ÜBERPRÜFT, BEVOR ER IN AKTION TRITT.
ES MUSS EIN SYSTEM GEBEN, DURCH DAS ER SOFORT AN DER STIMME ERKENNEN KANN, OB JEMAND LÜGT.
DAS HEISST, WENN IN DEM GESAGTEN KEINE LÜGE VORHAN-DEN IST …
… WIRD ER BERUHIGT AUFTAUCHEN.
ST
ENTSPRECHEND SHOTAS IDEE … KOMMT ALSO ER ZUM EIN-SATZ!
C'MON

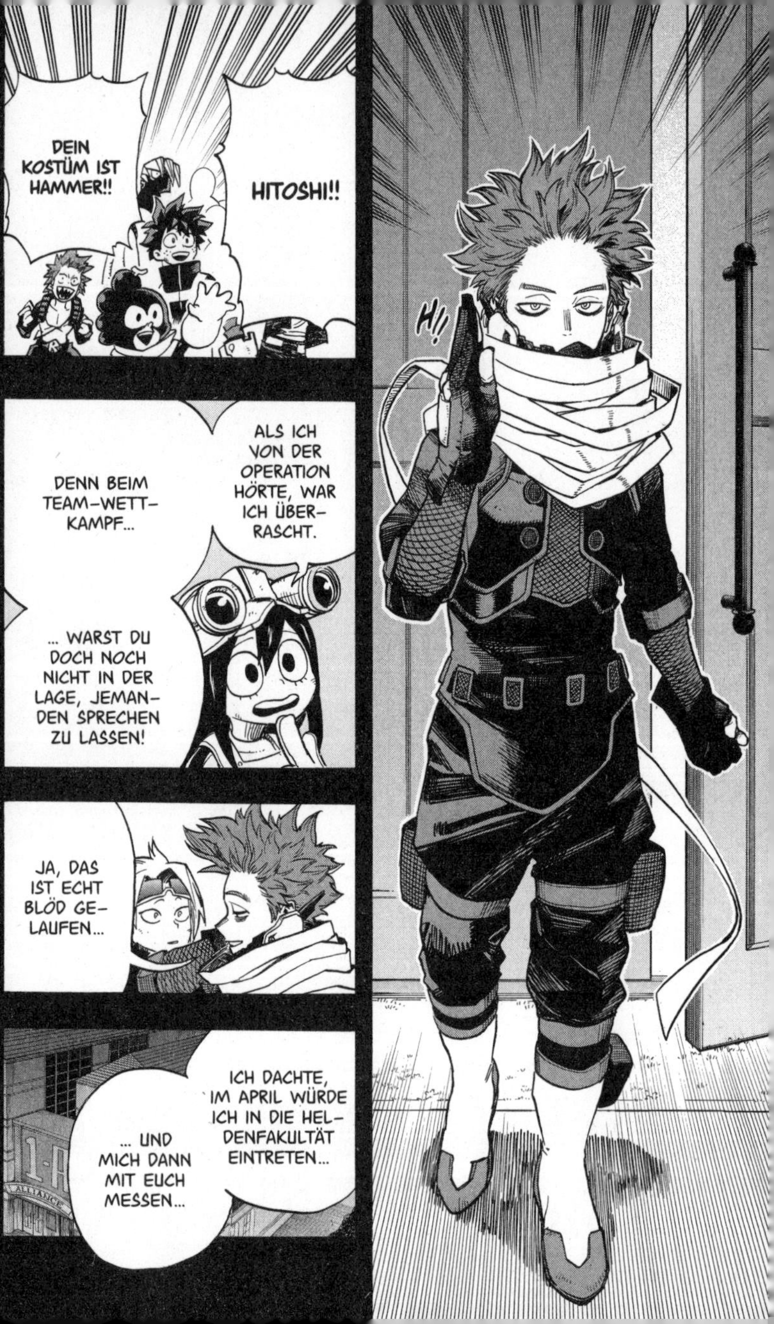
H!!
HITOSHI!!
DEIN KOSTÜM IST HAMMER!!
ALS ICH VON DER OPERATION HÖRTE, WAR ICH ÜBER-RASCHT.
DENN BEIM TEAM-WETT-KAMPF...
... WARST DU DOCH NOCH NICHT IN DER LAGE, JEMAN-DEN SPRECHEN ZU LASSEN!
JA, DAS IST ECHT BLÖD GE-LAUFEN...
ICH DACHTE, IM APRIL WÜRDE ICH IN DIE HEL-DENFAKULTÄT EINTRETEN...
... UND MICH DANN MIT EUCH MESSEN...
1-A
ALLIANCE

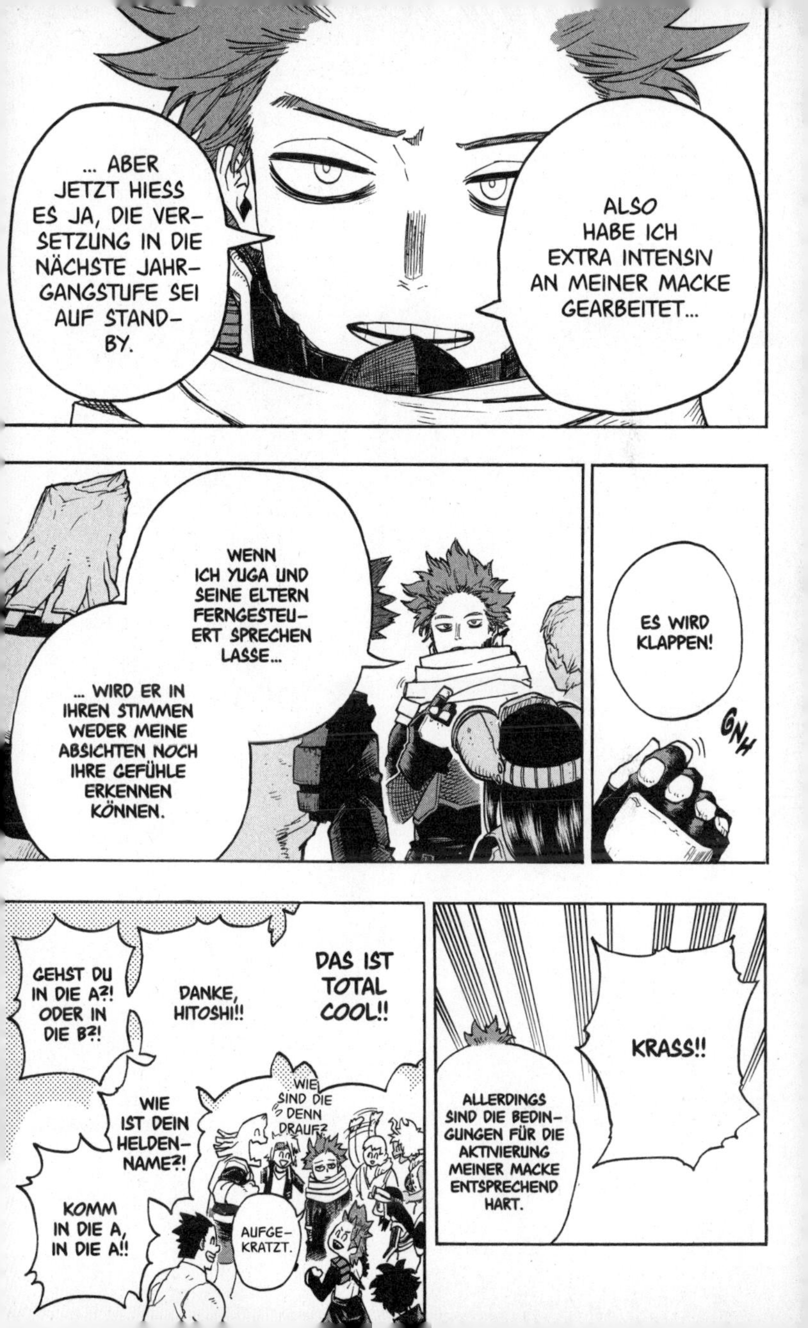
ALSO HABE ICH EXTRA INTENSIV AN MEINER MACKE GEARBEITET…
… ABER JETZT HIESS ES JA, DIE VERSETZUNG IN DIE NÄCHSTE JAHRGANGSTUFE SEI AUF STANDBY.
ES WIRD KLAPPEN!
GNH
WENN ICH YUGA UND SEINE ELTERN FERNGESTEUERT SPRECHEN LASSE…
… WIRD ER IN IHREN STIMMEN WEDER MEINE ABSICHTEN NOCH IHRE GEFÜHLE ERKENNEN KÖNNEN.
KRASS!!
ALLERDINGS SIND DIE BEDINGUNGEN FÜR DIE AKTIVIERUNG MEINER MACKE ENTSPRECHEND HART.
DAS IST TOTAL COOL!!
DANKE, HITOSHI!!
GEHST DU IN DIE A?! ODER IN DIE B?!
WIE SIND DIE DENN DRAUF?
WIE IST DEIN HELDENNAME?!
AUFGEKRATZT.
KOMM IN DIE A, IN DIE A!!

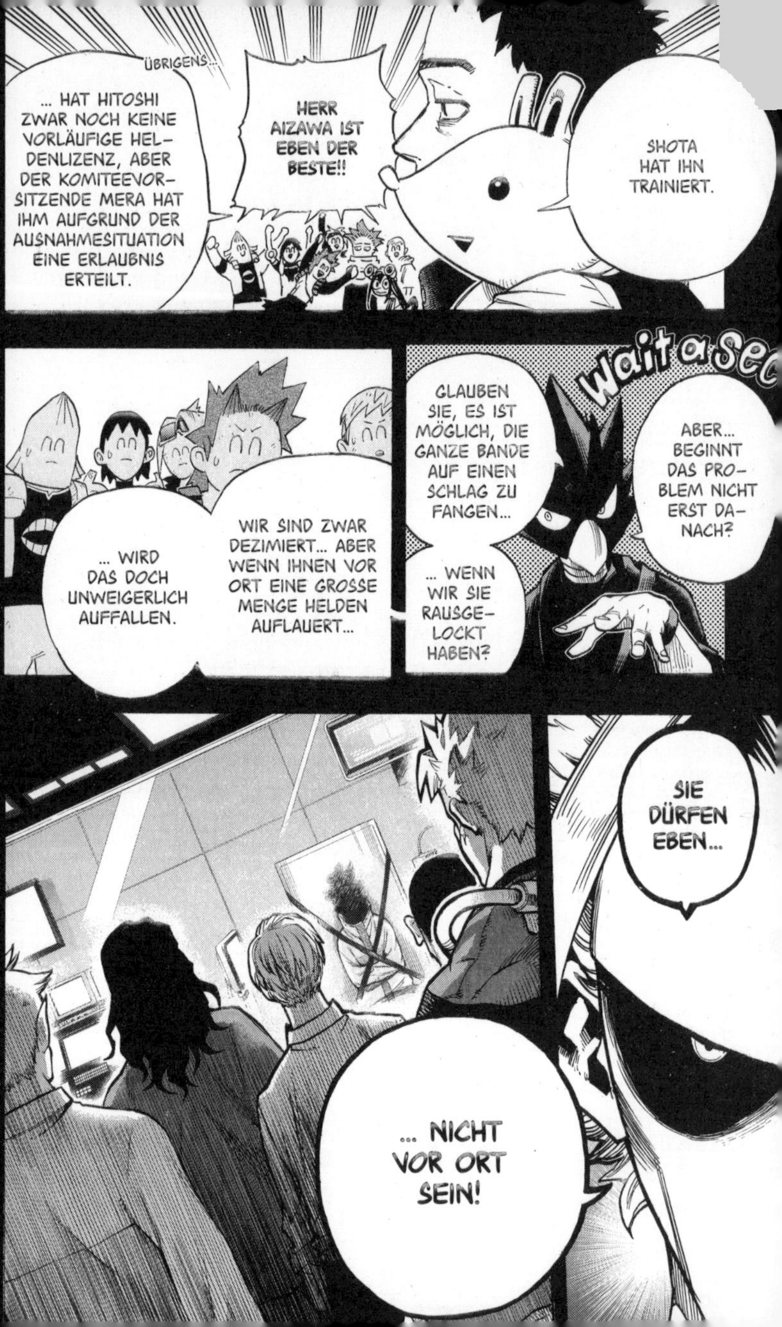

SHOTA HAT IHN TRAINIERT.
HERR AIZAWA IST EBEN DER BESTE!!
ÜBRIGENS ...
... HAT HITOSHI ZWAR NOCH KEINE VORLÄUFIGE HELDENLIZENZ, ABER DER KOMITEEVORSITZENDE MERA HAT IHM AUFGRUND DER AUSNAHMESITUATION EINE ERLAUBNIS ERTEILT.
wait a sec
ABER ... BEGINNT DAS PROBLEM NICHT ERST DANACH?
GLAUBEN SIE, ES IST MÖGLICH, DIE GANZE BANDE AUF EINEN SCHLAG ZU FANGEN ...
... WENN WIR SIE RAUSGELOCKT HABEN?
WIR SIND ZWAR DEZIMIERT ... ABER WENN IHNEN VOR ORT EINE GROSSE MENGE HELDEN AUFLAUERT ...
... WIRD DAS DOCH UNWEIGERLICH AUFFALLEN.
SIE DÜRFEN EBEN ...
... NICHT VOR ORT SEIN!

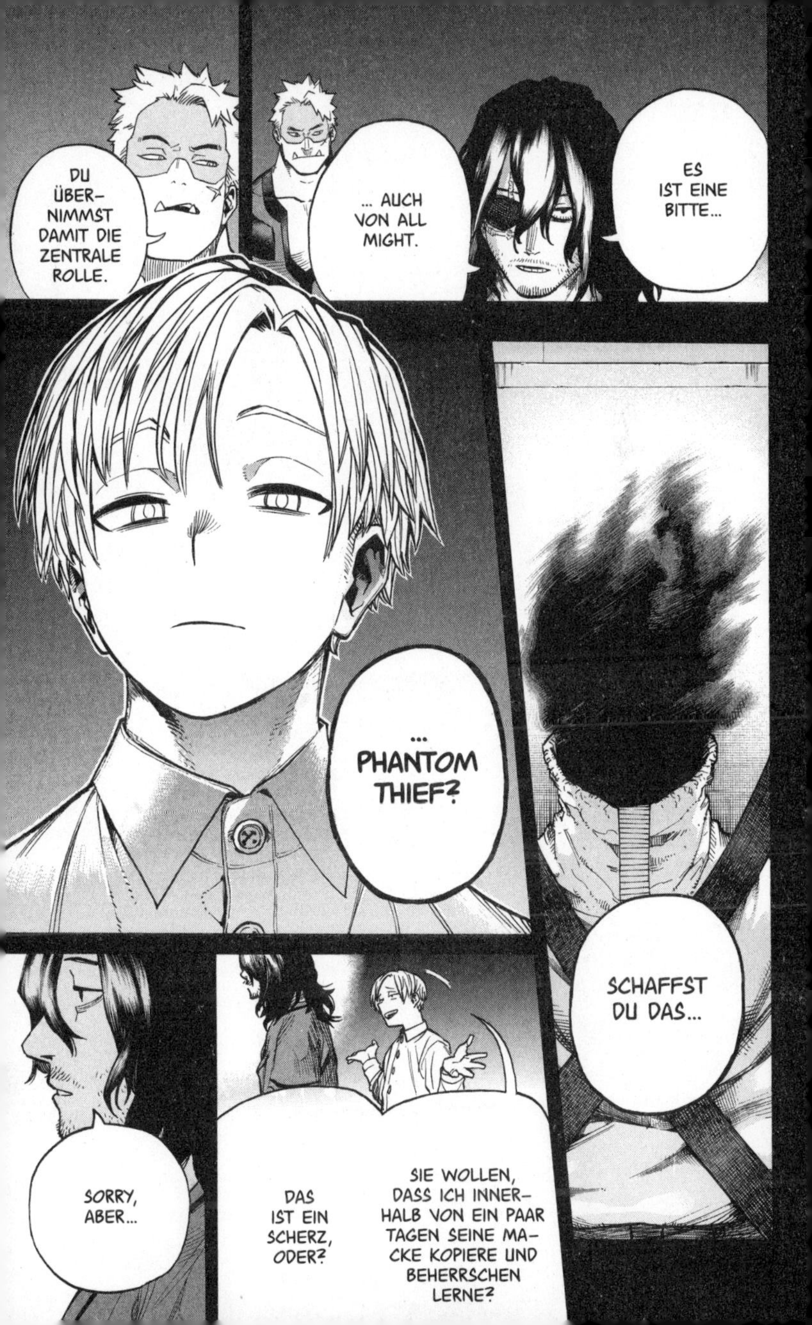
ES IST EINE BITTE...
... AUCH VON ALL MIGHT.
DU ÜBERNIMMST DAMIT DIE ZENTRALE ROLLE.
SCHAFFST DU DAS...
... PHANTOM THIEF?
SIE WOLLEN, DASS ICH INNERHALB VON EIN PAAR TAGEN SEINE MACKE KOPIERE UND BEHERRSCHEN LERNE?
DAS IST EIN SCHERZ, ODER?
SORRY, ABER...

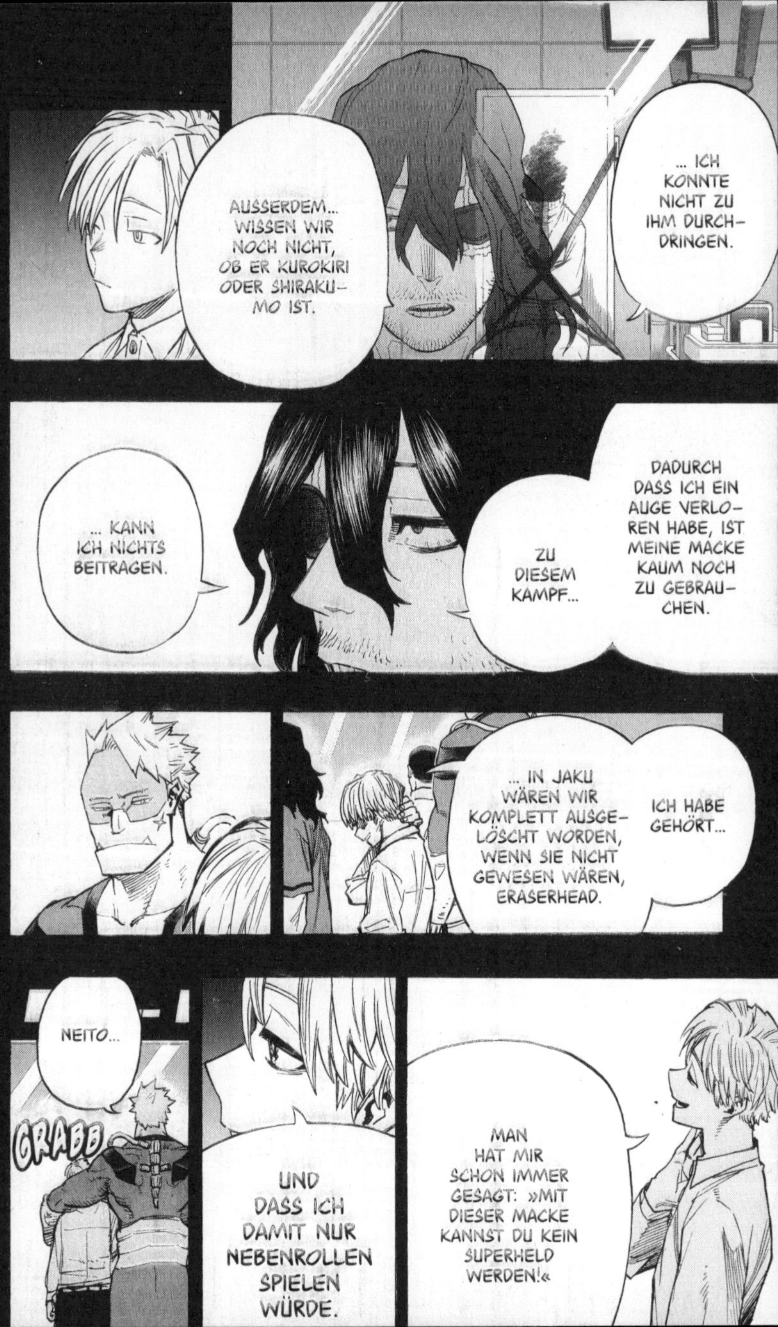
... ICH KONNTE NICHT ZU IHM DURCHDRINGEN.
AUSSERDEM... WISSEN WIR NOCH NICHT, OB ER KUROKIRI ODER SHIRAKUMO IST.
DADURCH DASS ICH EIN AUGE VERLOREN HABE, IST MEINE MACKE KAUM NOCH ZU GEBRAUCHEN.
ZU DIESEM KAMPF...
... KANN ICH NICHTS BEITRAGEN.
ICH HABE GEHÖRT...
... IN JAKU WÄREN WIR KOMPLETT AUSGELÖSCHT WORDEN, WENN SIE NICHT GEWESEN WÄREN, ERASERHEAD.
MAN HAT MIR SCHON IMMER GESAGT: »MIT DIESER MACKE KANNST DU KEIN SUPERHELD WERDEN!«
UND DASS ICH DAMIT NUR NEBENROLLEN SPIELEN WÜRDE.
NEITO...
GRABB

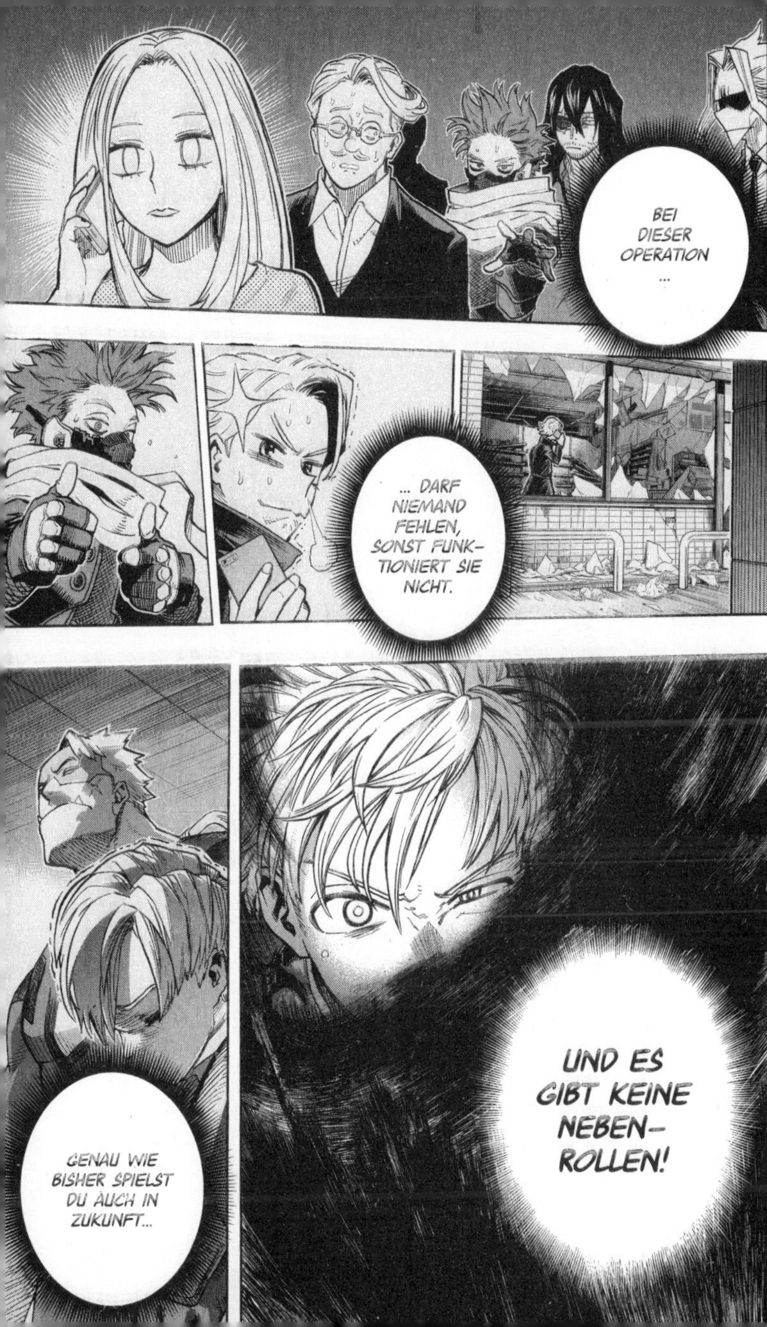
BEI DIESER OPERATION ...
... DARF NIEMAND FEHLEN, SONST FUNK-TIONIERT SIE NICHT.
UND ES GIBT KEINE NEBEN-ROLLEN!
GENAU WIE BISHER SPIELST DU AUCH IN ZUKUNFT...

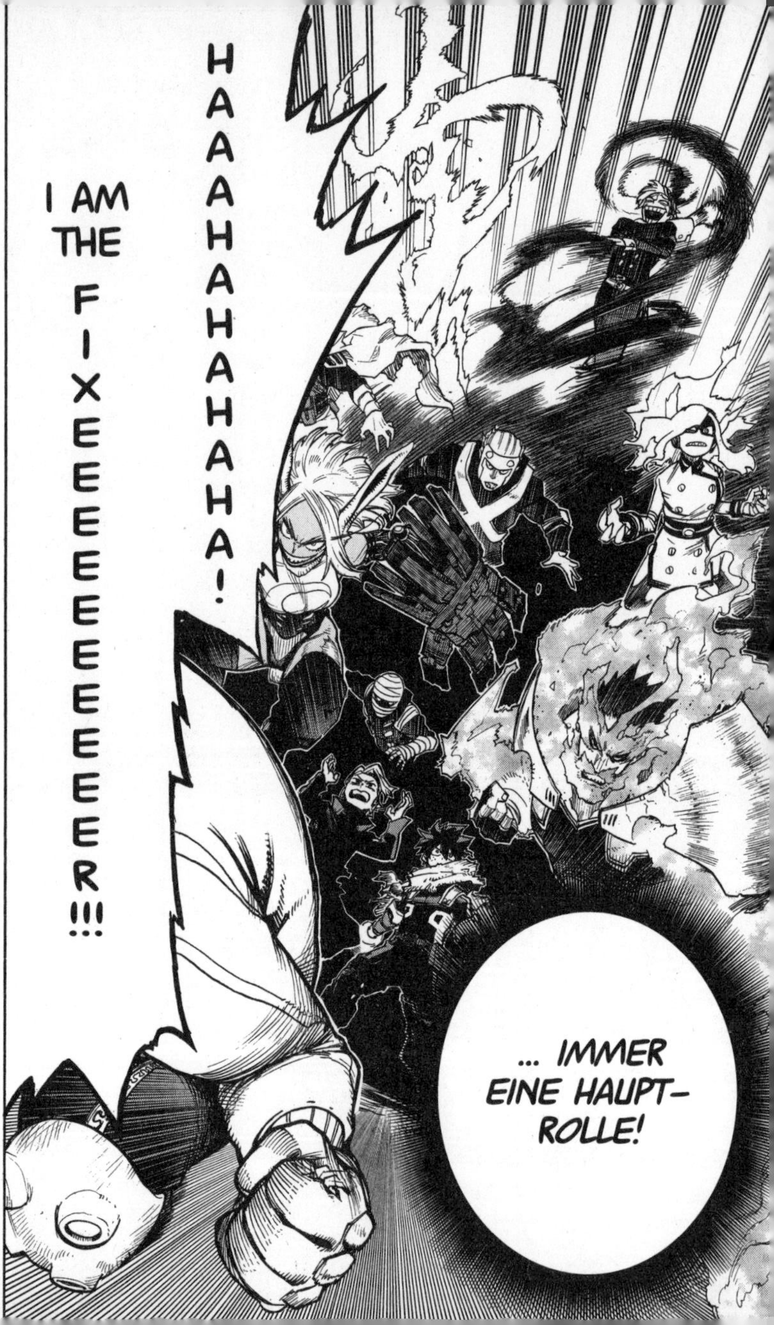
HAAAAHAHAHAHA!
I AM THE FIXEEEEEEEEEEEEER!!!
... IMMER EINE HAUPT-ROLLE!

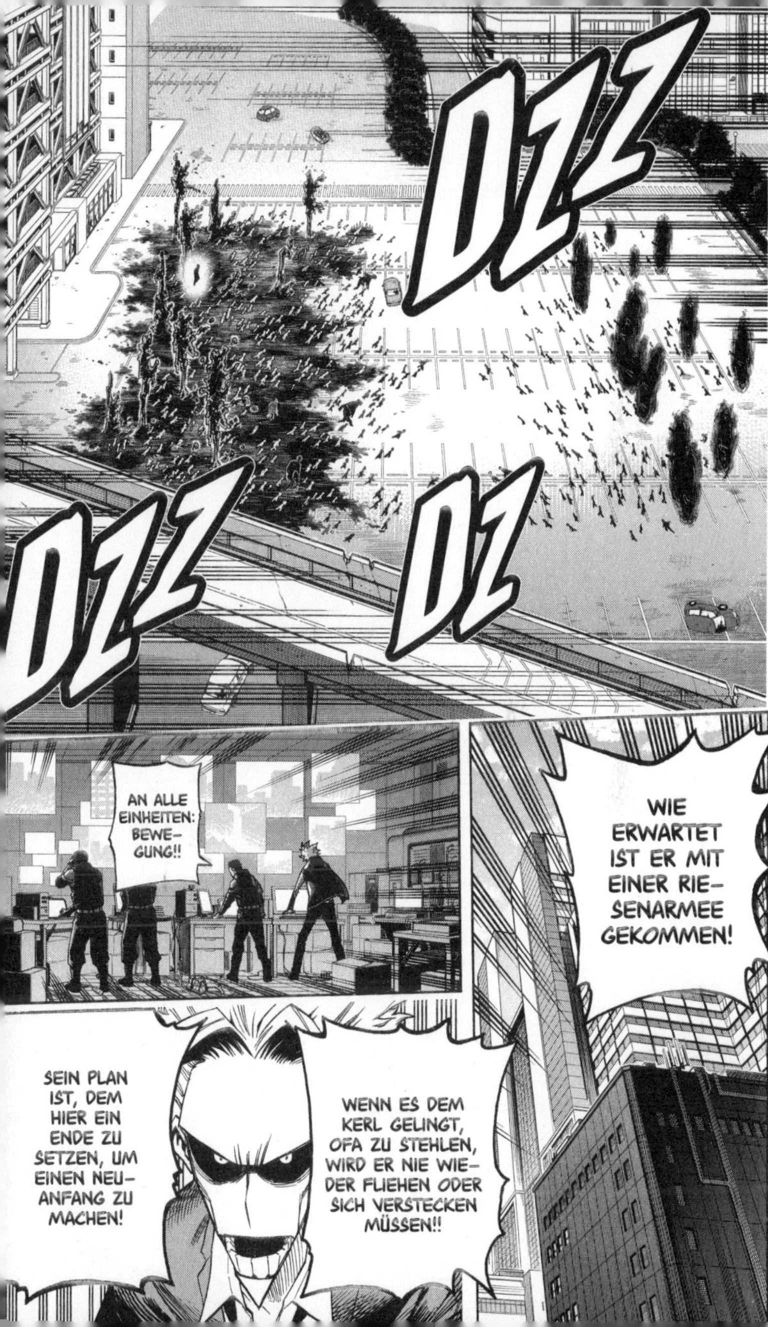
DZZ
DZ
DZZ
WIE ERWARTET IST ER MIT EINER RIESENARMEE GEKOMMEN!
AN ALLE EINHEITEN: BEWEGUNG!!
WENN ES DEM KERL GELINGT, OFA ZU STEHLEN, WIRD ER NIE WIEDER FLIEHEN ODER SICH VERSTECKEN MÜSSEN!!
SEIN PLAN IST, DEM HIER EIN ENDE ZU SETZEN, UM EINEN NEUANFANG ZU MACHEN!

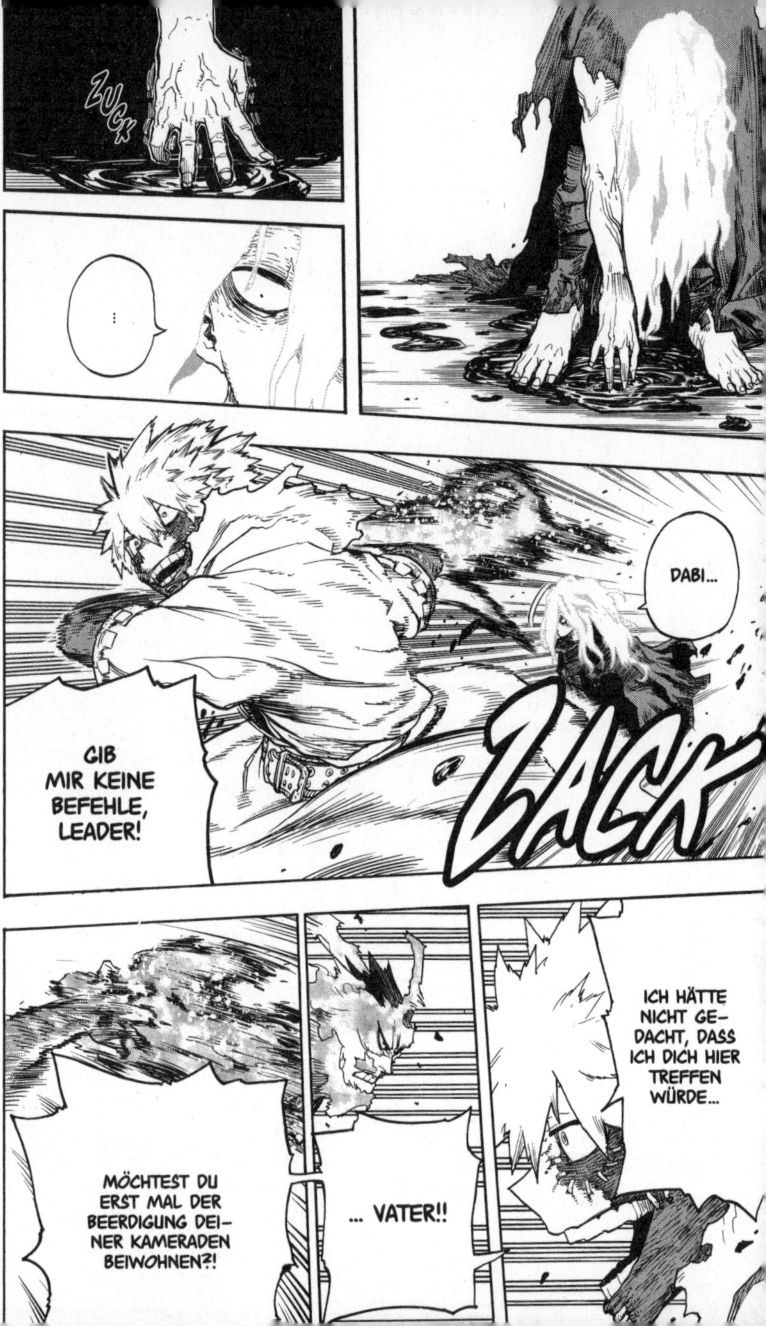

ZUCK
…
DABI…
GIB MIR KEINE BEFEHLE, LEADER!
ZACK
ICH HÄTTE NICHT GE-DACHT, DASS ICH DICH HIER TREFFEN WÜRDE…
… VATER!!
MÖCHTEST DU ERST MAL DER BEERDIGUNG DEI-NER KAMERADEN BEIWOHNEN?!

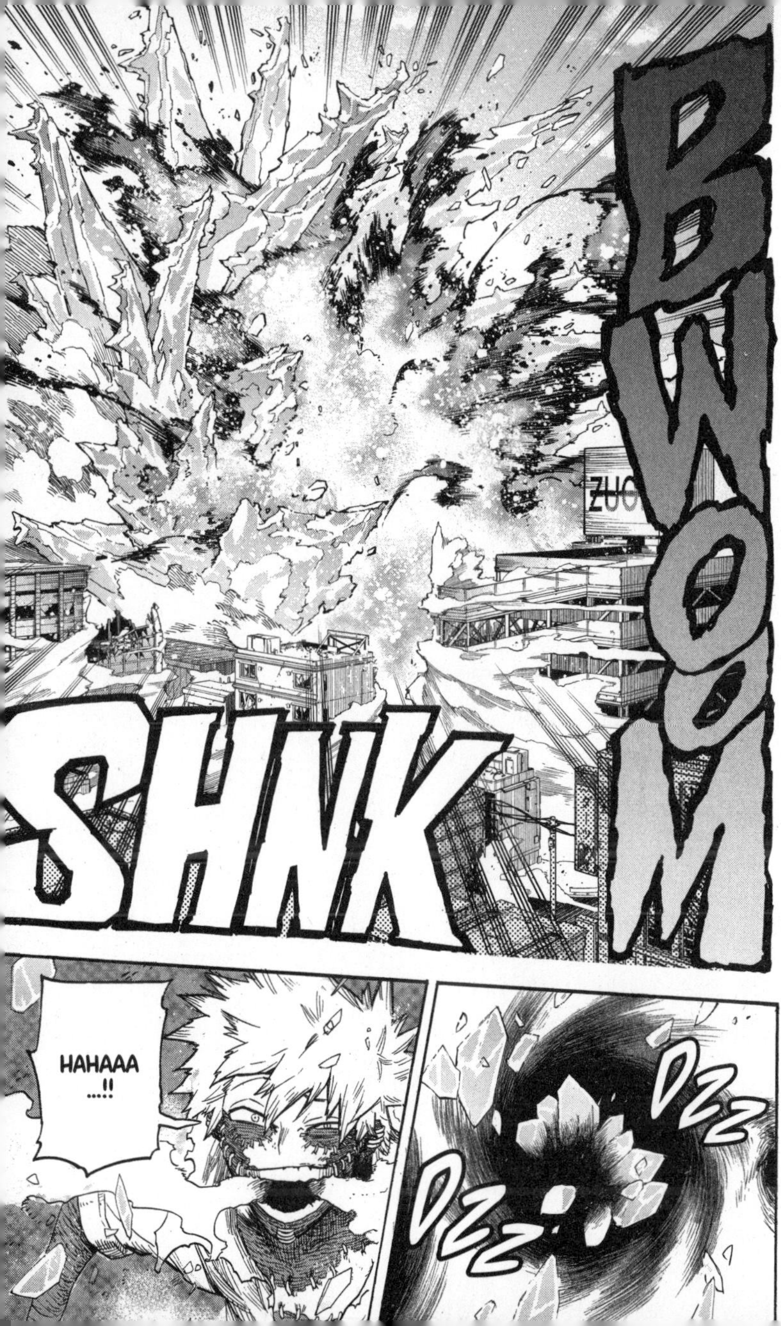

BWOOOM
SHNK
DZZZ
DZZZ
HAHAAA
...!!

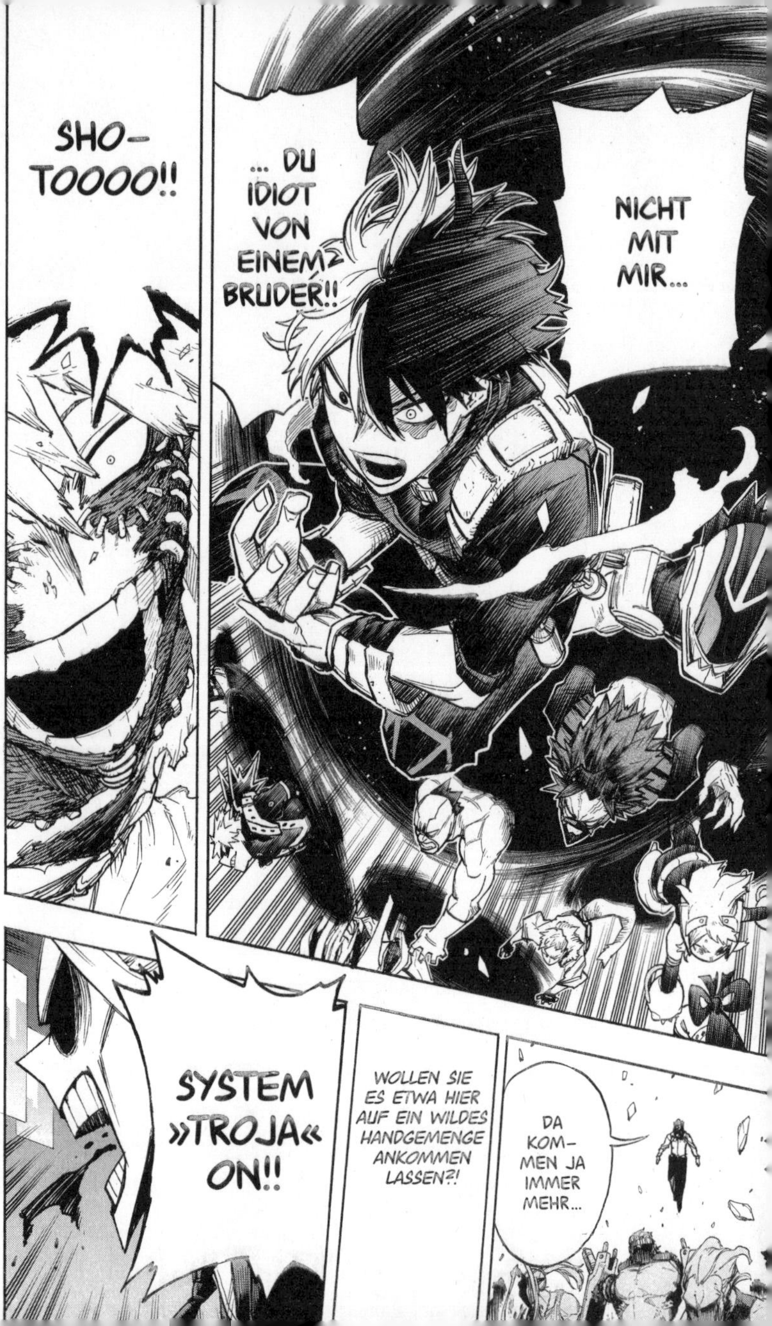
NICHT MIT MIR…
… DU IDIOT VON EINEM BRUDER!!
SHO-TOOOO!!
DA KOM-MEN JA IMMER MEHR…
WOLLEN SIE ES ETWA HIER AUF EIN WILDES HANDGEMENGE ANKOMMEN LASSEN?!
SYSTEM »TROJA« ON!!

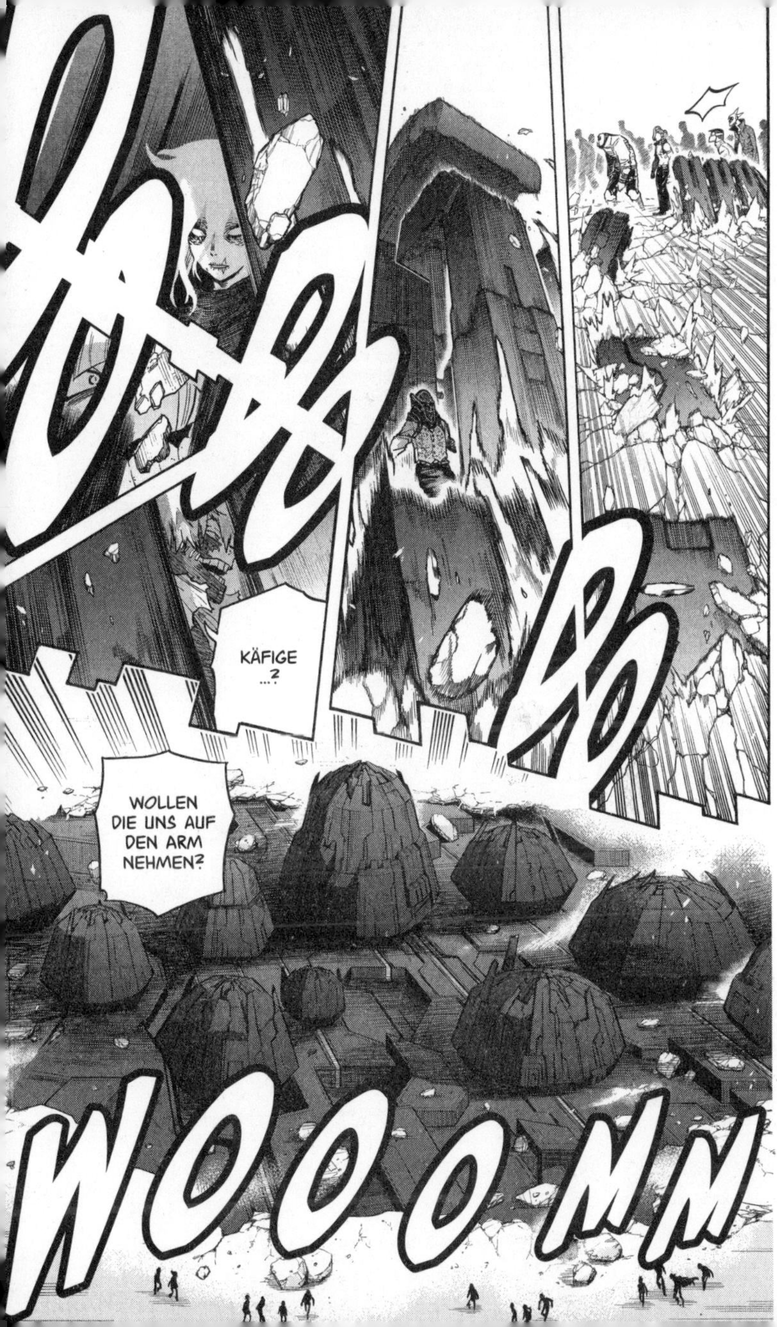
KÄFIGE …?
WOLLEN DIE UNS AUF DEN ARM NEHMEN?
WOOOMN

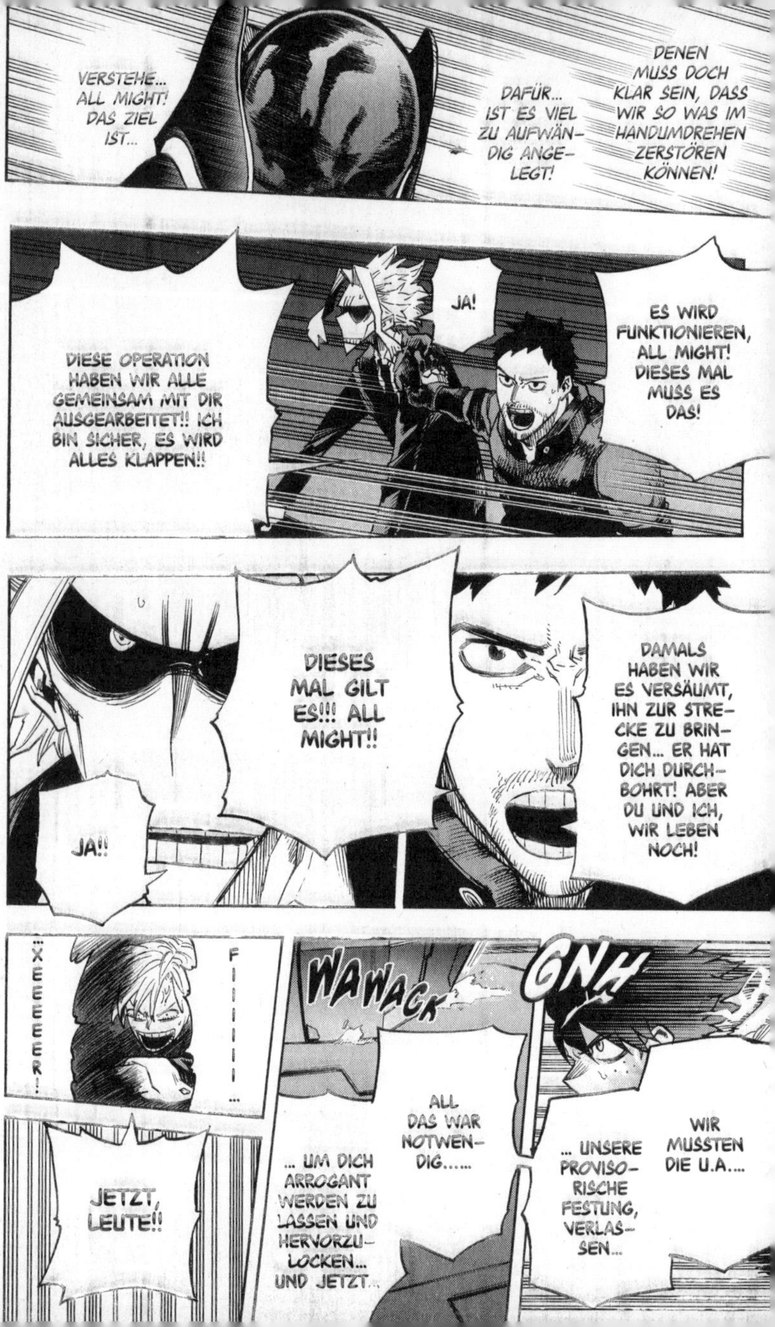

DENEN MUSS DOCH KLAR SEIN, DASS WIR SO WAS IM HANDUMDREHEN ZERSTÖREN KÖNNEN!
DAFÜR... IST ES VIEL ZU AUFWÄN-DIG ANGE-LEGT!
VERSTEHE... ALL MIGHT! DAS ZIEL IST...
ES WIRD FUNKTIONIEREN, ALL MIGHT! DIESES MAL MUSS ES DAS!
JA!
DIESE OPERATION HABEN WIR ALLE GEMEINSAM MIT DIR AUSGEARBEITET!! ICH BIN SICHER, ES WIRD ALLES KLAPPEN!!
DAMALS HABEN WIR ES VERSÄUMT, IHN ZUR STRE-CKE ZU BRIN-GEN... ER HAT DICH DURCH-BOHRT! ABER DU UND ICH, WIR LEBEN NOCH!
DIESES MAL GILT ES!!! ALL MIGHT!!
JA!!
GNH
WAWACK
WIR MUSSTEN DIE U.A....
... UNSERE PROVISO-RISCHE FESTUNG, VERLAS-SEN...
ALL DAS WAR NOTWEN-DIG.....
... UM DICH ARROGANT WERDEN ZU LASSEN UND HERVORZU-LOCKEN... UND JETZT...
F......
...XEEEEEER!
JETZT, LEUTE!!

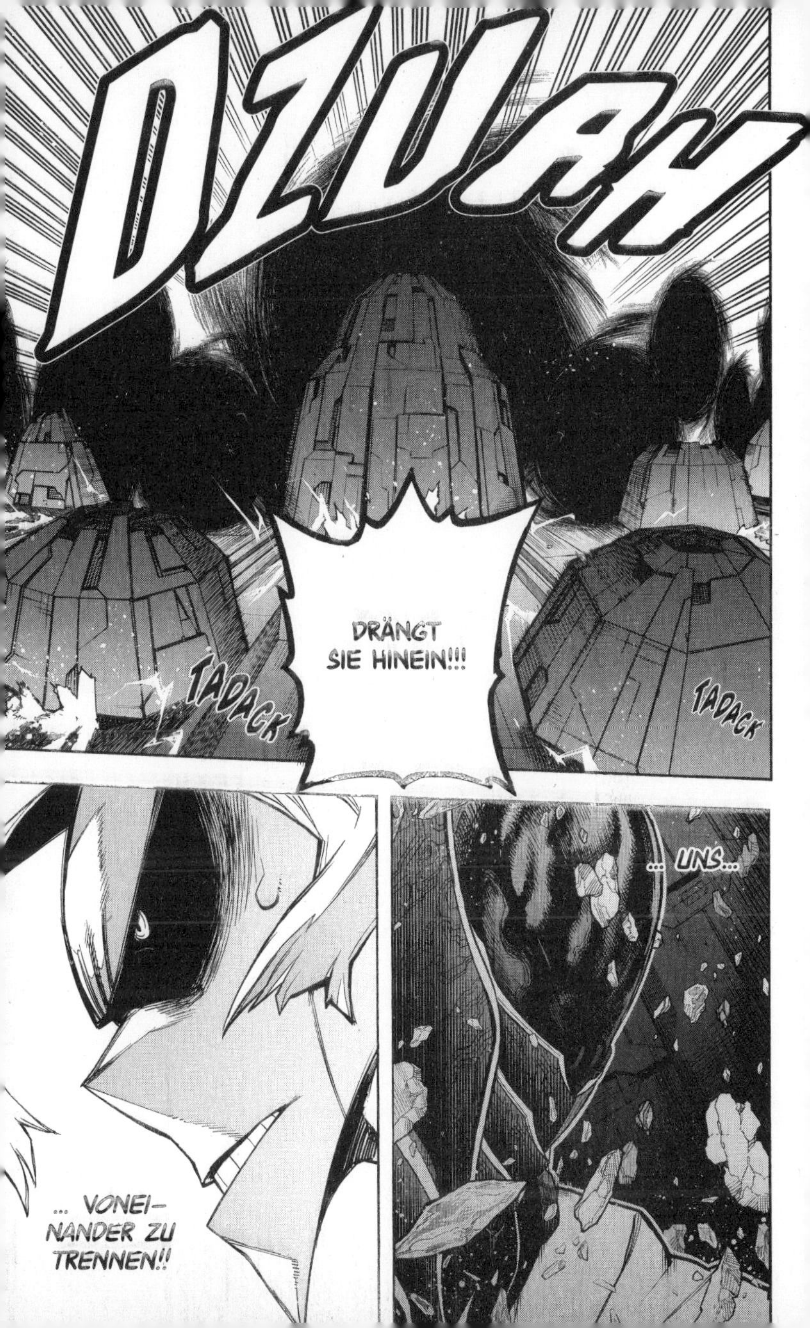

DZUAH
DRÄNGT
SIE HINEIN!!!
TADACK
TADACK
... UNS...
... VONEI-
NANDER ZU
TRENNEN!!

THE NEUES KOSTÜM

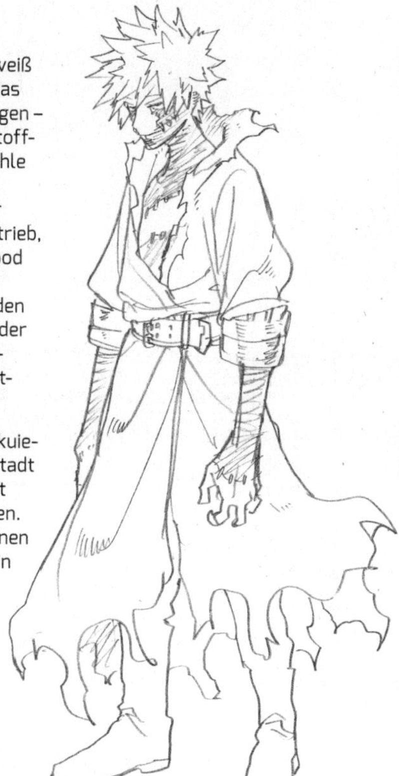

Extrem hitzebeständig.

Das Kostüm ist schneeweiß wie das Leichenhemd, das Tote zur Bestattung tragen – es sind sozusagen die stoffgewordenen Rachegefühle gegen seinen Vater. Die Firma Detnerat ist zwar gegenwärtig nicht in Betrieb, aber da Skeptic (Feel Good Inc.) über all ihre Daten verfügt, ist auch unter den gegebenen Umständen der Zugriff auf das EntwicklungsKnow-how von Detnerat möglich.

In der aufgrund der Evakuierung menschenleeren Stadt gibt es überall verstreut verlassene Item-Fabriken. Er hat sich in eine von ihnen Zutritt verschafft, sich in das System eingehackt und das Kostüm hergestellt.

Was für ein Glück, dass ihr Skeptic mitgenommen habt, was?

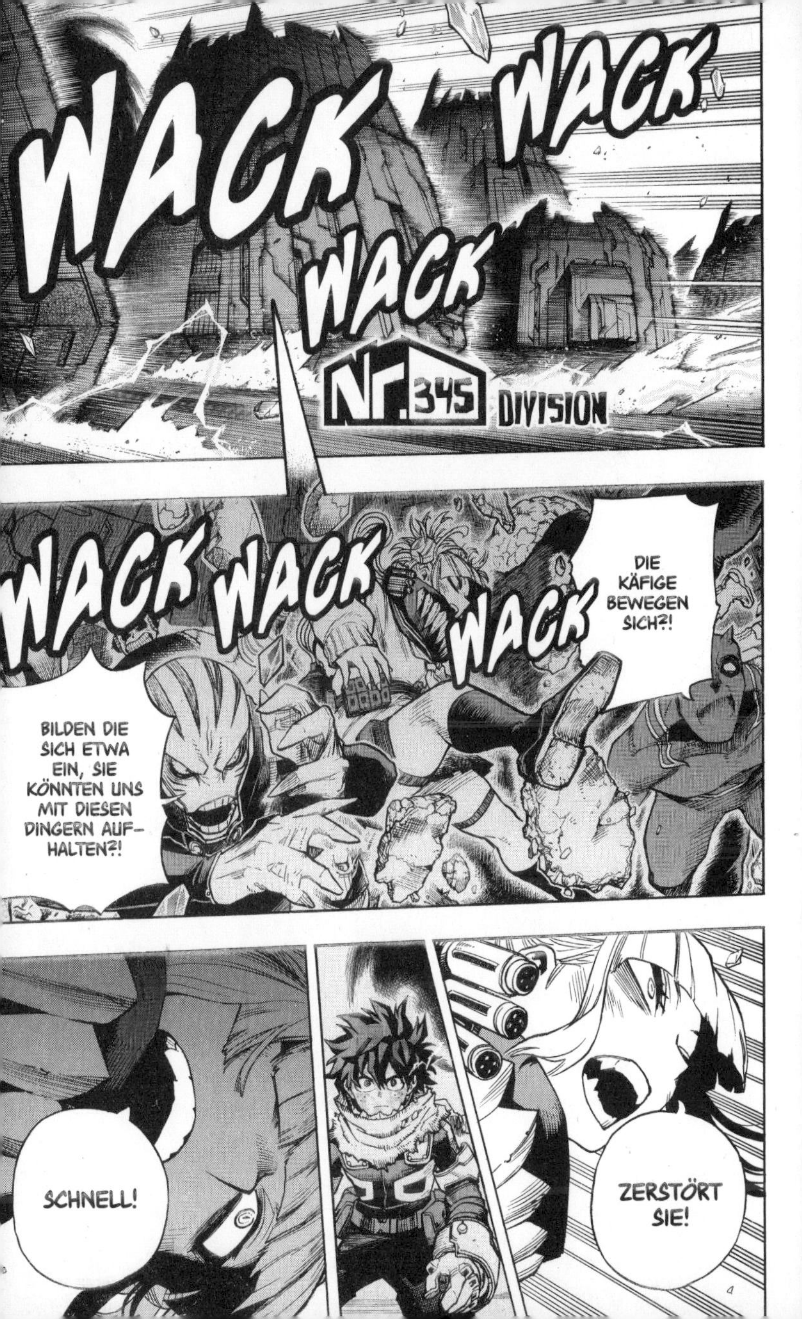
WACK
WACK
WACK
Nr. 345 DIVISION
DIE KÄFIGE BEWEGEN SICH?!
WACK
WACK
WACK
BILDEN DIE SICH ETWA EIN, SIE KÖNNTEN UNS MIT DIESEN DINGERN AUFHALTEN?!
ZERSTÖRT SIE!
SCHNELL!

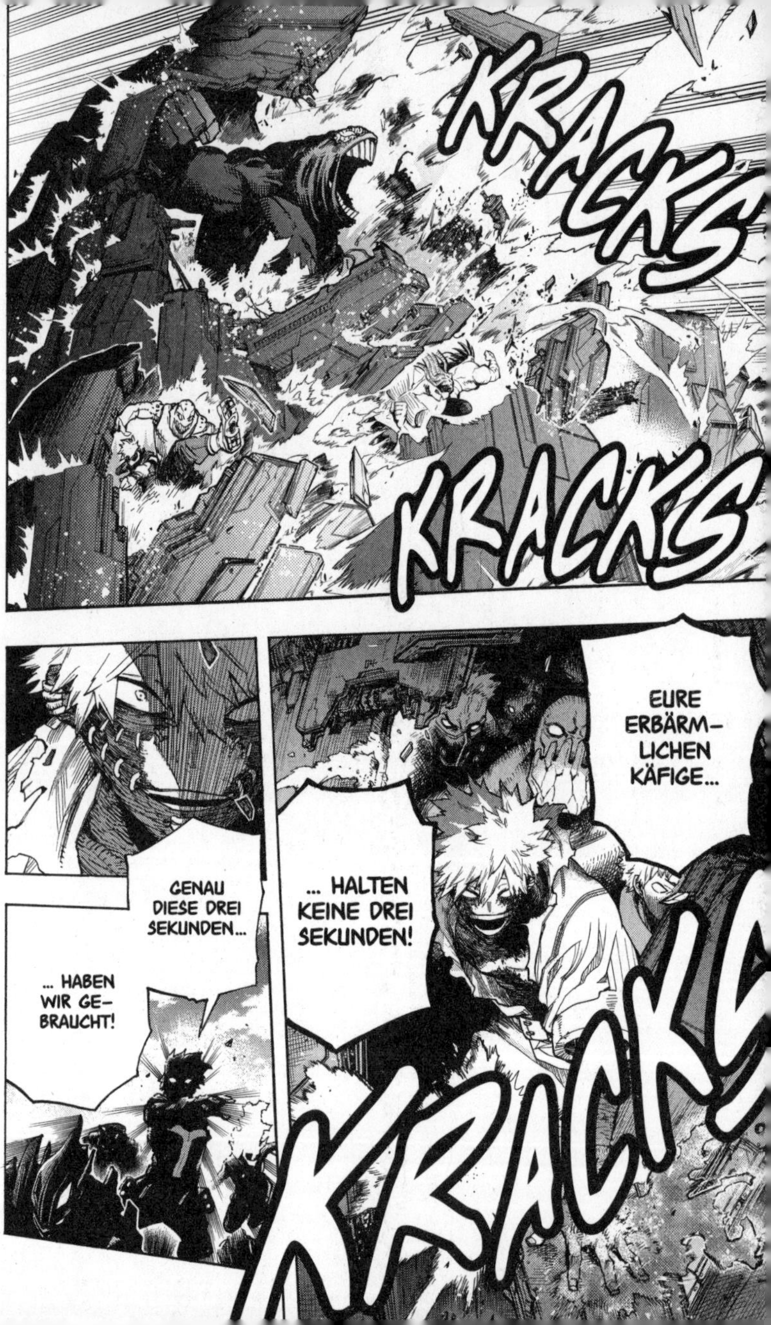
KRACKS
KRACKS
EURE ERBÄRM-LICHEN KÄFIGE...
... HALTEN KEINE DREI SEKUNDEN!
GENAU DIESE DREI SEKUNDEN...
... HABEN WIR GE-BRAUCHT!
KRACKS

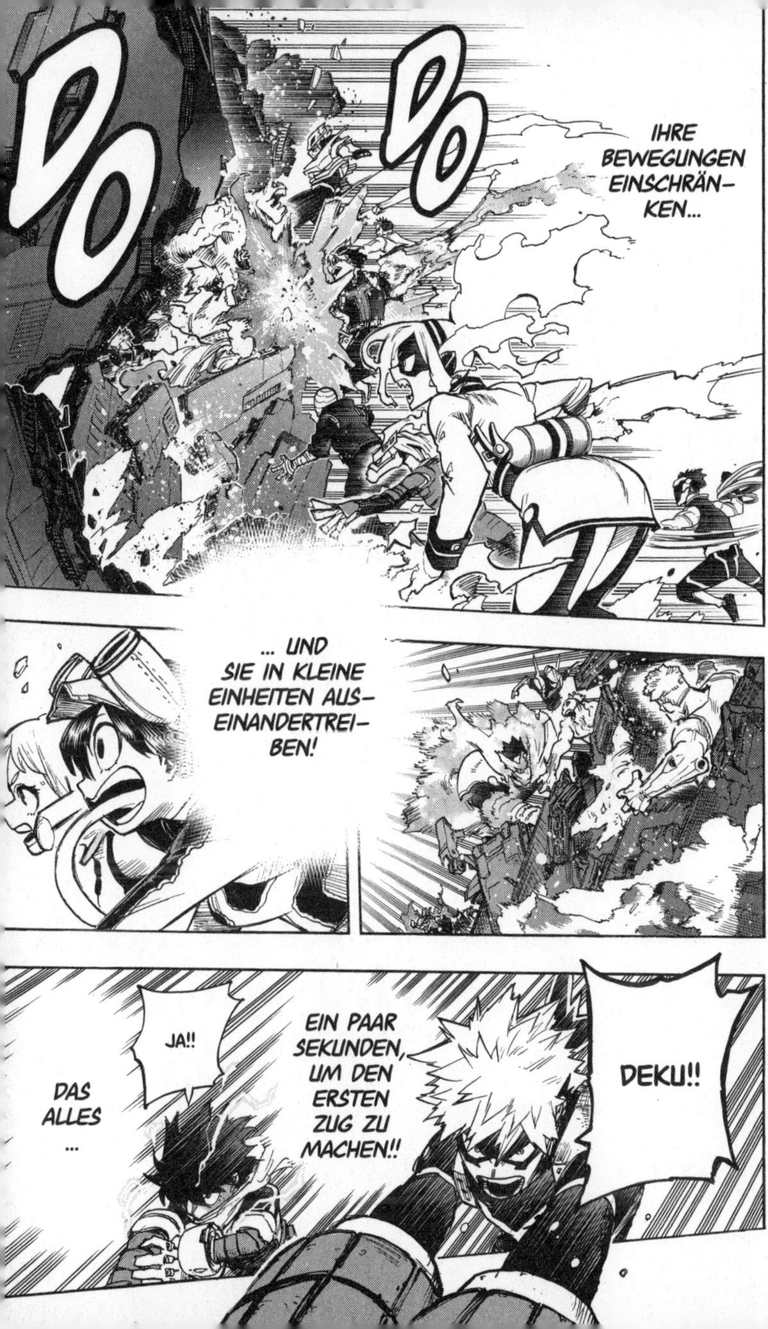
DO
DO
IHRE BEWEGUNGEN EINSCHRÄN-KEN...
... UND SIE IN KLEINE EINHEITEN AUS-EINANDERTREI-BEN!
DEKU!!
EIN PAAR SEKUNDEN, UM DEN ERSTEN ZUG ZU MACHEN!!
JA!!
DAS ALLES ...

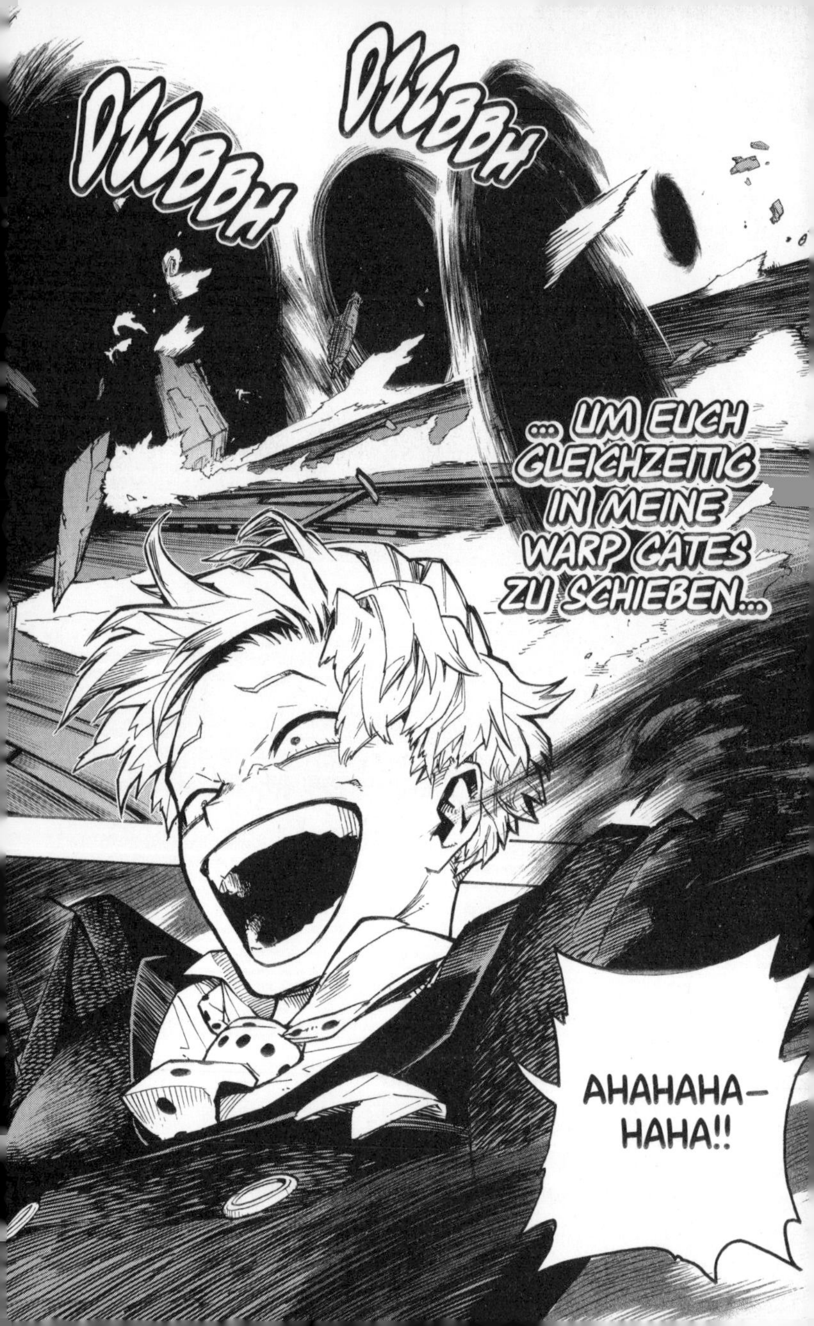
DZZBBH
DZZBBH
... UM EUCH GLEICHZEITIG IN MEINE WARP GATES ZU SCHIEBEN...
AHAHAHA-HAHA!!

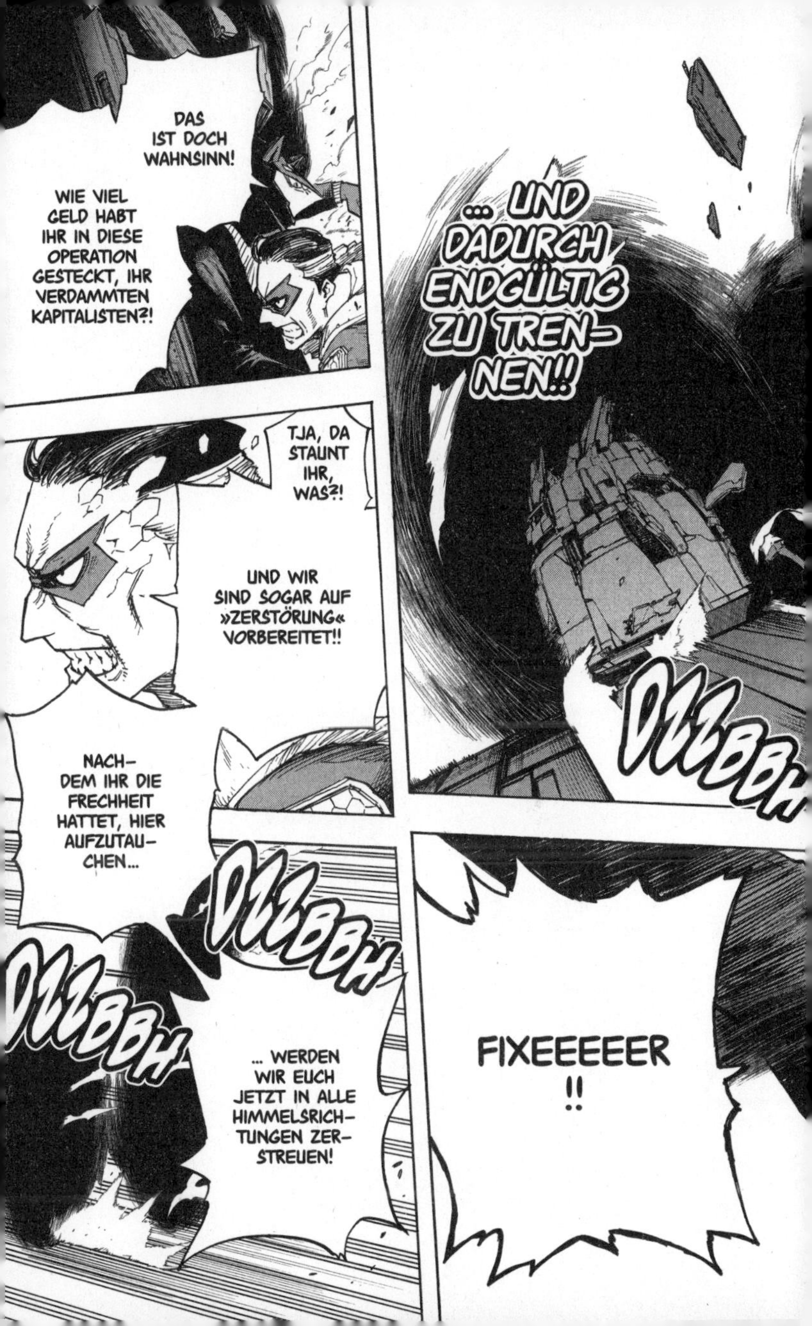
... UND DADURCH ENDGÜLTIG ZU TREN-NEN!!
DAS IST DOCH WAHNSINN!
WIE VIEL GELD HABT IHR IN DIESE OPERATION GESTECKT, IHR VERDAMMTEN KAPITALISTEN?!
TJA, DA STAUNT IHR, WAS?!
UND WIR SIND SOGAR AUF »ZERSTÖRUNG« VORBEREITET!!
DRRBBH
NACH-DEM IHR DIE FRECHHEIT HATTET, HIER AUFZUTAU-CHEN...
DRRBBH
DRRBBH
... WERDEN WIR EUCH JETZT IN ALLE HIMMELSRICH-TUNGEN ZER-STREUEN!
FIXEEEEEER!!

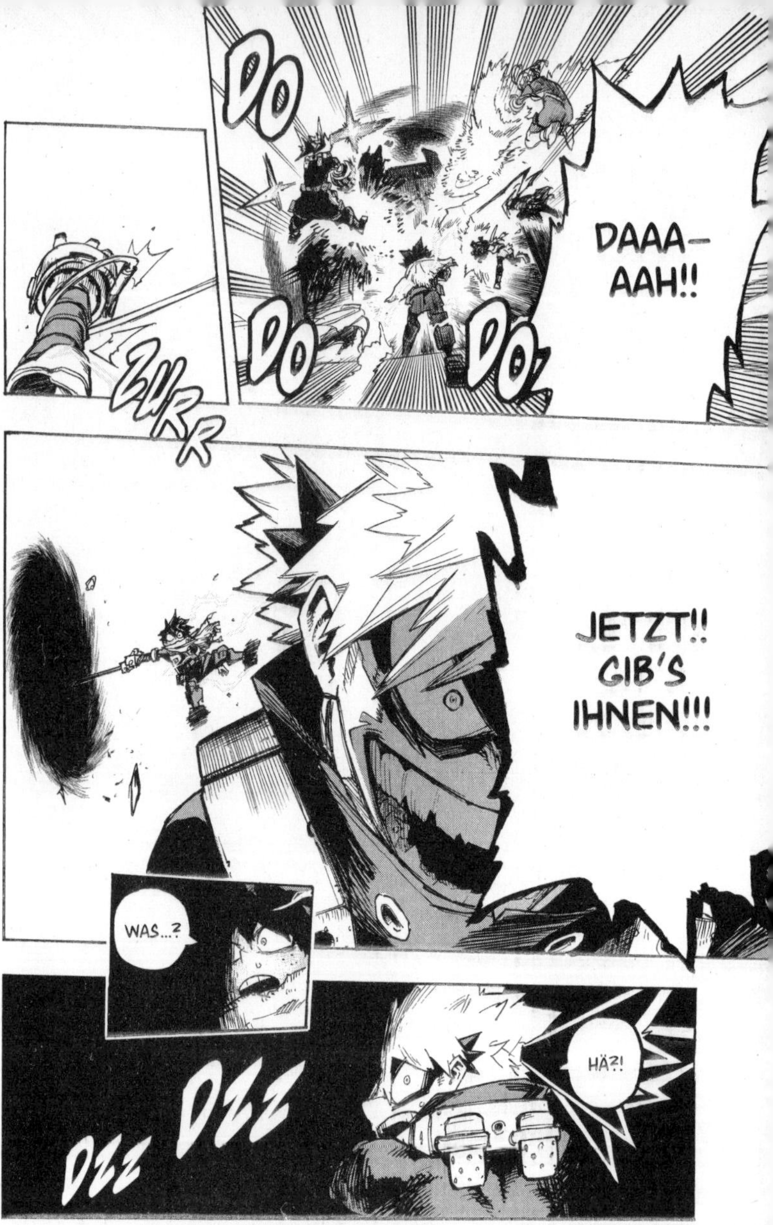
DO
DO
DO
DAAA-
AAH!!
ZURR
JETZT!!
GIB'S
IHNEN!!!
WAS...?
HÄ?!
DZZ
DZZ

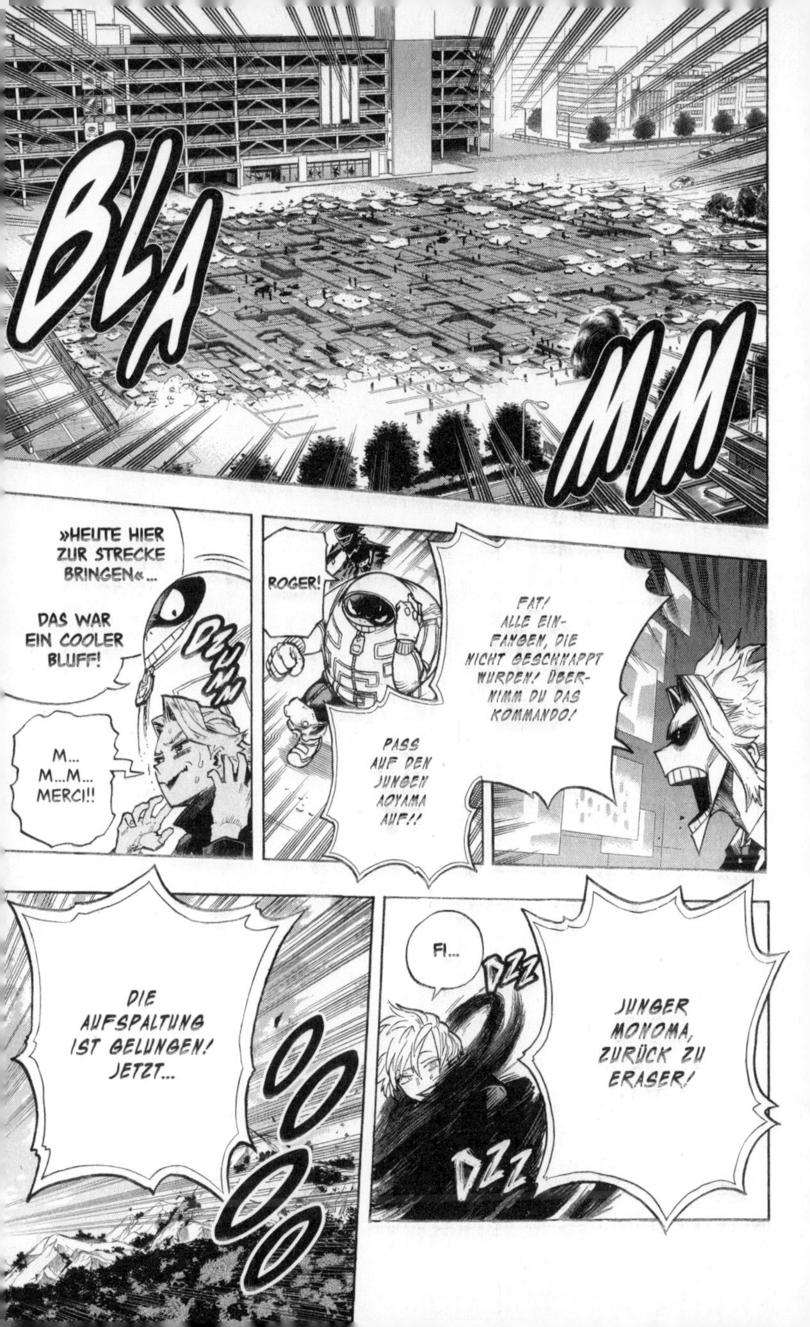
BLAMM
FAT! ALLE EINFANGEN, DIE NICHT GESCHNAPPT WURDEN! ÜBERNIMM DU DAS KOMMANDO!
PASS AUF DEN JUNGEN AOYAMA AUF!!
ROGER!
»HEUTE HIER ZUR STRECKE BRINGEN«...
DAS WAR EIN COOLER BLUFF!
M... M...M... MERCI!!
JUNGER MONOMA, ZURÜCK ZU ERASER!
FI...
DZZ
DZZ
DIE AUFSPALTUNG IST GELUNGEN! JETZT...

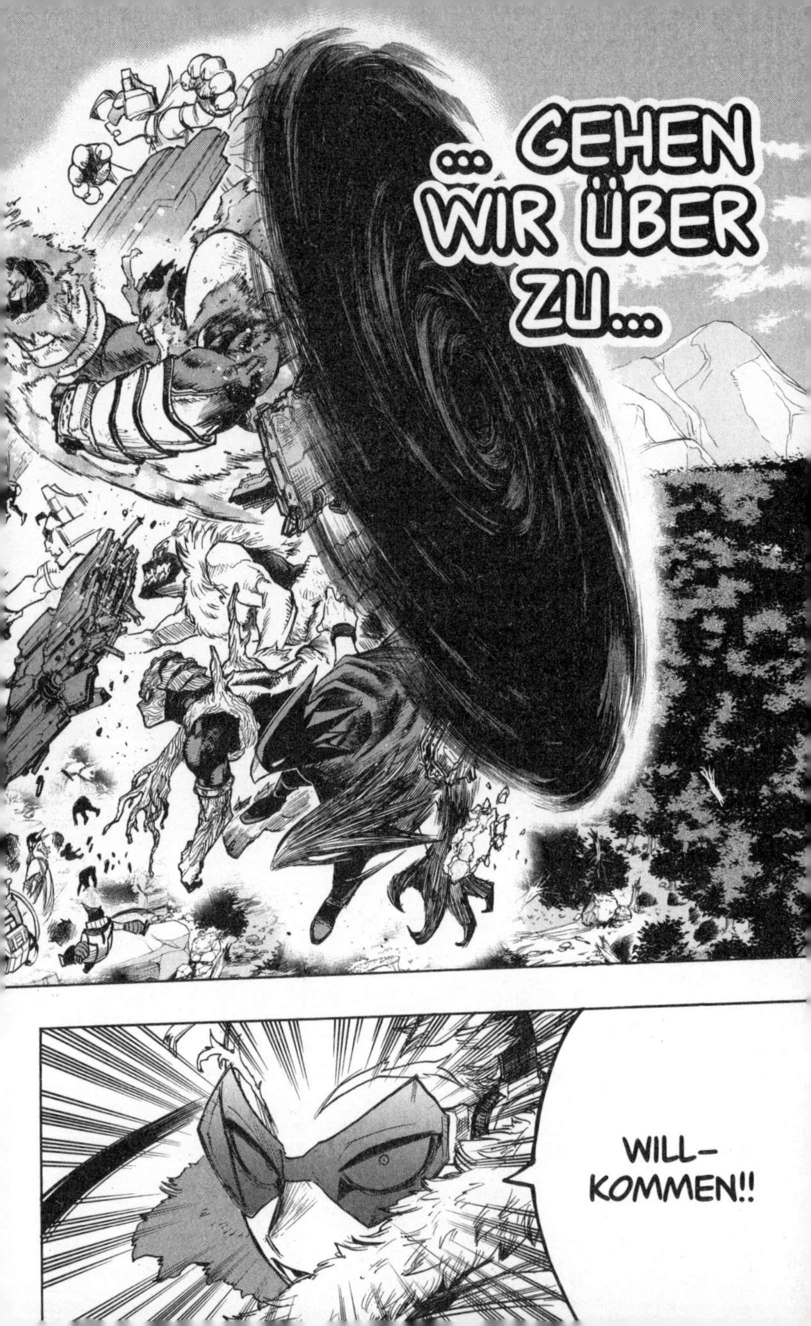
... GEHEN WIR ÜBER ZU...
WILL-
KOMMEN!!

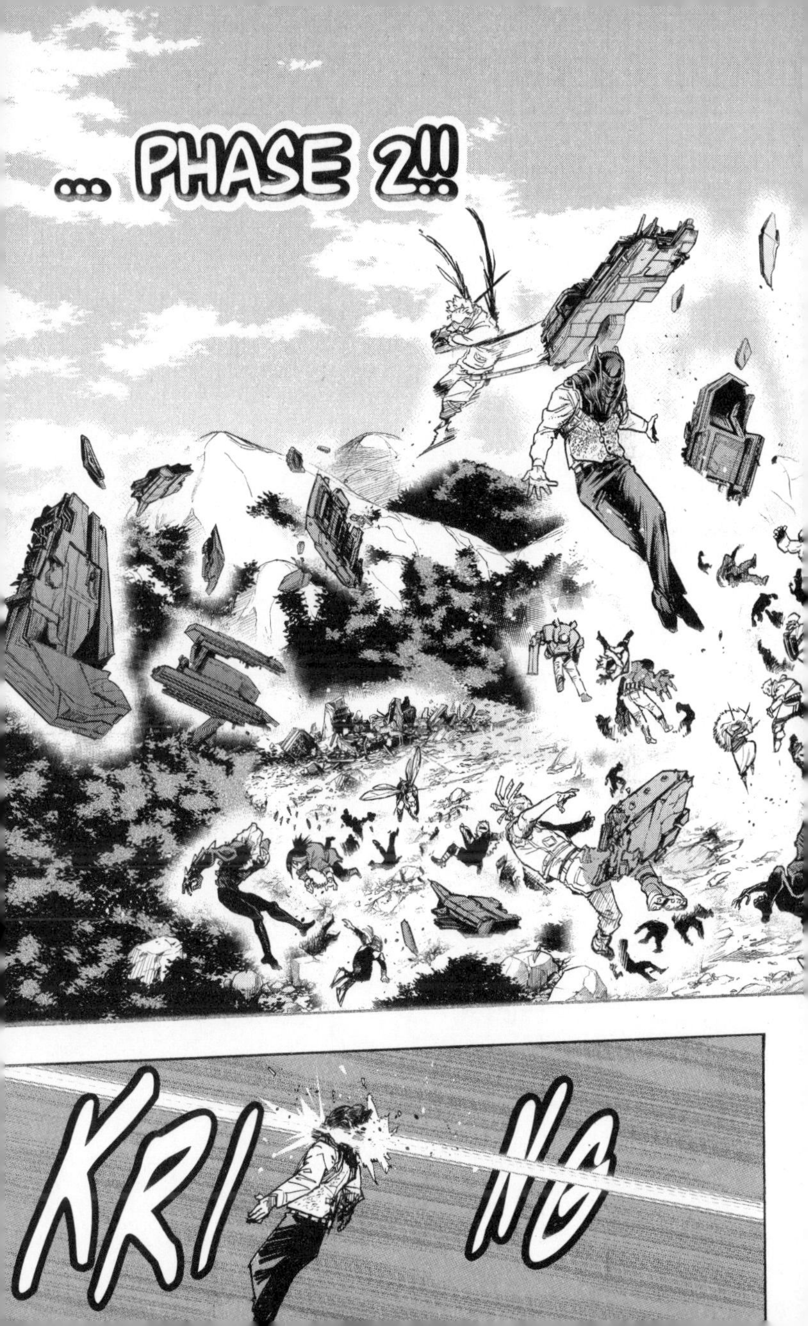
... PHASE 2!!
KRI
NG

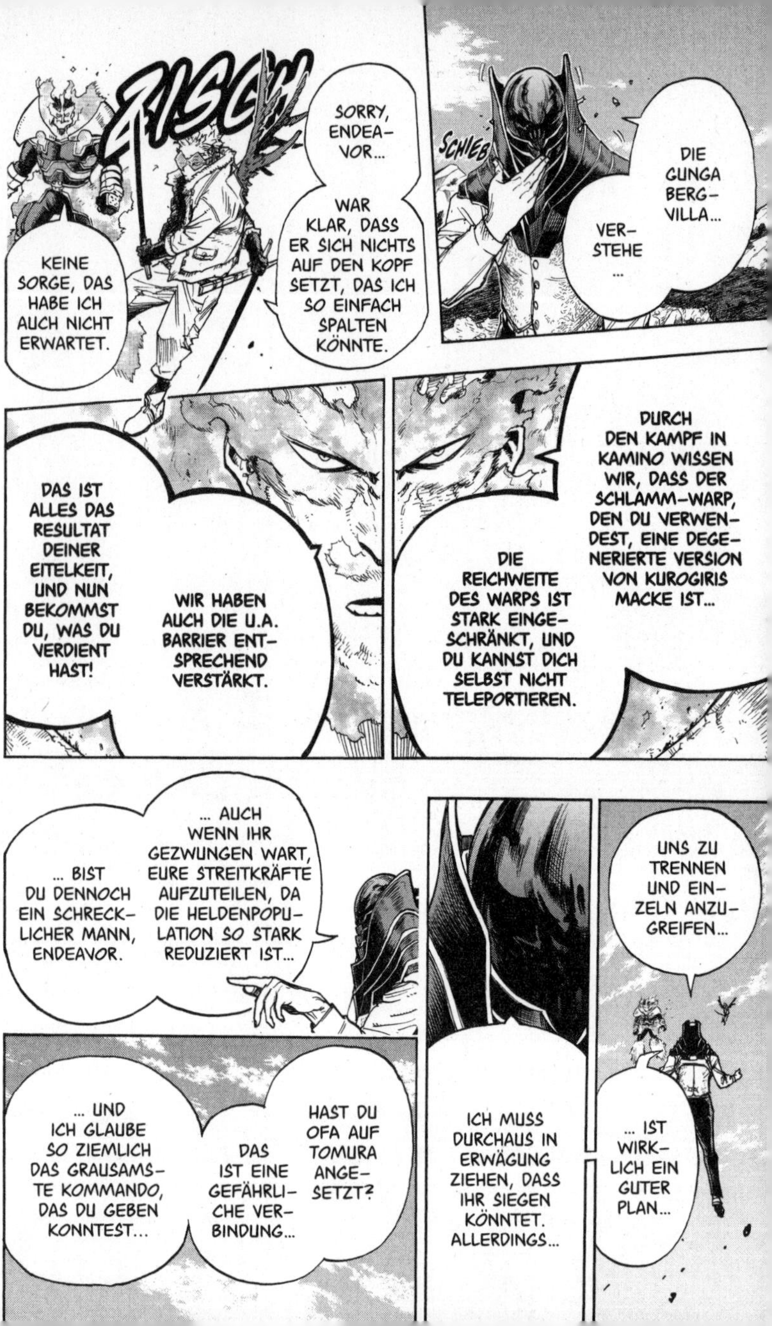
SCHIEB
DIE GUNGA BERG-VILLA...
VER-STEHE...
SORRY, ENDEA-VOR...
WAR KLAR, DASS ER SICH NICHTS AUF DEN KOPF SETZT, DAS ICH SO EINFACH SPALTEN KÖNNTE.
KEINE SORGE, DAS HABE ICH AUCH NICHT ERWARTET.
DURCH DEN KAMPF IN KAMINO WISSEN WIR, DASS DER SCHLAMM-WARP, DEN DU VERWEN-DEST, EINE DEGE-NERIERTE VERSION VON KUROGIRIS MACKE IST...
DIE REICHWEITE DES WARPS IST STARK EINGE-SCHRÄNKT, UND DU KANNST DICH SELBST NICHT TELEPORTIEREN.
WIR HABEN AUCH DIE U.A. BARRIER ENT-SPRECHEND VERSTÄRKT.
DAS IST ALLES DAS RESULTAT DEINER EITELKEIT, UND NUN BEKOMMST DU, WAS DU VERDIENT HAST!
UNS ZU TRENNEN UND EIN-ZELN ANZU-GREIFEN...
... IST WIRK-LICH EIN GUTER PLAN...
ICH MUSS DURCHAUS IN ERWÄGUNG ZIEHEN, DASS IHR SIEGEN KÖNNTET. ALLERDINGS...
... AUCH WENN IHR GEZWUNGEN WART, EURE STREITKRÄFTE AUFZUTEILEN, DA DIE HELDENPOPU-LATION SO STARK REDUZIERT IST...
... BIST DU DENNOCH EIN SCHRECK-LICHER MANN, ENDEAVOR.
HAST DU OFA AUF TOMURA ANGE-SETZT?
DAS IST EINE GEFÄHRLI-CHE VER-BINDUNG...
... UND ICH GLAUBE SO ZIEMLICH DAS GRAUSAMS-TE KOMMANDO, DAS DU GEBEN KONNTEST...

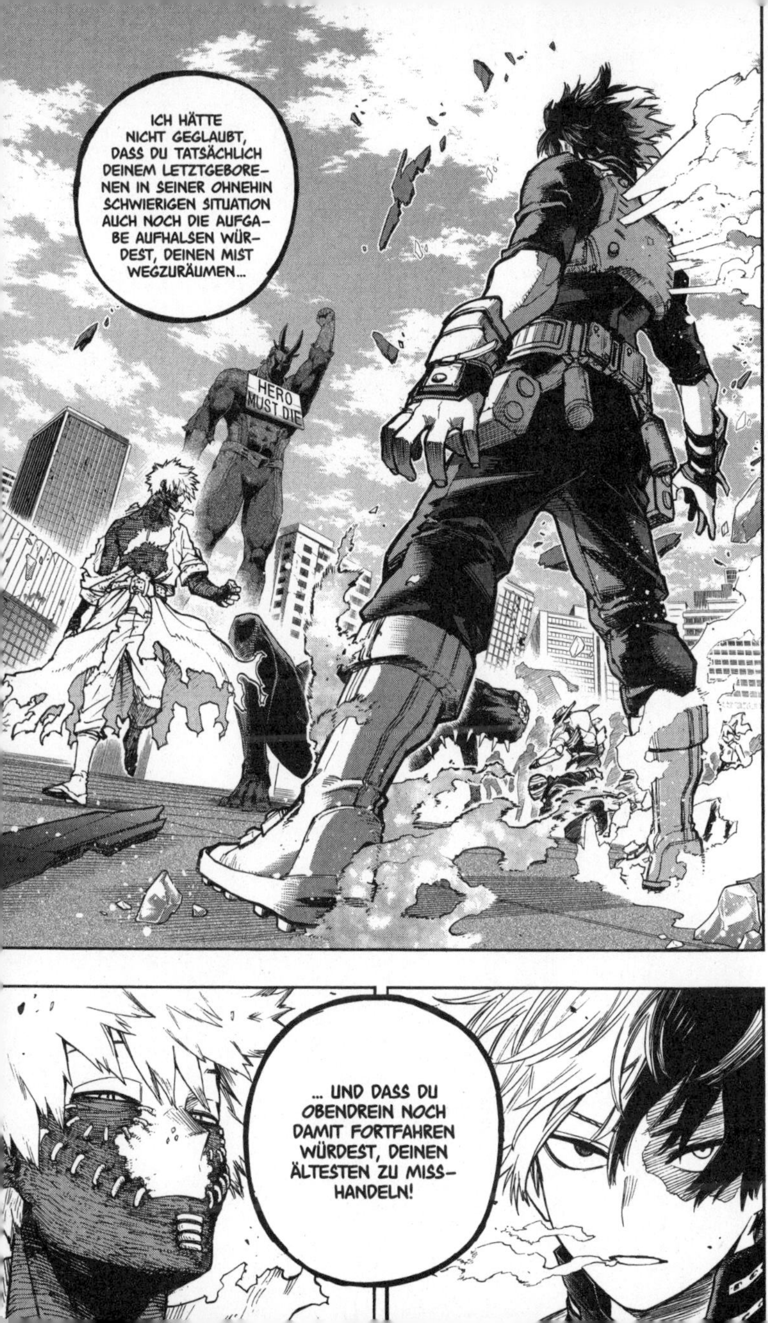
ICH HÄTTE NICHT GEGLAUBT, DASS DU TATSÄCHLICH DEINEM LETZTGEBORE-NEN IN SEINER OHNEHIN SCHWIERIGEN SITUATION AUCH NOCH DIE AUFGA-BE AUFHALSEN WÜR-DEST, DEINEN MIST WEGZURÄUMEN...
HERO MUST DIE
... UND DASS DU OBENDREIN NOCH DAMIT FORTFAHREN WÜRDEST, DEINEN ÄLTESTEN ZU MISS-HANDELN!

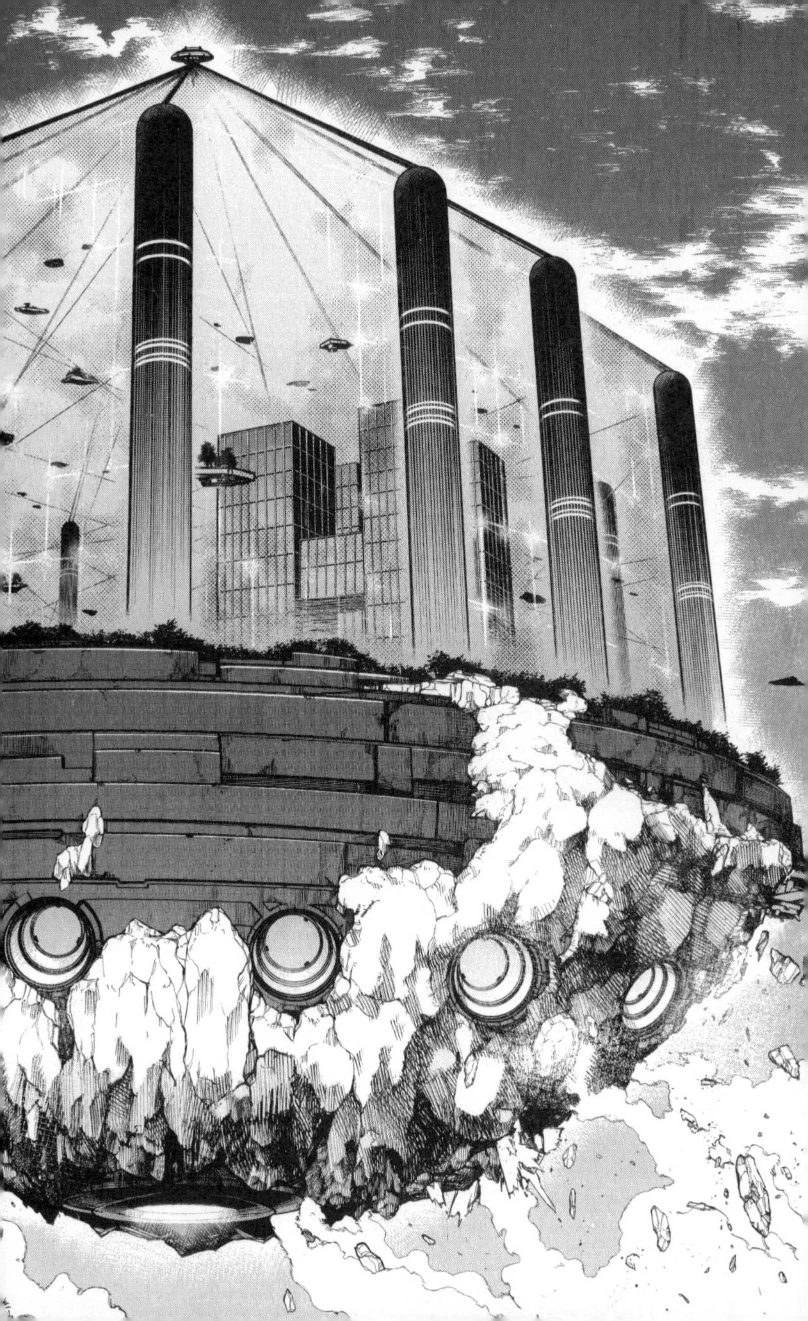

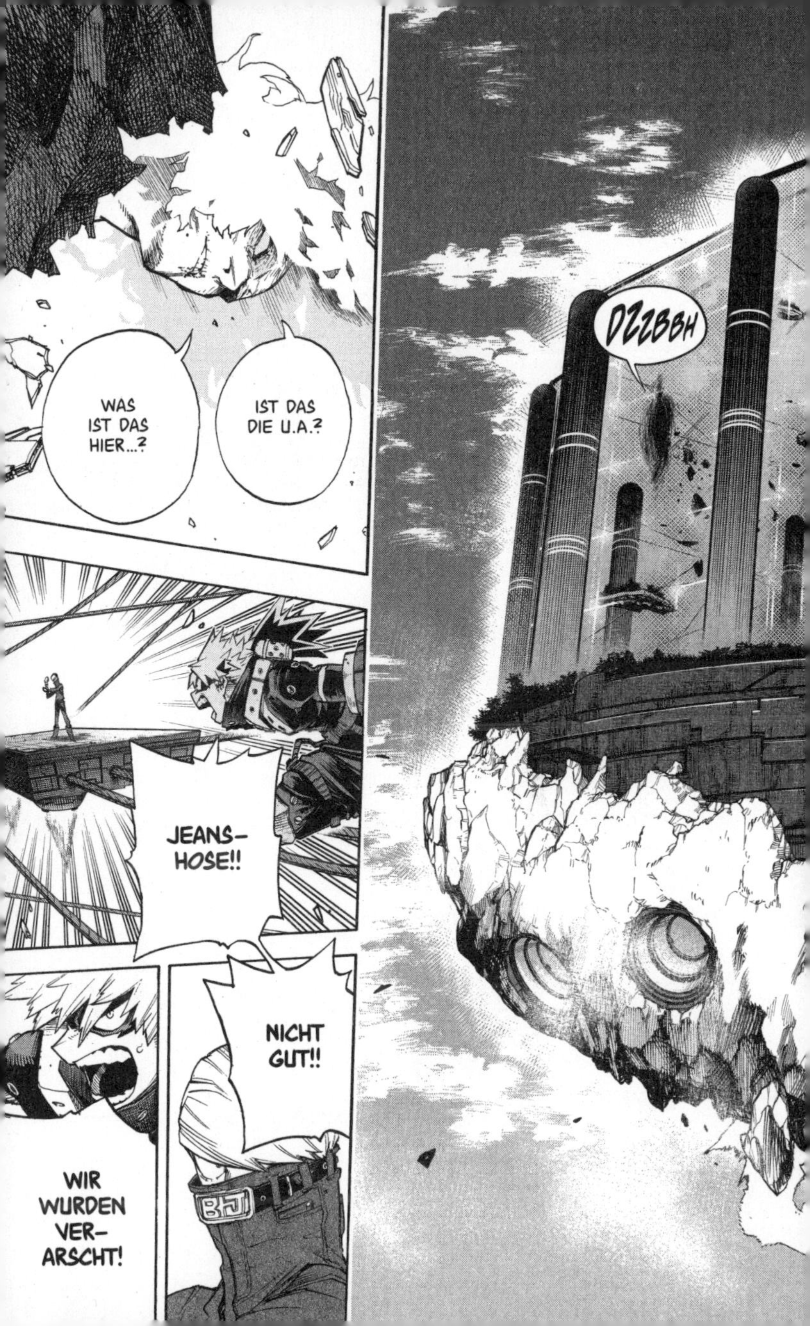
DZZBBH
IST DAS DIE U.A.?
WAS IST DAS HIER...?
JEANS-HOSE!!
NICHT GUT!!
WIR WURDEN VER-ARSCHT!

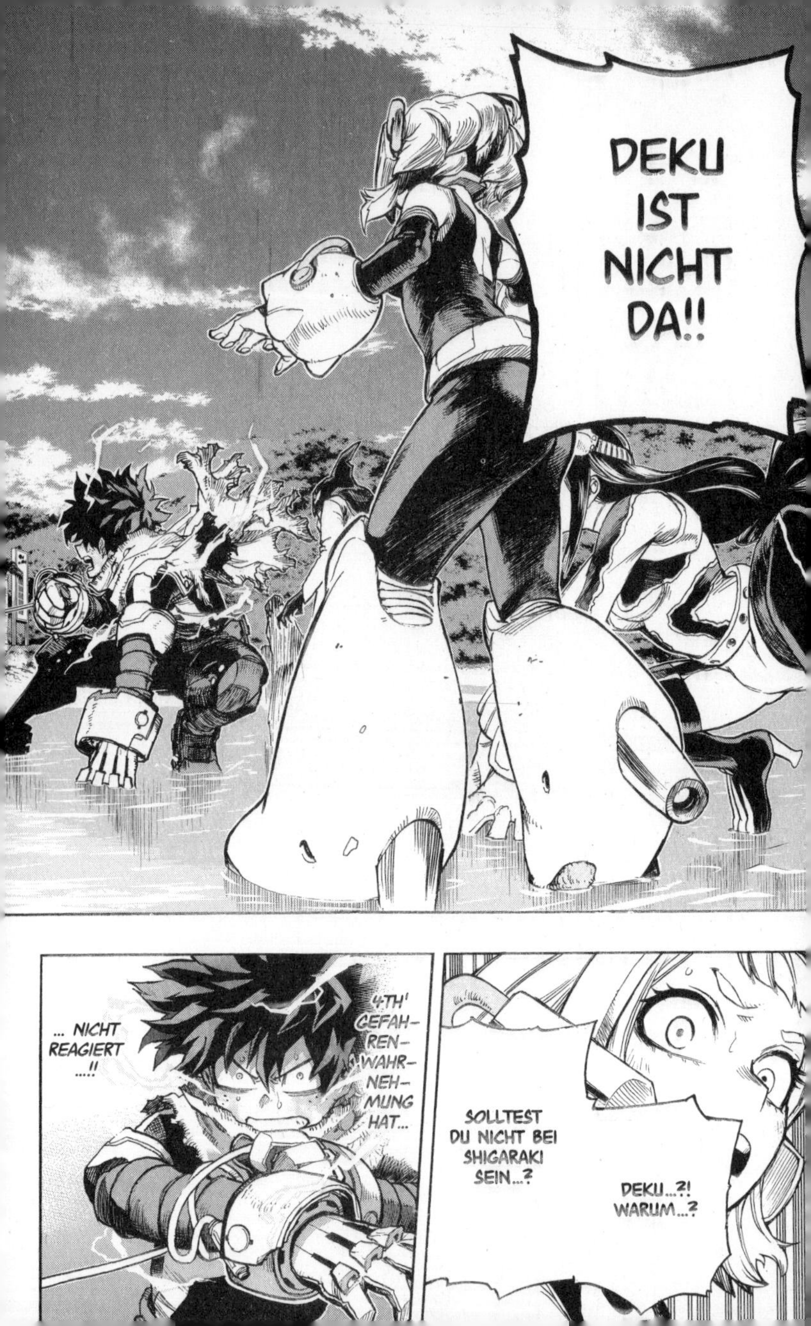
DEKU IST NICHT DA!!
... NICHT REAGIERT ...!!
4TH' GEFAHREN-WAHRNEHMUNG HAT...
DEKU...?! WARUM...?
SOLLTEST DU NICHT BEI SHIGARAKI SEIN...?

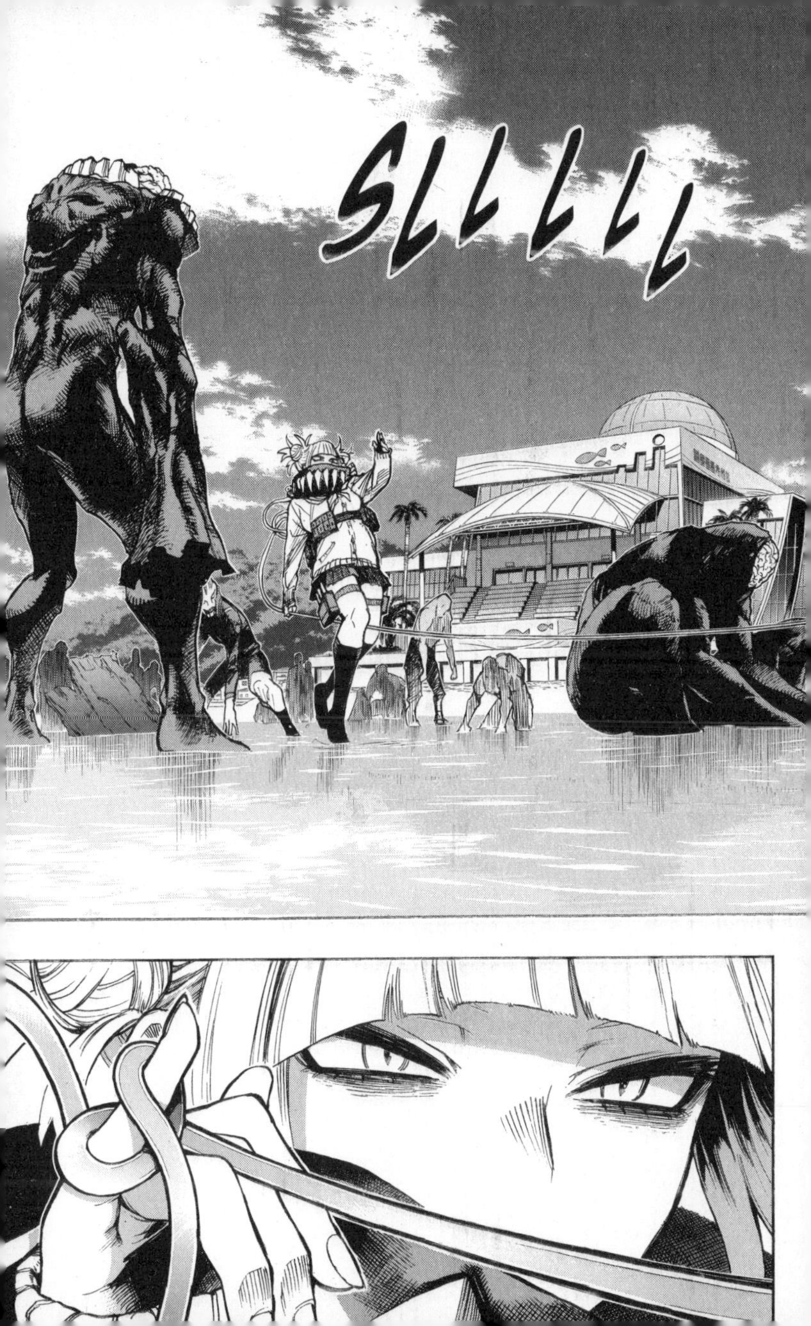
SLLLLL

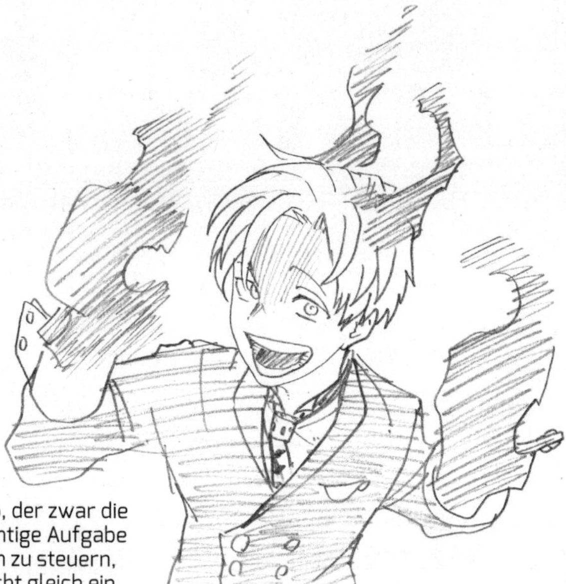

Skizze von Neito, der zwar die unglaublich wichtige Aufgabe hat, die Situation zu steuern, aber deshalb nicht gleich ein »Fixer« (Drahtzieher hinter den Kulissen) ist.

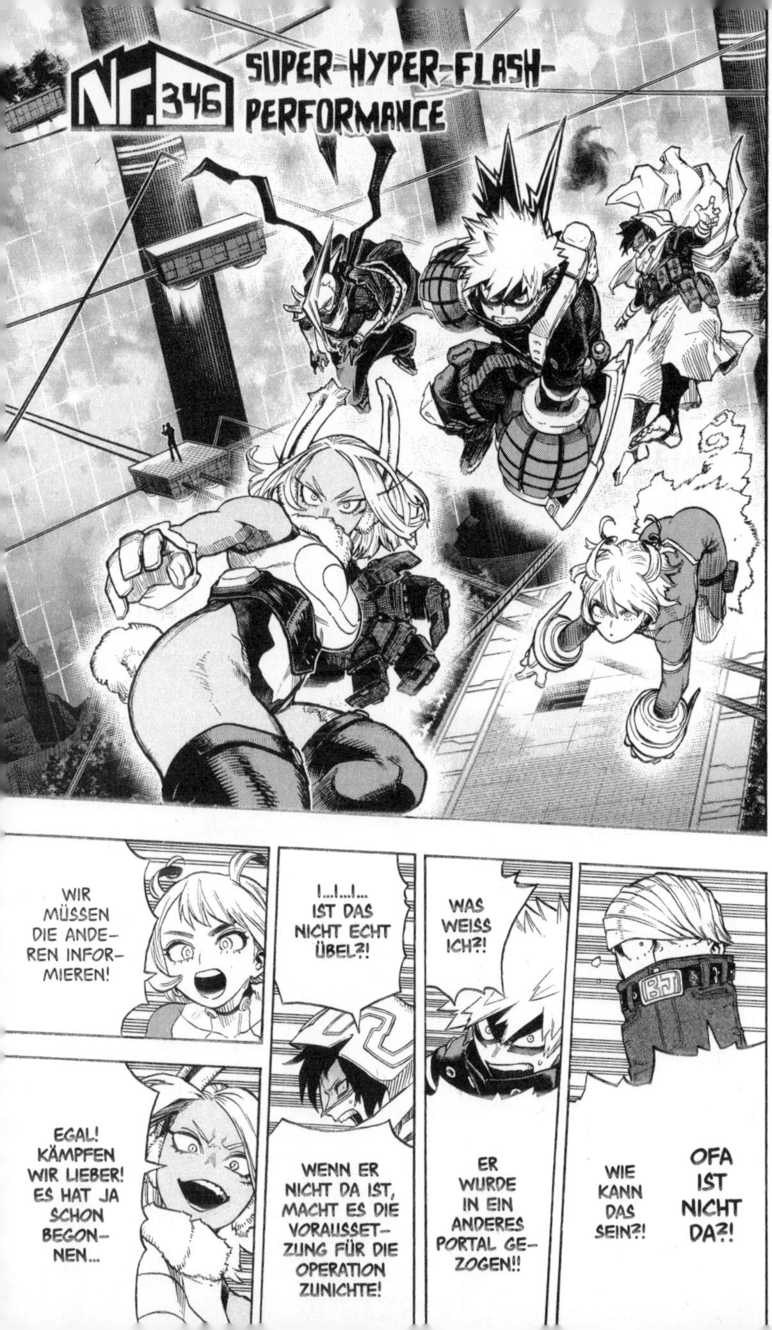
Nr. 346
SUPER-HYPER-FLASH-PERFORMANCE
OFA IST NICHT DA?!
WIE KANN DAS SEIN?!
WAS WEISS ICH?!
ER WURDE IN EIN ANDERES PORTAL GEZOGEN!!
I...I...I... IST DAS NICHT ECHT ÜBEL?!
WENN ER NICHT DA IST, MACHT ES DIE VORAUSSETZUNG FÜR DIE OPERATION ZUNICHTE!
WIR MÜSSEN DIE ANDEREN INFORMIEREN!
EGAL! KÄMPFEN WIR LIEBER! ES HAT JA SCHON BEGONNEN...

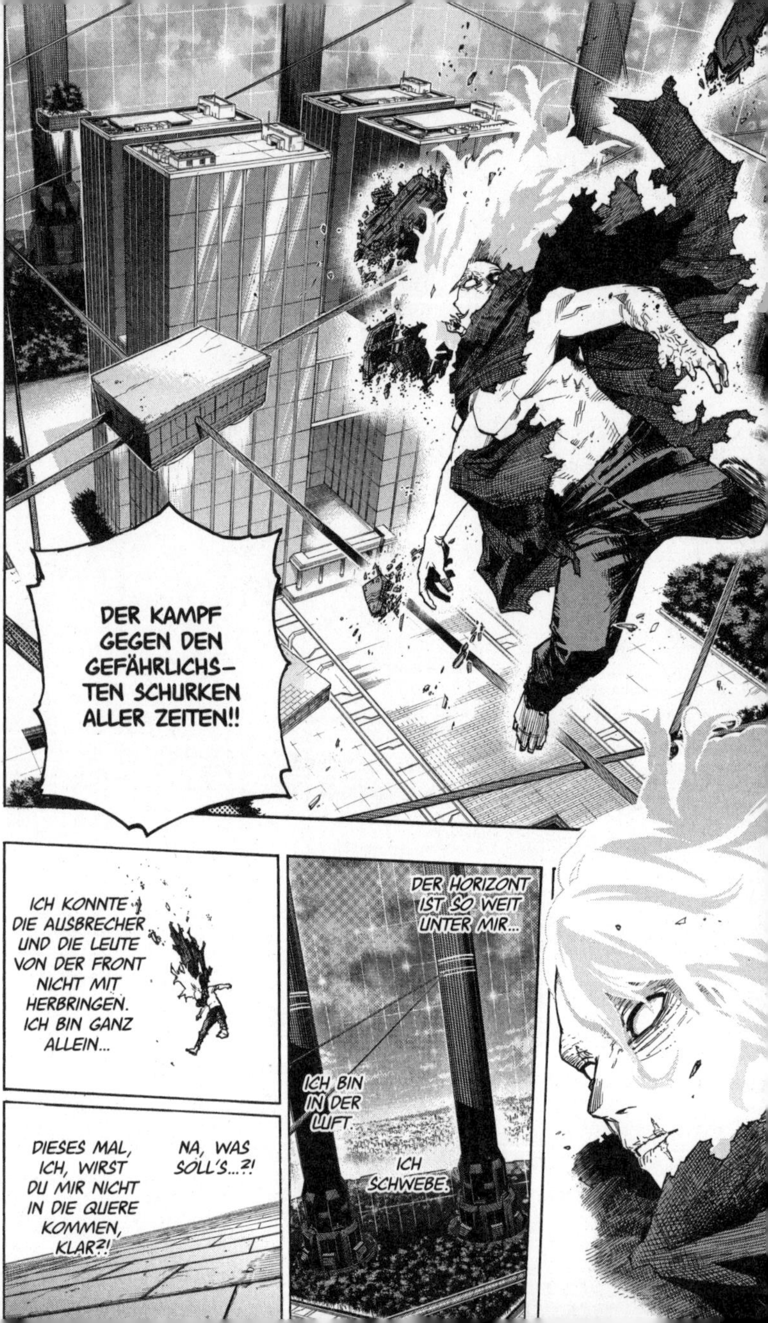
DER KAMPF GEGEN DEN GEFÄHRLICHSTEN SCHURKEN ALLER ZEITEN!!
DER HORIZONT IST SO WEIT UNTER MIR...
ICH BIN IN DER LUFT.
ICH SCHWEBE.
ICH KONNTE DIE AUSBRECHER UND DIE LEUTE VON DER FRONT NICHT MIT HERBRINGEN. ICH BIN GANZ ALLEIN...
NA, WAS SOLL'S...?!
DIESES MAL, ICH, WIRST DU MIR NICHT IN DIE QUERE KOMMEN, KLAR?!

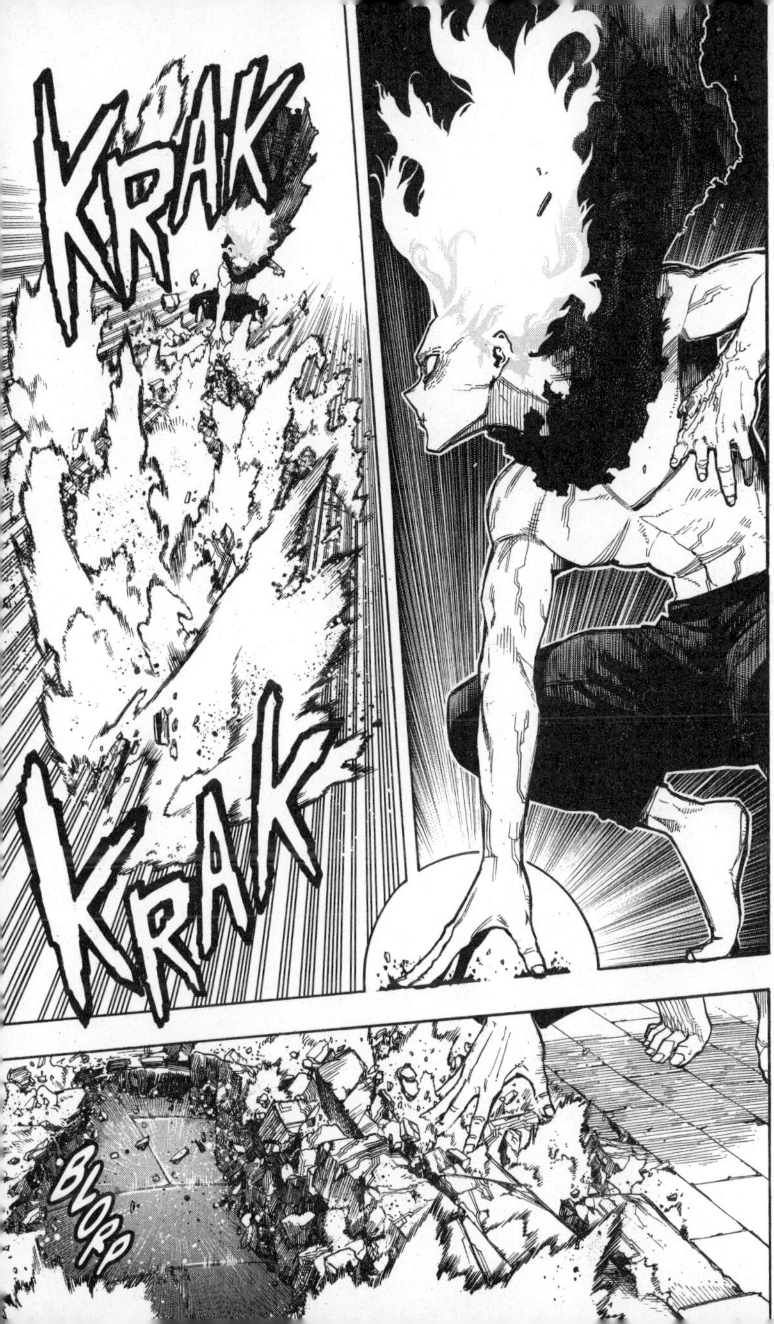
KRAK
KRAK
BLORP

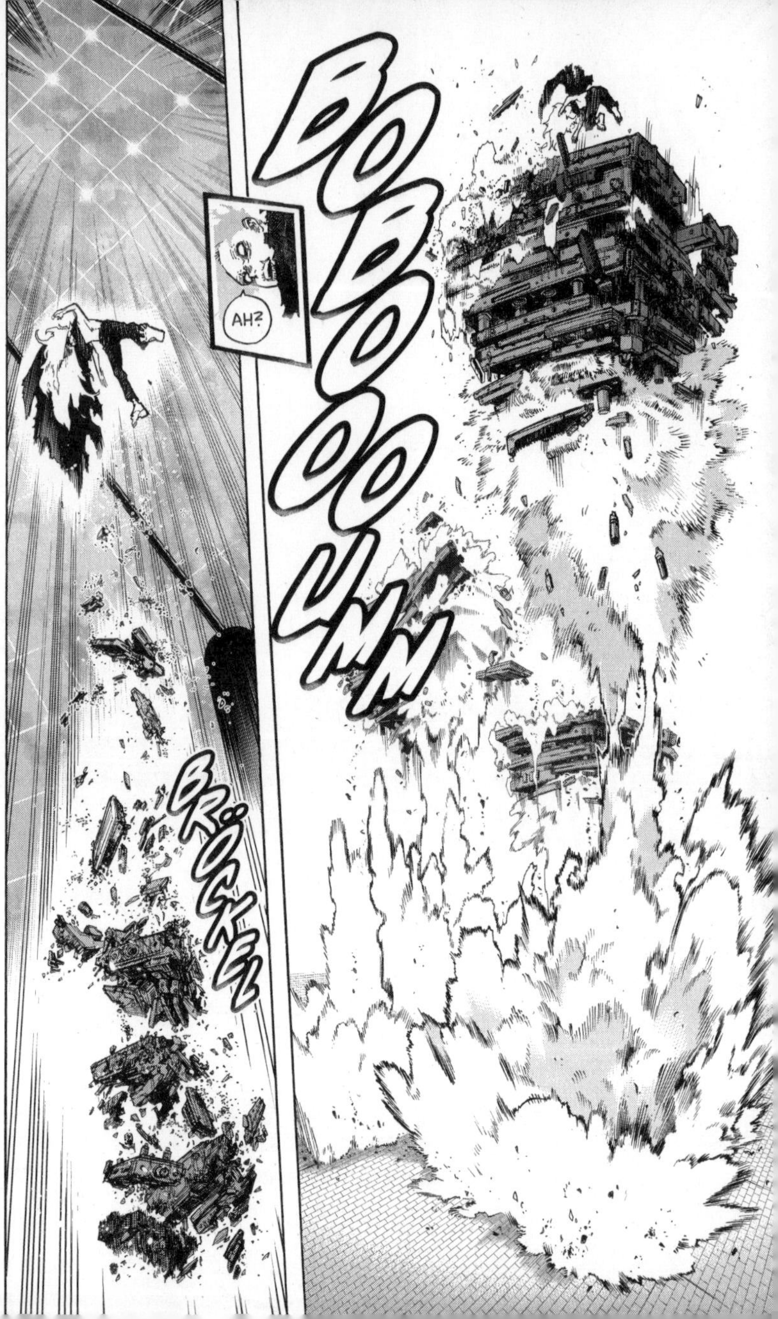
AH?
BRÖCKEL

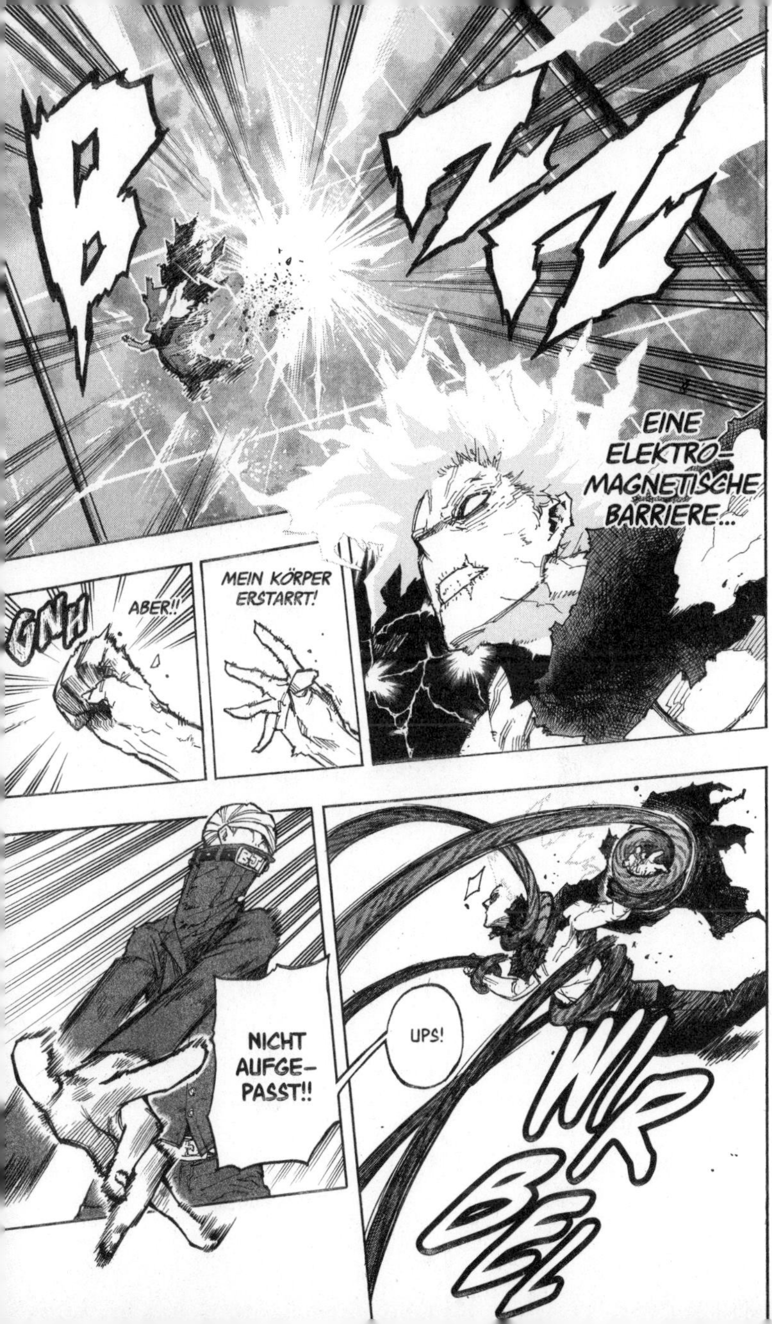
EINE ELEKTRO-MAGNETISCHE BARRIERE...
MEIN KÖRPER ERSTARRT!
ABER!!
GNH
UPS!
NICHT AUFGE-PASST!!

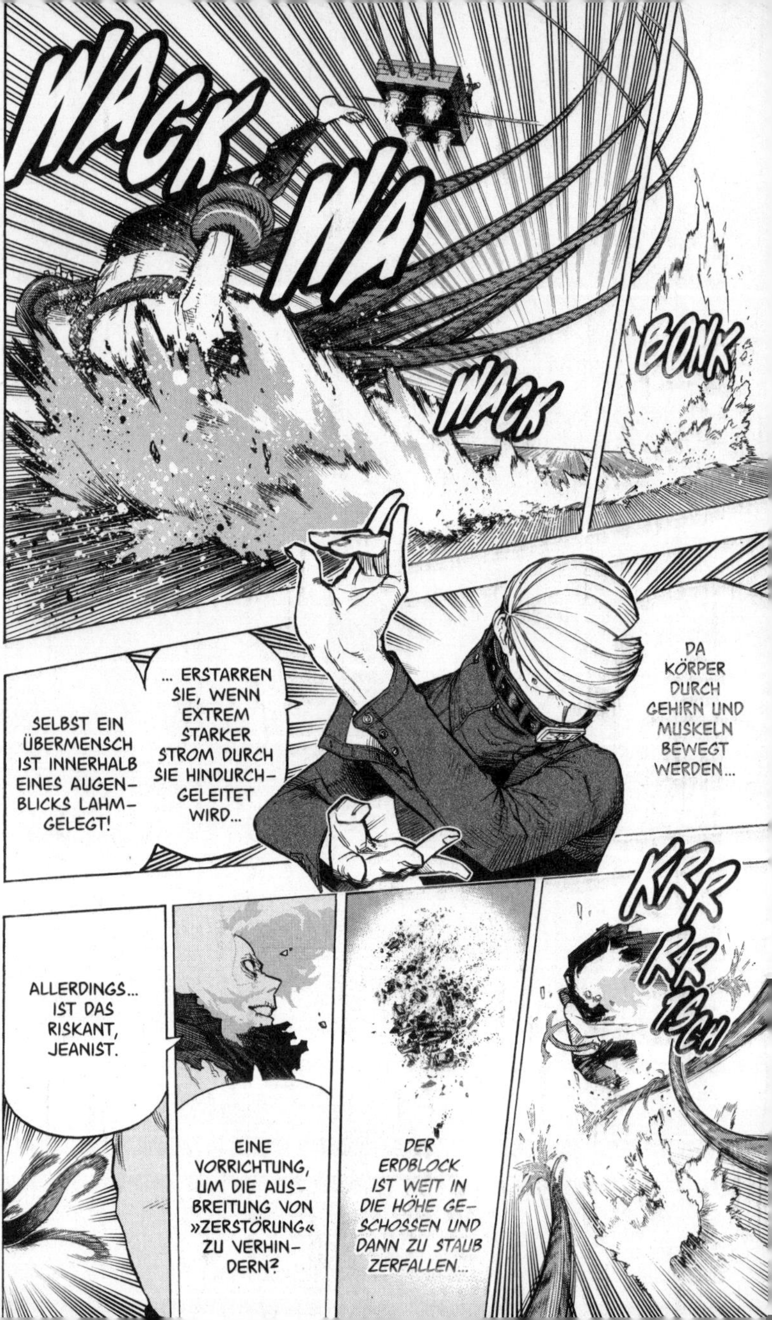
WACK
WA
WACK
BONK
DA KÖRPER DURCH GEHIRN UND MUSKELN BEWEGT WERDEN...
... ERSTARREN SIE, WENN EXTREM STARKER STROM DURCH SIE HINDURCHGELEITET WIRD...
SELBST EIN ÜBERMENSCH IST INNERHALB EINES AUGENBLICKS LAHMGELEGT!
KRRRRR TSCH
DER ERDBLOCK IST WEIT IN DIE HÖHE GESCHOSSEN UND DANN ZU STAUB ZERFALLEN...
EINE VORRICHTUNG, UM DIE AUSBREITUNG VON »ZERSTÖRUNG« ZU VERHINDERN?
ALLERDINGS... IST DAS RISKANT, JEANIST.

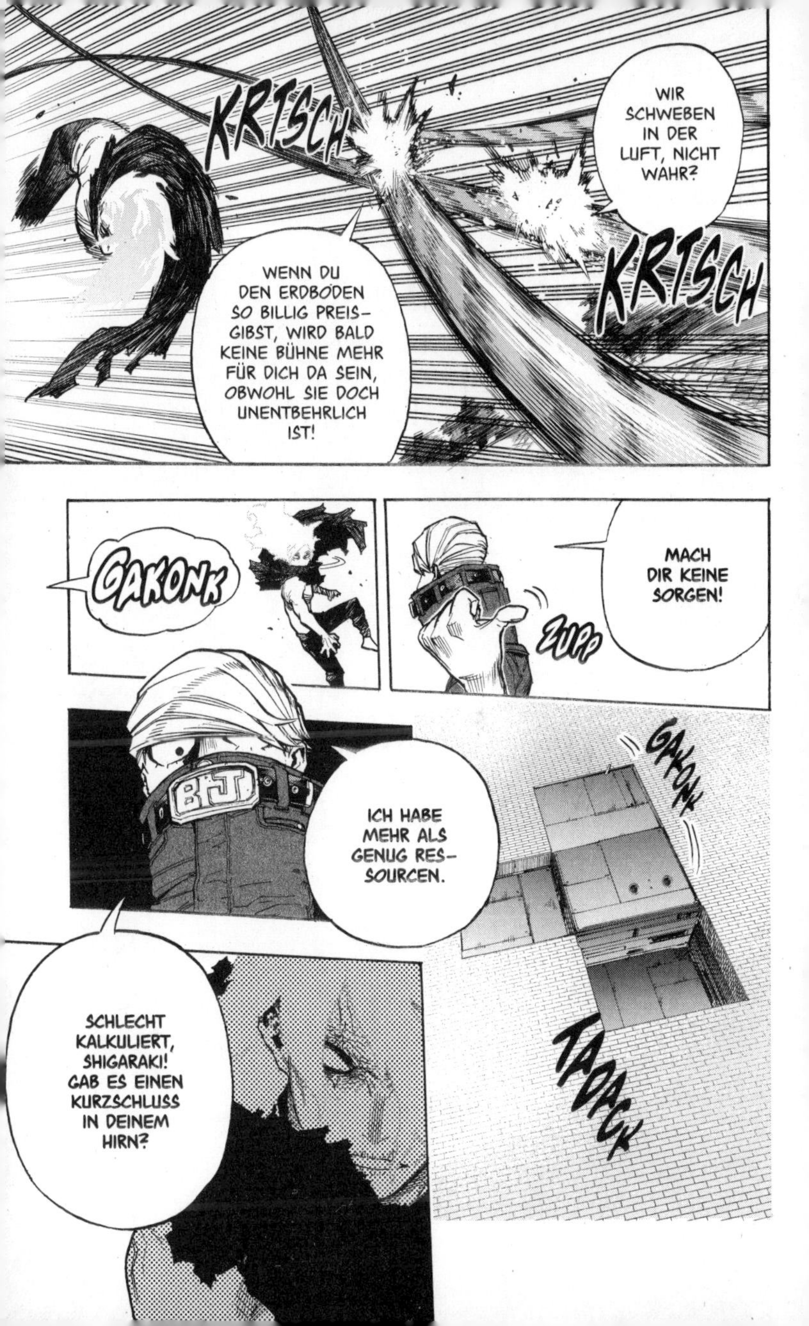
WIR SCHWEBEN IN DER LUFT, NICHT WAHR?
KRITSCH
KRITSCH
WENN DU DEN ERDBÖDEN SO BILLIG PREIS-GIBST, WIRD BALD KEINE BÜHNE MEHR FÜR DICH DA SEIN, OBWOHL SIE DOCH UNENTBEHRLICH IST!
MACH DIR KEINE SORGEN!
ZUPP
GAKONK
ICH HABE MEHR ALS GENUG RES-SOURCEN.
GAKONK
TADACK
SCHLECHT KALKULIERT, SHIGARAKI! GAB ES EINEN KURZSCHLUSS IN DEINEM HIRN?

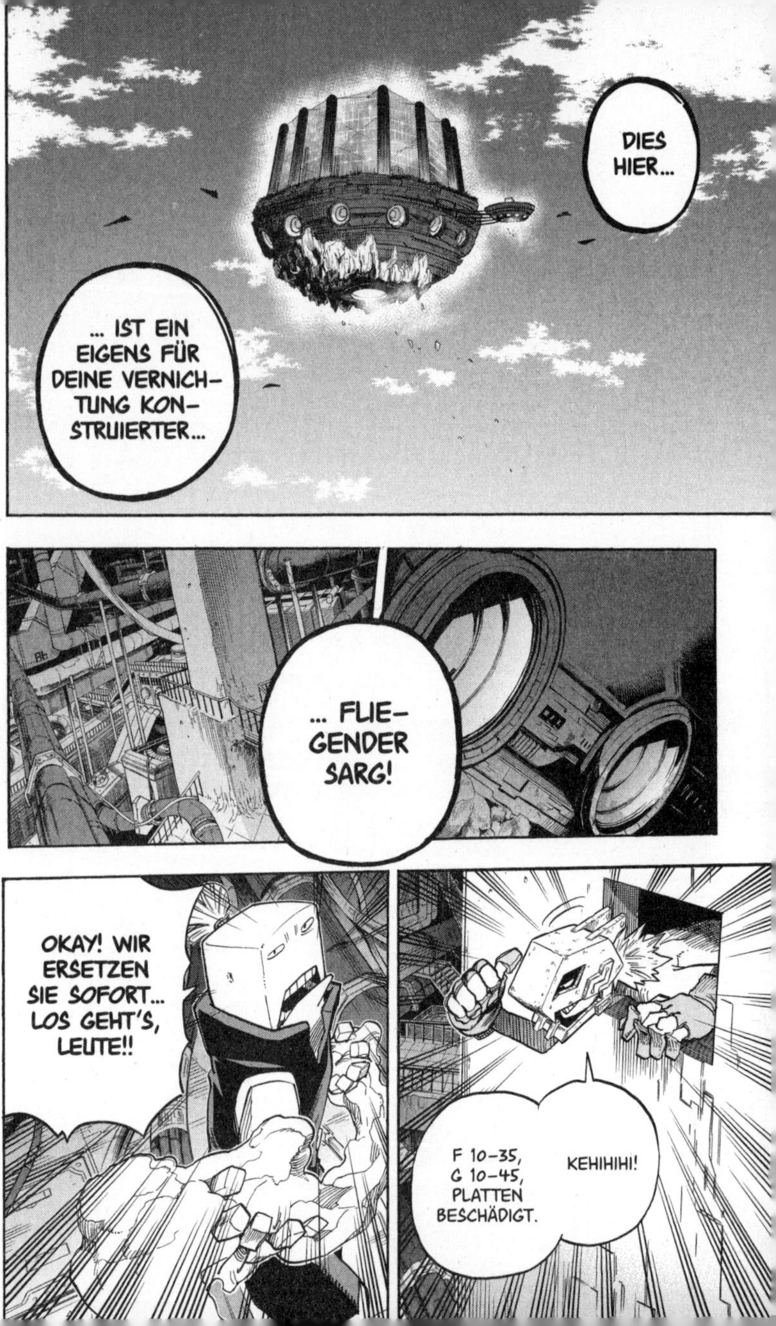
DIES HIER...
... IST EIN EIGENS FÜR DEINE VERNICH-TUNG KON-STRUIERTER...
... FLIE-GENDER SARG!
KEHIHIHI!
F 10–35, G 10–45, PLATTEN BESCHÄDIGT.
OKAY! WIR ERSETZEN SIE SOFORT... LOS GEHT'S, LEUTE!!

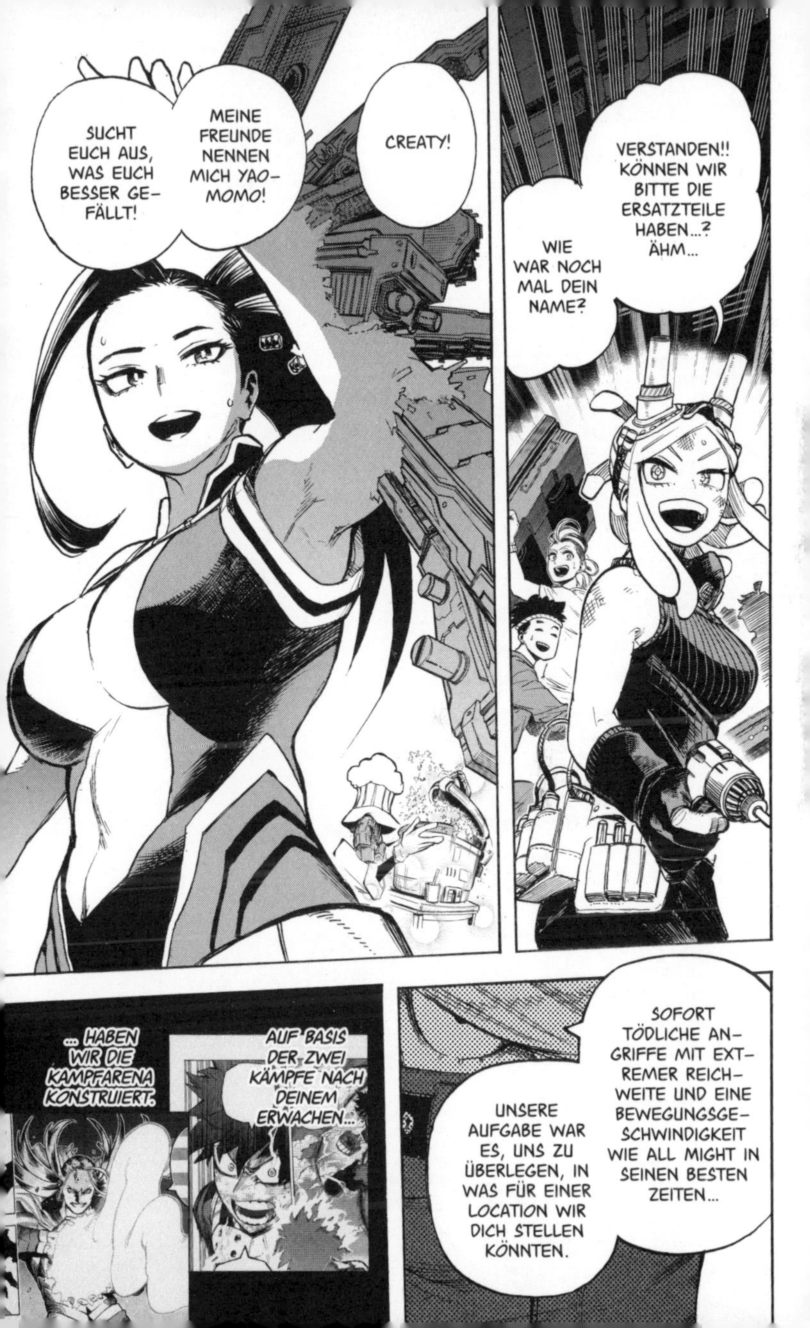

VERSTANDEN!! KÖNNEN WIR BITTE DIE ERSATZTEILE HABEN…? ÄHM…
WIE WAR NOCH MAL DEIN NAME?
CREATY!
MEINE FREUNDE NENNEN MICH YAO-MOMO!
SUCHT EUCH AUS, WAS EUCH BESSER GEFÄLLT!
SOFORT TÖDLICHE ANGRIFFE MIT EXTREMER REICHWEITE UND EINE BEWEGUNGSGESCHWINDIGKEIT WIE ALL MIGHT IN SEINEN BESTEN ZEITEN…
UNSERE AUFGABE WAR ES, UNS ZU ÜBERLEGEN, IN WAS FÜR EINER LOCATION WIR DICH STELLEN KÖNNTEN.
AUF BASIS DER ZWEI KÄMPFE NACH DEINEM ERWACHEN…
… HABEN WIR DIE KAMPFARENA KONSTRUIERT.

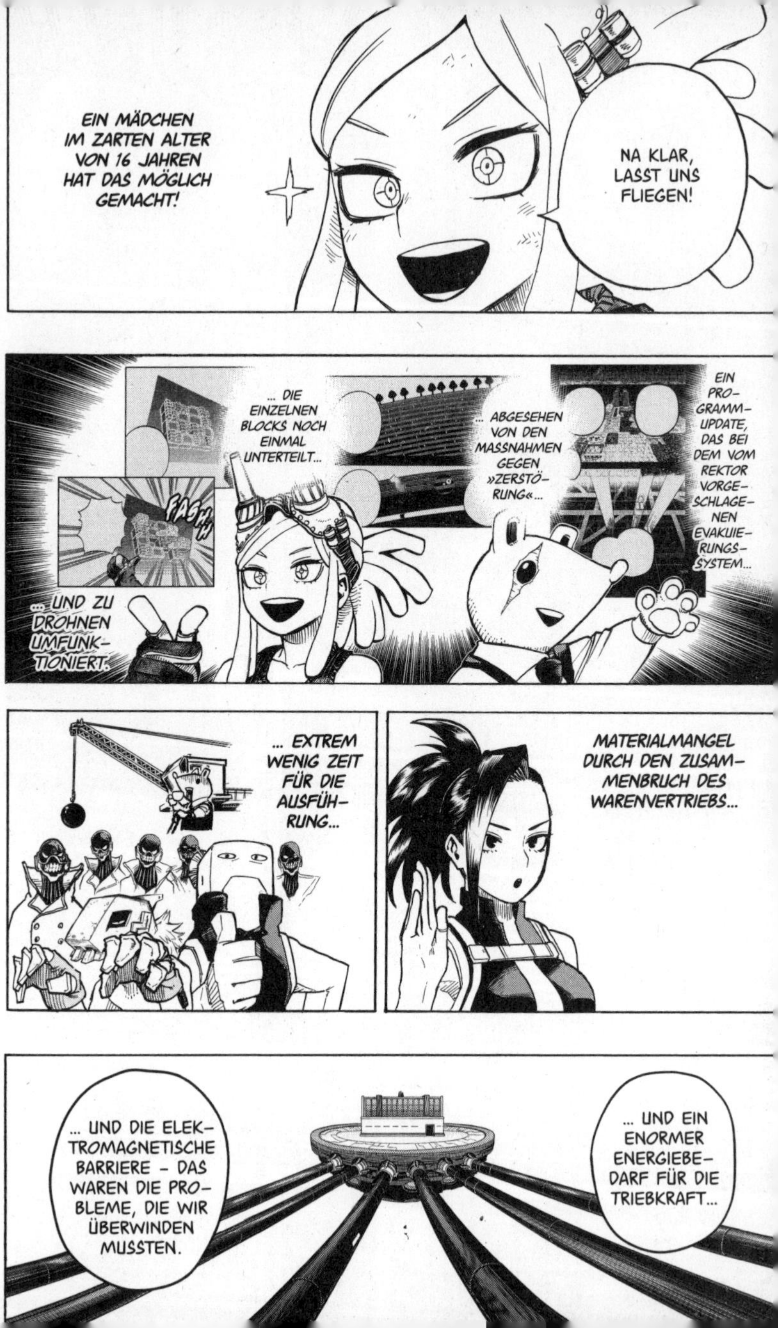

NA KLAR, LASST UNS FLIEGEN!
EIN MÄDCHEN IM ZARTEN ALTER VON 16 JAHREN HAT DAS MÖGLICH GEMACHT!
EIN PROGRAMM-UPDATE, DAS BEI DEM VOM REKTOR VORGESCHLAGENEN EVAKUIERUNGSSYSTEM ...
... ABGESEHEN VON DEN MASSNAHMEN GEGEN »ZERSTÖRUNG« ...
... DIE EINZELNEN BLOCKS NOCH EINMAL UNTERTEILT ...
FASHH
... UND ZU DROHNEN UMFUNKTIONIERT.
MATERIALMANGEL DURCH DEN ZUSAMMENBRUCH DES WARENVERTRIEBS ...
... EXTREM WENIG ZEIT FÜR DIE AUSFÜHRUNG ...
... UND EIN ENORMER ENERGIEBEDARF FÜR DIE TRIEBKRAFT ...
... UND DIE ELEKTROMAGNETISCHE BARRIERE – DAS WAREN DIE PROBLEME, DIE WIR ÜBERWINDEN MUSSTEN.

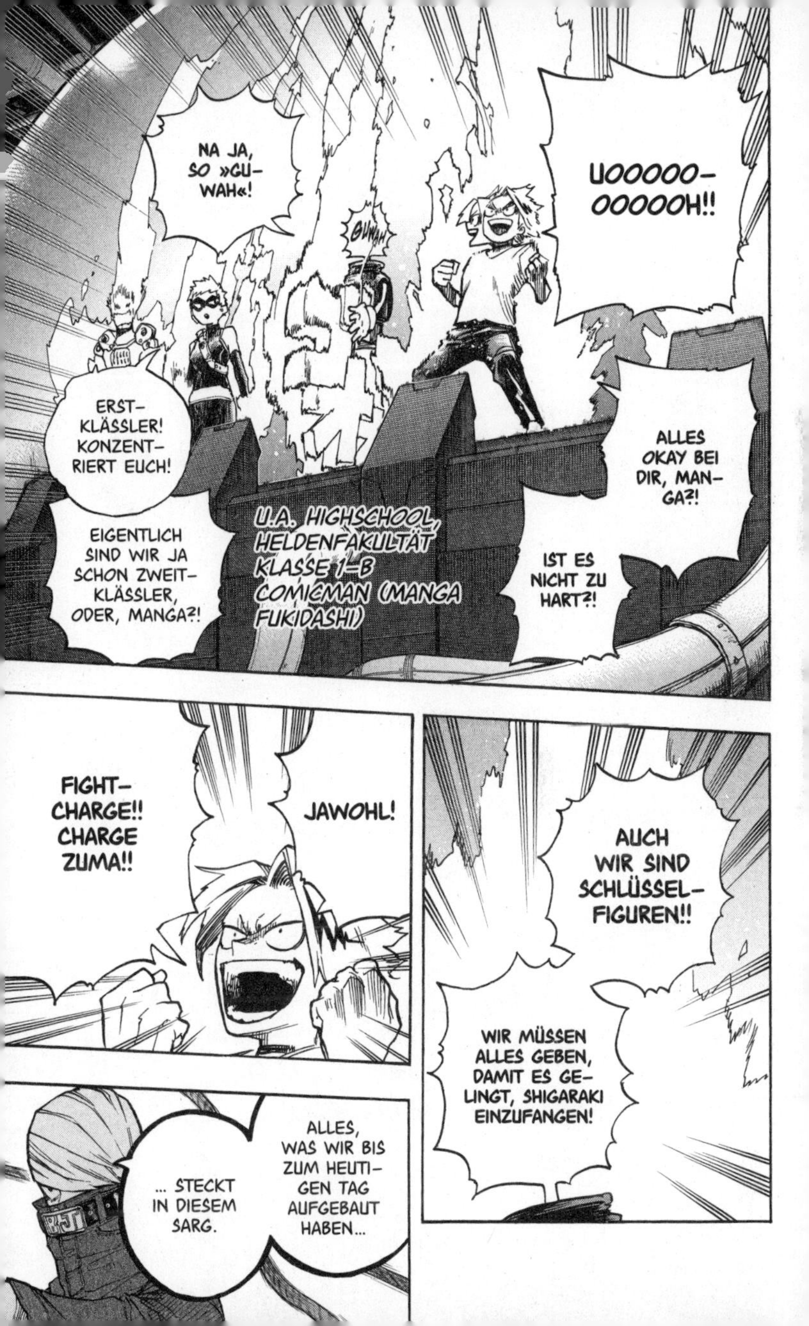
UOOOOOOOOOOOH!!
NA JA, SO »GUWAH«!
ALLES OKAY BEI DIR, MANGA?!
IST ES NICHT ZU HART?!
U.A. HIGHSCHOOL, HELDENFAKULTÄT KLASSE 1-B COMICMAN (MANGA FUKIDASHI)
ERSTKLÄSSLER! KONZENTRIERT EUCH!
EIGENTLICH SIND WIR JA SCHON ZWEITKLÄSSLER, ODER, MANGA?!
AUCH WIR SIND SCHLÜSSELFIGUREN!!
WIR MÜSSEN ALLES GEBEN, DAMIT ES GELINGT, SHIGARAKI EINZUFANGEN!
JAWOHL!
FIGHT-CHARGE!! CHARGE ZUMA!!
ALLES, WAS WIR BIS ZUM HEUTIGEN TAG AUFGEBAUT HABEN...
... STECKT IN DIESEM SARG.

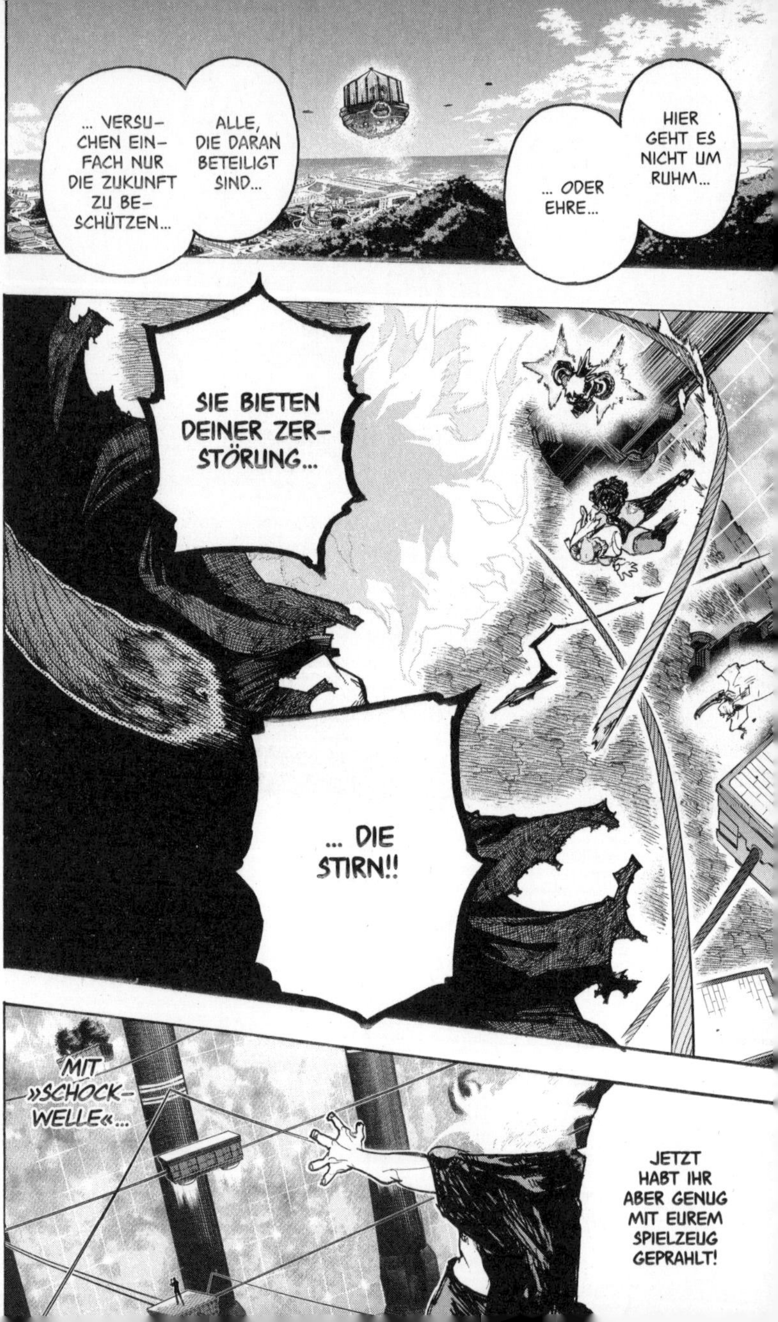

HIER GEHT ES NICHT UM RUHM...
... ODER EHRE...
ALLE, DIE DARAN BETEILIGT SIND...
... VERSUCHEN EINFACH NUR DIE ZUKUNFT ZU BESCHÜTZEN...
SIE BIETEN DEINER ZERSTÖRUNG...
... DIE STIRN!!
JETZT HABT IHR ABER GENUG MIT EUREM SPIELZEUG GEPRAHLT!
MIT »SCHOCKWELLE«...

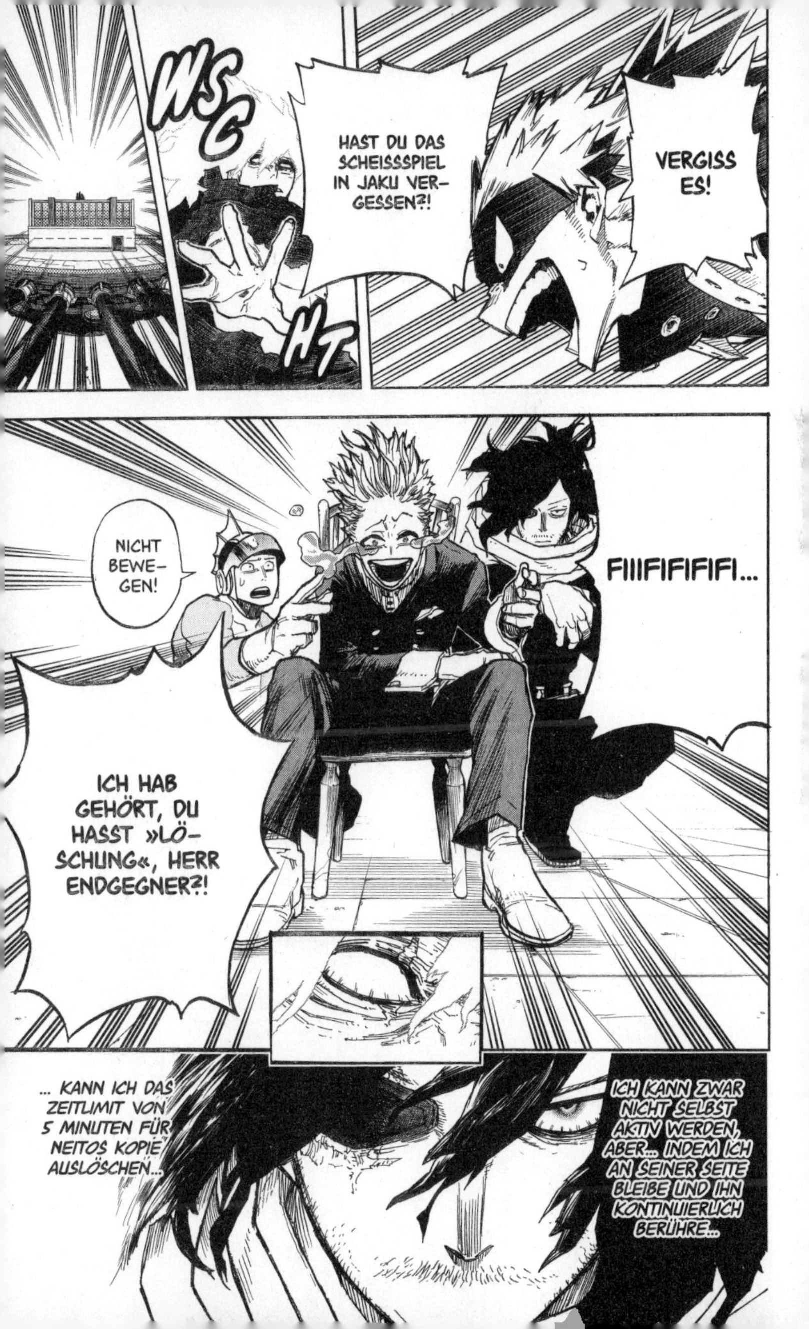
VERGISS ES!
HAST DU DAS SCHEISSSPIEL IN JAKU VERGESSEN?!
WUSCH
FIIIFIFIFIFI...
NICHT BEWEGEN!
ICH HAB GEHÖRT, DU HASST »LÖSCHUNG«, HERR ENDGEGNER?!
ICH KANN ZWAR NICHT SELBST AKTIV WERDEN, ABER... INDEM ICH AN SEINER SEITE BLEIBE UND IHN KONTINUIERLICH BERÜHRE...
... KANN ICH DAS ZEITLIMIT VON 5 MINUTEN FÜR NEITOS KOPIE AUSLÖSCHEN...

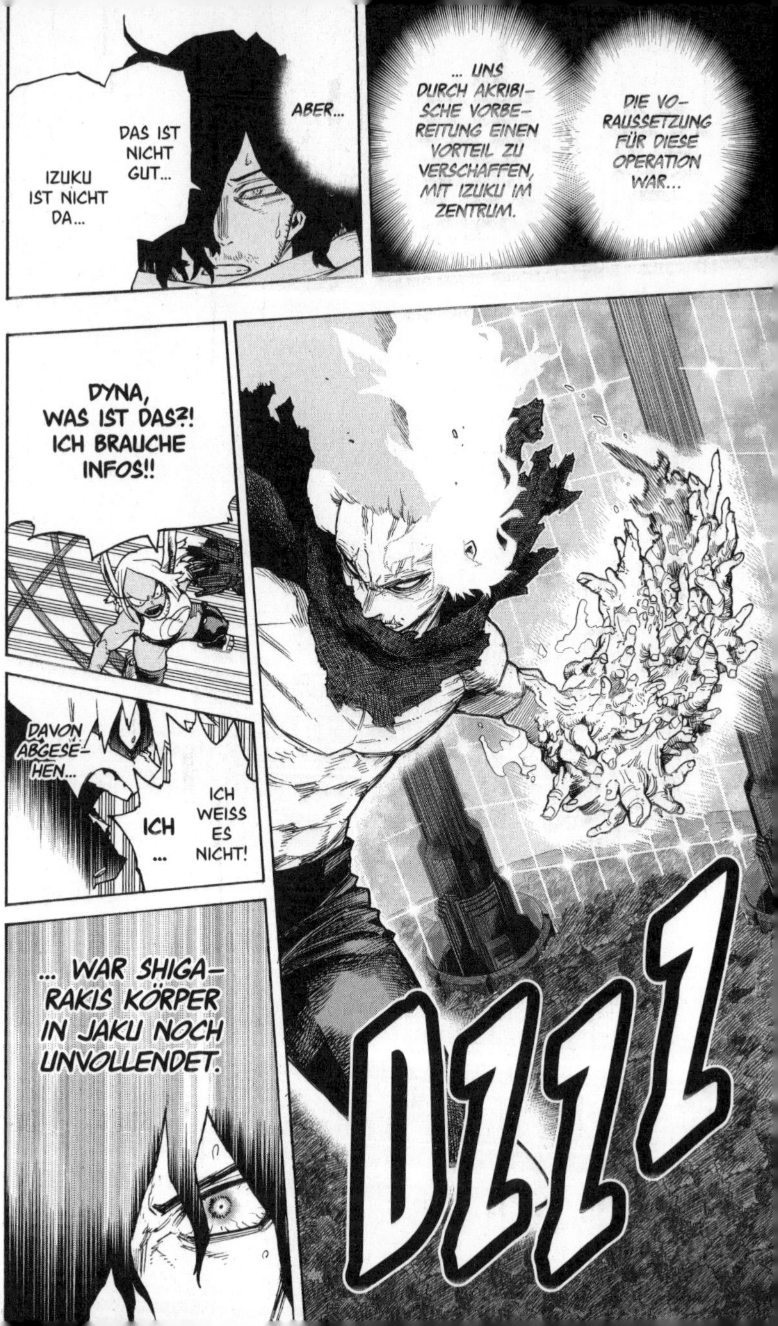
DIE VO-RAUSSETZUNG FÜR DIESE OPERATION WAR...
... UNS DURCH AKRIBI-SCHE VORBE-REITUNG EINEN VORTEIL ZU VERSCHAFFEN, MIT IZUKU IM ZENTRUM.
ABER...
DAS IST NICHT GUT...
IZUKU IST NICHT DA...
DZZZ
DYNA, WAS IST DAS?! ICH BRAUCHE INFOS!!
DAVON ABGESE-HEN...
ICH ...
ICH WEISS ES NICHT!
... WAR SHIGA-RAKIS KÖRPER IN JAKU NOCH UNVOLLENDET.

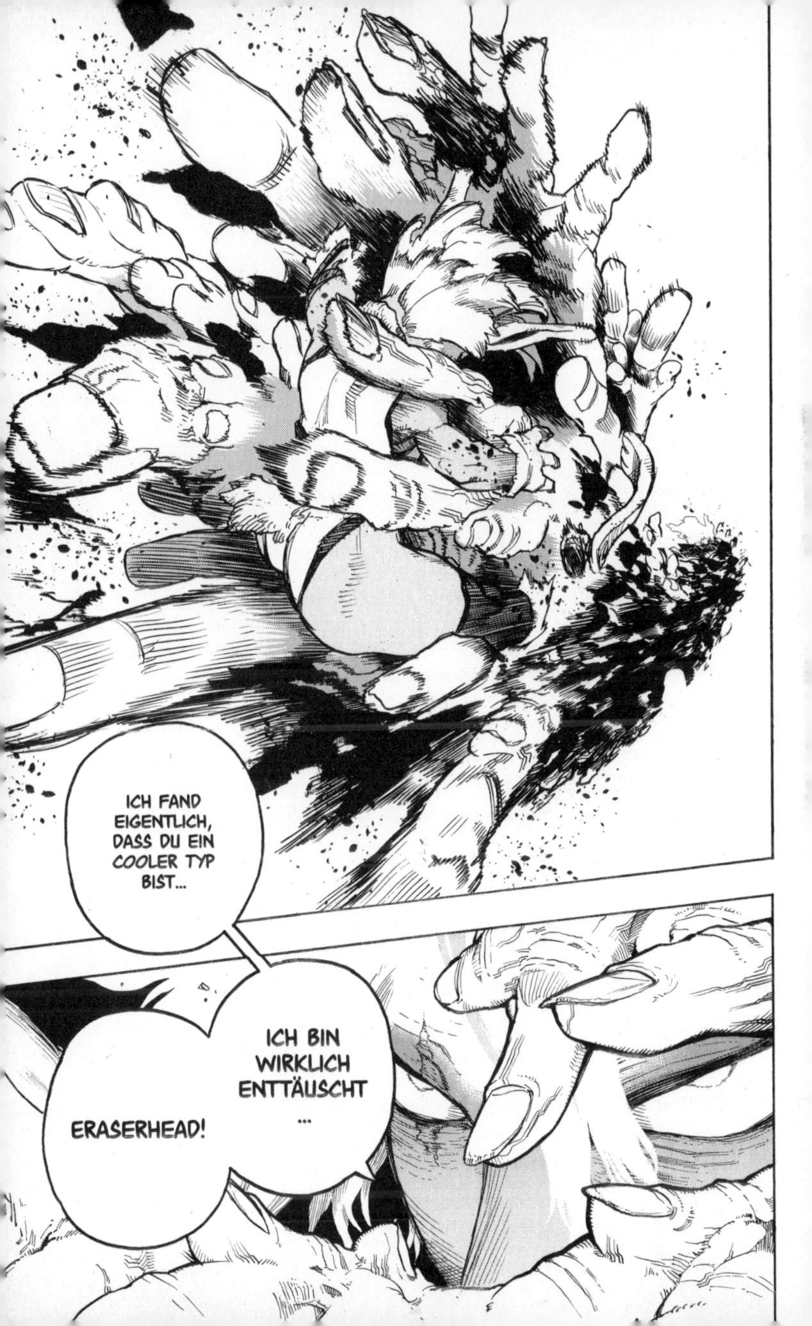
ICH FAND EIGENTLICH, DASS DU EIN COOLER TYP BIST...
ICH BIN WIRKLICH ENTTÄUSCHT ...
ERASERHEAD!

Für die mechanischen Vorrichtungen, die provisorische Festung Troja u.a. in dieser Episode habe ich Systeme und Einrichtungen verwendet, die von vorneherein in der U.A. vorhanden waren. Die Bauzeit war ein ziemlicher Wahnsinn, aber die Planung des Rektors, Power Loaders Fähigkeiten beim Graben und Planieren, Cementos' Fähigkeiten beim Bauen und Transport sowie das Personal, das Ektoplasma durch Klone und Riesenklone zur Verfügung gestellt hat, haben das Ganze möglich gemacht.

THE HINTERGRUNDGESCHICHTEN AUS DER PRODUKTION

Ursprünglich hatte ich sie auftreten lassen, weil ich die vage Vorstellung hatte, die U.A. später umzubauen. Allerdings steht in meinen Konzeptionsnotizen aus der Anfangszeit irgendwas davon, dass die U.A. ein unfassbar riesiger Roboter werden würde. Krass. Das muss wohl das Werk eines Menschen sein, der in seinem Leben zu viele Sunrise-Animes geschaut hat. Aber irgendwie hätte ich das ja schon gern gezeichnet.

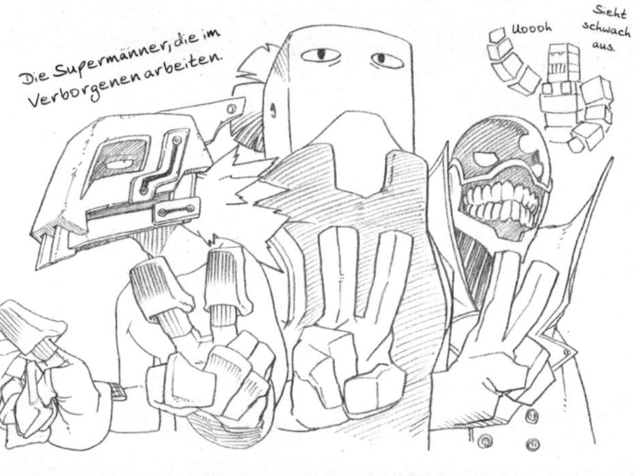

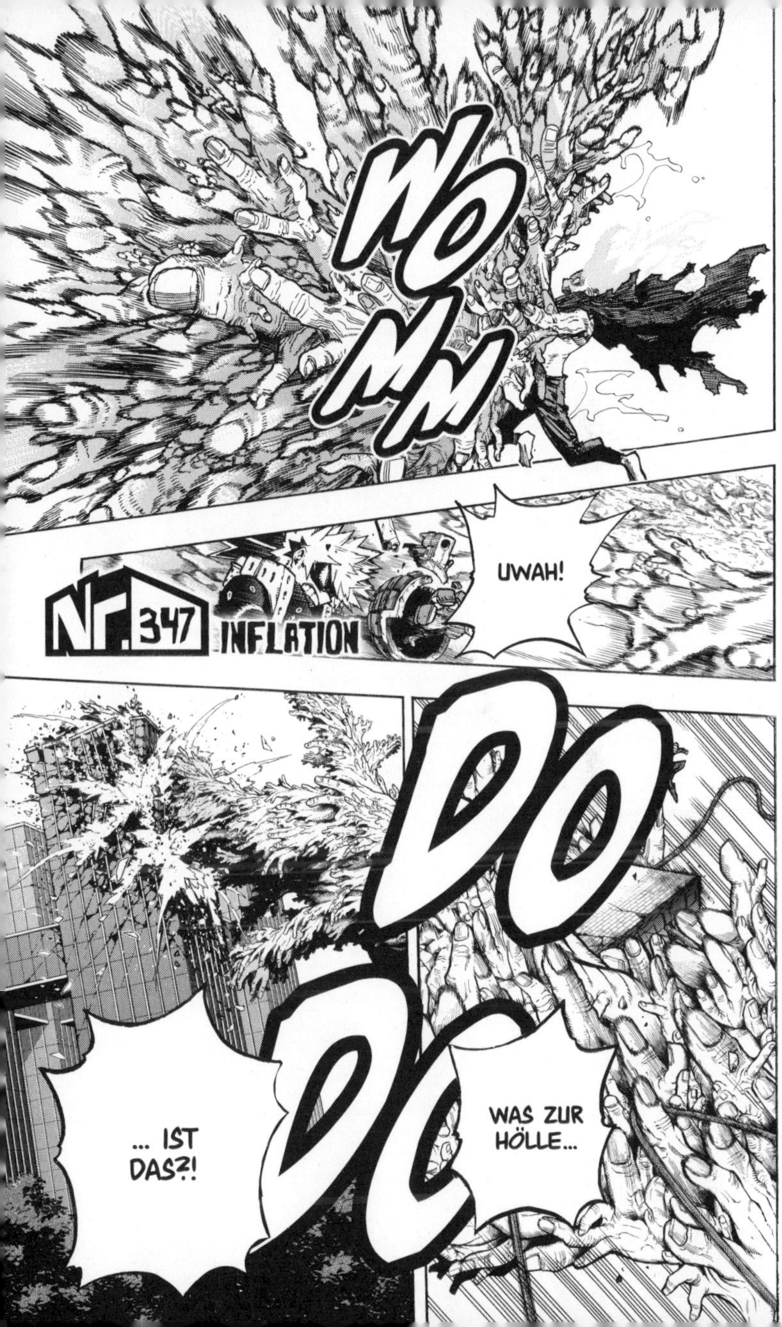
WOMM
UWAH!
NR. 347 INFLATION
WAS ZUR HÖLLE...
DODO
... IST DAS?!

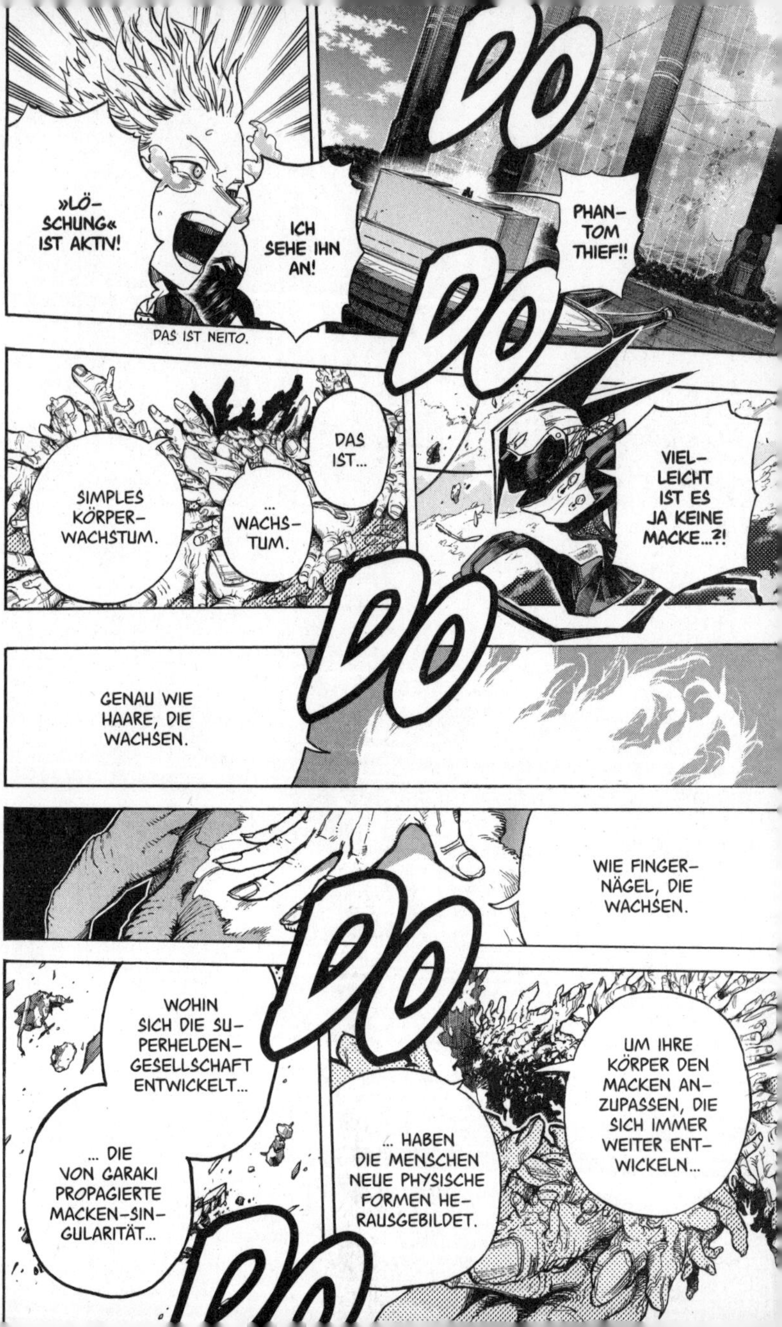
PHANTOM THIEF!!
ICH SEHE IHN AN!
»LÖSCHUNG« IST AKTIV!
DAS IST NEITO.
DO
DO
VIELLEICHT IST ES JA KEINE MACKE...?!
DAS IST...
... WACHSTUM.
SIMPLES KÖRPERWACHSTUM.
DO
GENAU WIE HAARE, DIE WACHSEN.
WIE FINGERNÄGEL, DIE WACHSEN.
DO
UM IHRE KÖRPER DEN MACKEN ANZUPASSEN, DIE SICH IMMER WEITER ENTWICKELN...
... HABEN DIE MENSCHEN NEUE PHYSISCHE FORMEN HERAUSGEBILDET.
WOHIN SICH DIE SUPERHELDENGESELLSCHAFT ENTWICKELT...
... DIE VON GARAKI PROPAGIERTE MACKEN-SINGULARITÄT...
DO

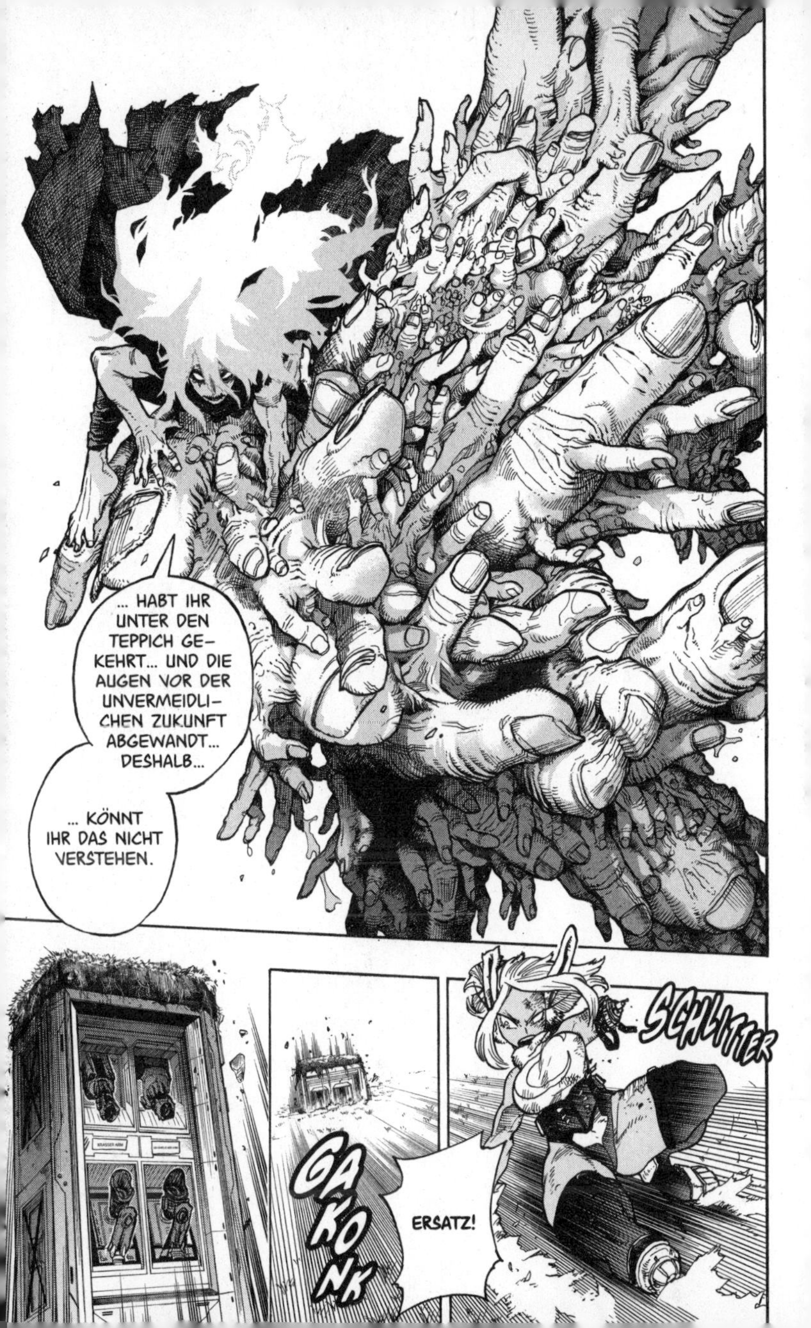
... HABT IHR UNTER DEN TEPPICH GE-KEHRT... UND DIE AUGEN VOR DER UNVERMEIDLI-CHEN ZUKUNFT ABGEWANDT... DESHALB...
... KÖNNT IHR DAS NICHT VERSTEHEN.
SCHLITTER
GAKONK
ERSATZ!

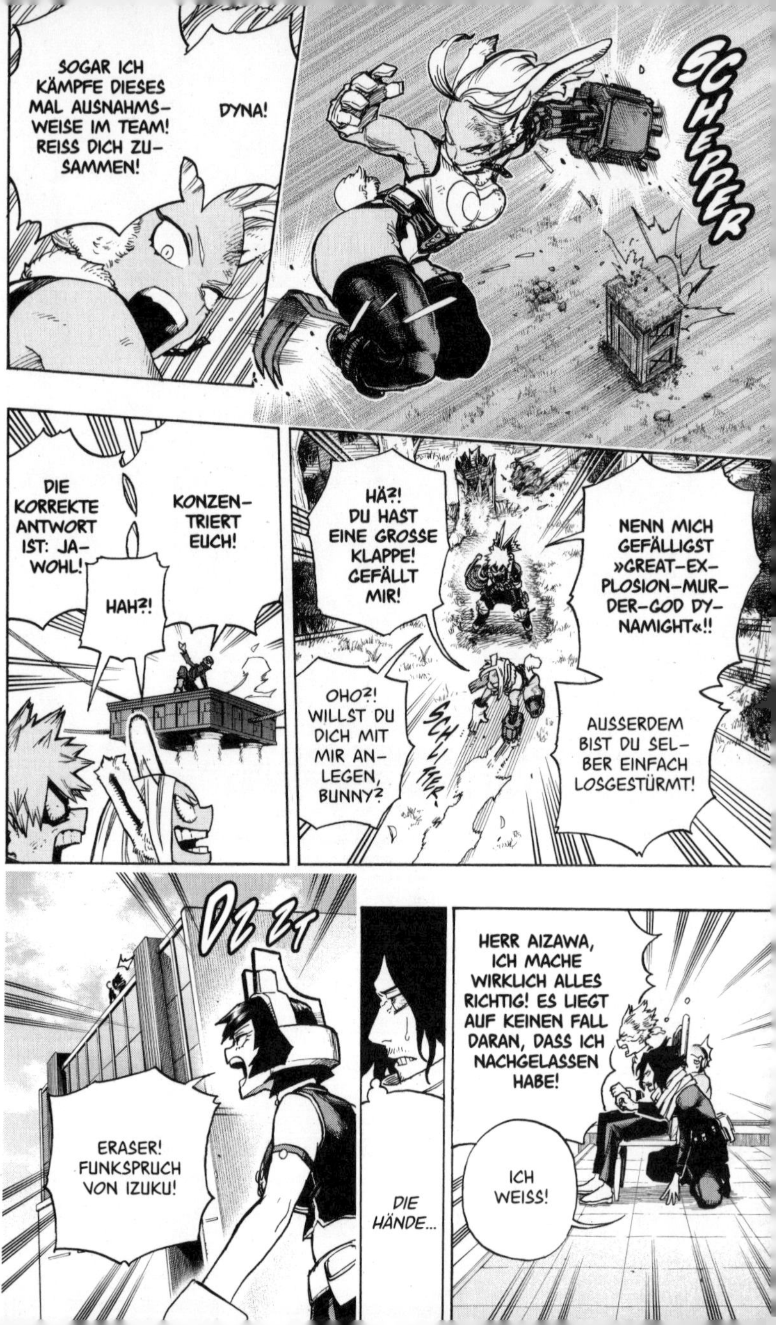
SCHEPPER
DYNA!
SOGAR ICH KÄMPFE DIESES MAL AUSNAHMSWEISE IM TEAM! REISS DICH ZUSAMMEN!
NENN MICH GEFÄLLIGST »GREAT-EXPLOSION-MURDER-GOD DYNAMIGHT«!!
HÄ?! DU HAST EINE GROSSE KLAPPE! GEFÄLLT MIR!
AUSSERDEM BIST DU SELBER EINFACH LOSGESTÜRMT!
OHO?! WILLST DU DICH MIT MIR ANLEGEN, BUNNY?
SCHLITTER
KONZENTRIERT EUCH!
DIE KORREKTE ANTWORT IST: JAWOHL!
HAH?!
HERR AIZAWA, ICH MACHE WIRKLICH ALLES RICHTIG! ES LIEGT AUF KEINEN FALL DARAN, DASS ICH NACHGELASSEN HABE!
ICH WEISS!
DIE HÄNDE...
DZZT
ERASER! FUNKSPRUCH VON IZUKU!

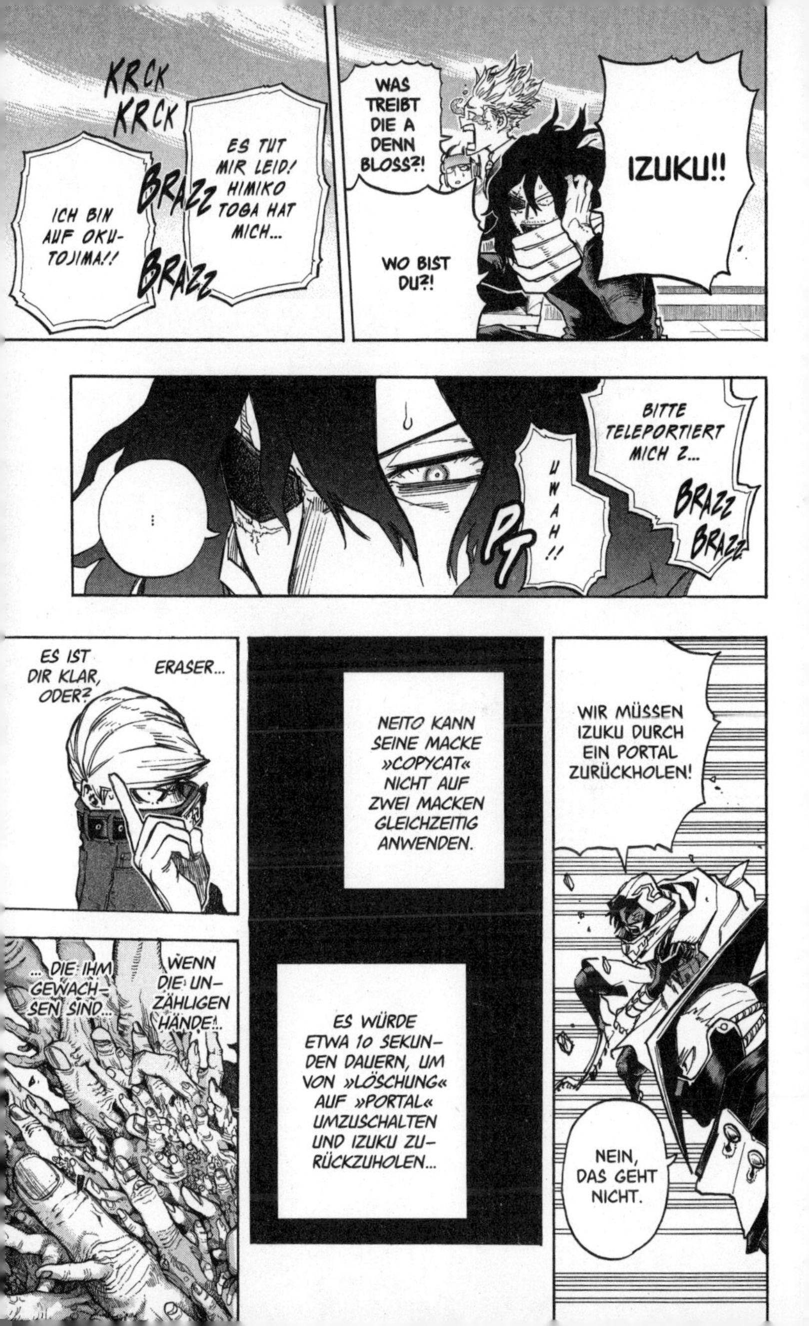
IZUKU!!
WAS TREIBT DIE A DENN BLOSS?!
WO BIST DU?!
KRCK KRCK
ES TUT MIR LEID! HIMIKO TOGA HAT MICH...
BRAZZ BRAZZ
ICH BIN AUF OKU-TOJIMA!!
BITTE TELEPORTIERT MICH Z...
BRAZZ BRAZZ
UWAH!!
PT
...
WIR MÜSSEN IZUKU DURCH EIN PORTAL ZURÜCKHOLEN!
NEIN, DAS GEHT NICHT.
NEITO KANN SEINE MACKE »COPYCAT« NICHT AUF ZWEI MACKEN GLEICHZEITIG ANWENDEN.
ES WÜRDE ETWA 10 SEKUN-DEN DAUERN, UM VON »LÖSCHUNG« AUF »PORTAL« UMZUSCHALTEN UND IZUKU ZU-RÜCKZUHOLEN...
ERASER...
ES IST DIR KLAR, ODER?
WENN DIE UN-ZÄHLIGEN HÄNDE...
...DIE IHM GEWACH-SEN SIND...

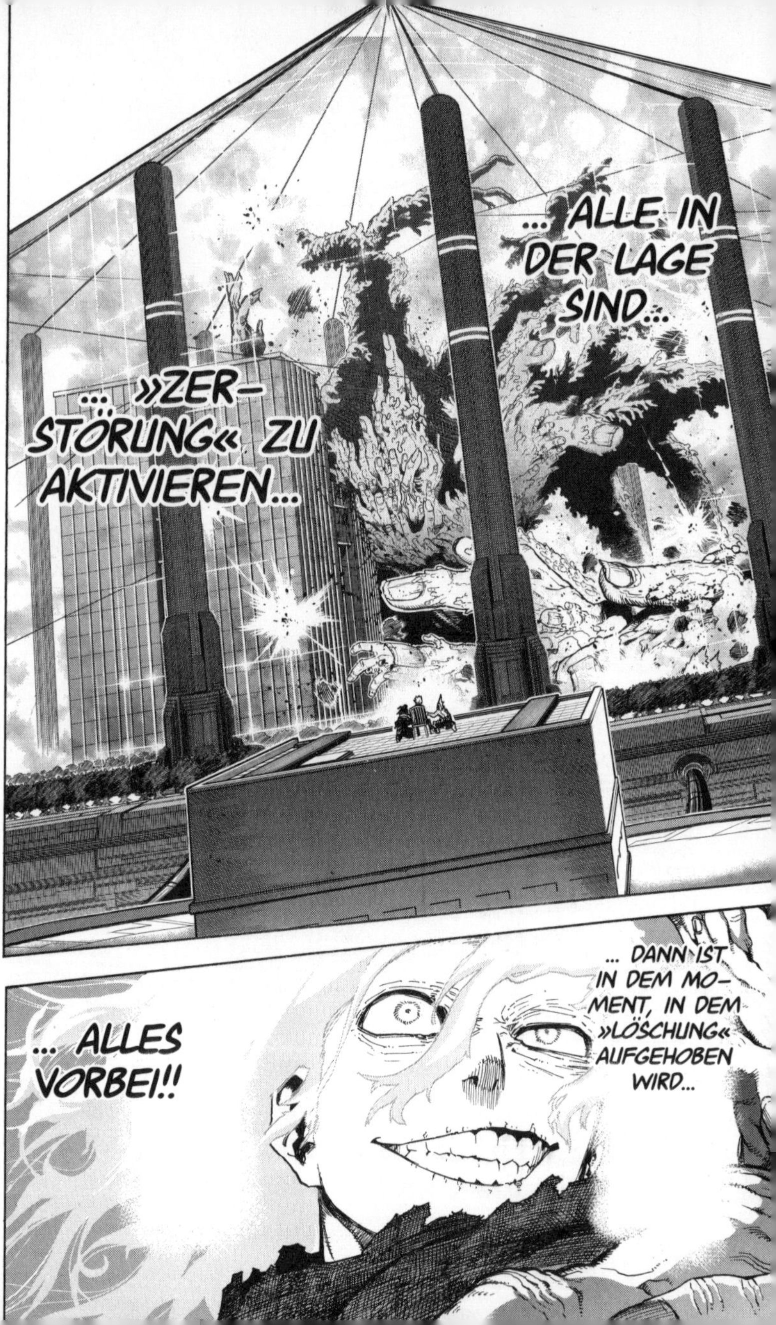
... ALLE IN DER LAGE SIND...
... »ZER-STÖRUNG« ZU AKTIVIEREN...
... DANN IST IN DEM MO-MENT, IN DEM »LÖSCHUNG« AUFGEHOBEN WIRD...
... ALLES VORBEI!!

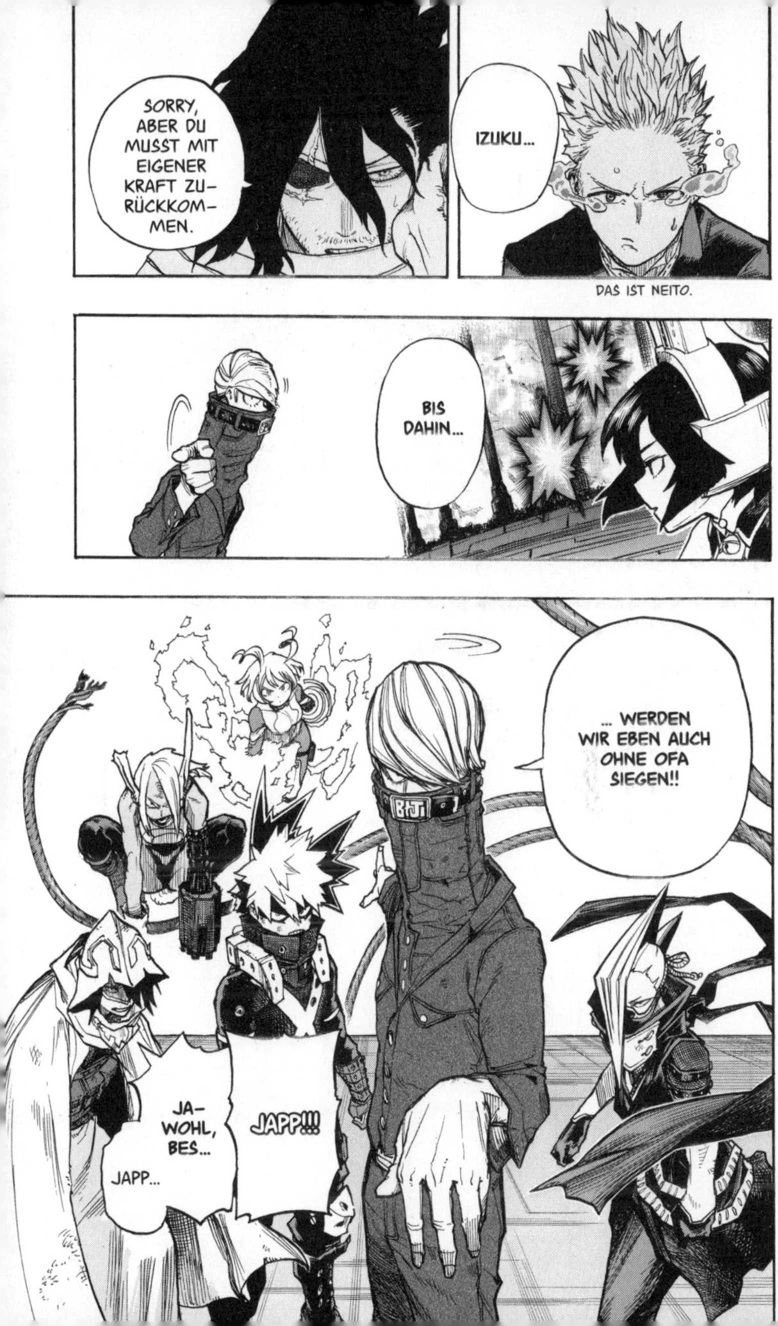

IZUKU...
DAS IST NEITO.
SORRY, ABER DU MUSST MIT EIGENER KRAFT ZU-RÜCKKOM-MEN.
BIS DAHIN...
... WERDEN WIR EBEN AUCH OHNE OFA SIEGEN!!
JAPP!!!
JA-WOHL, BES...
JAPP...

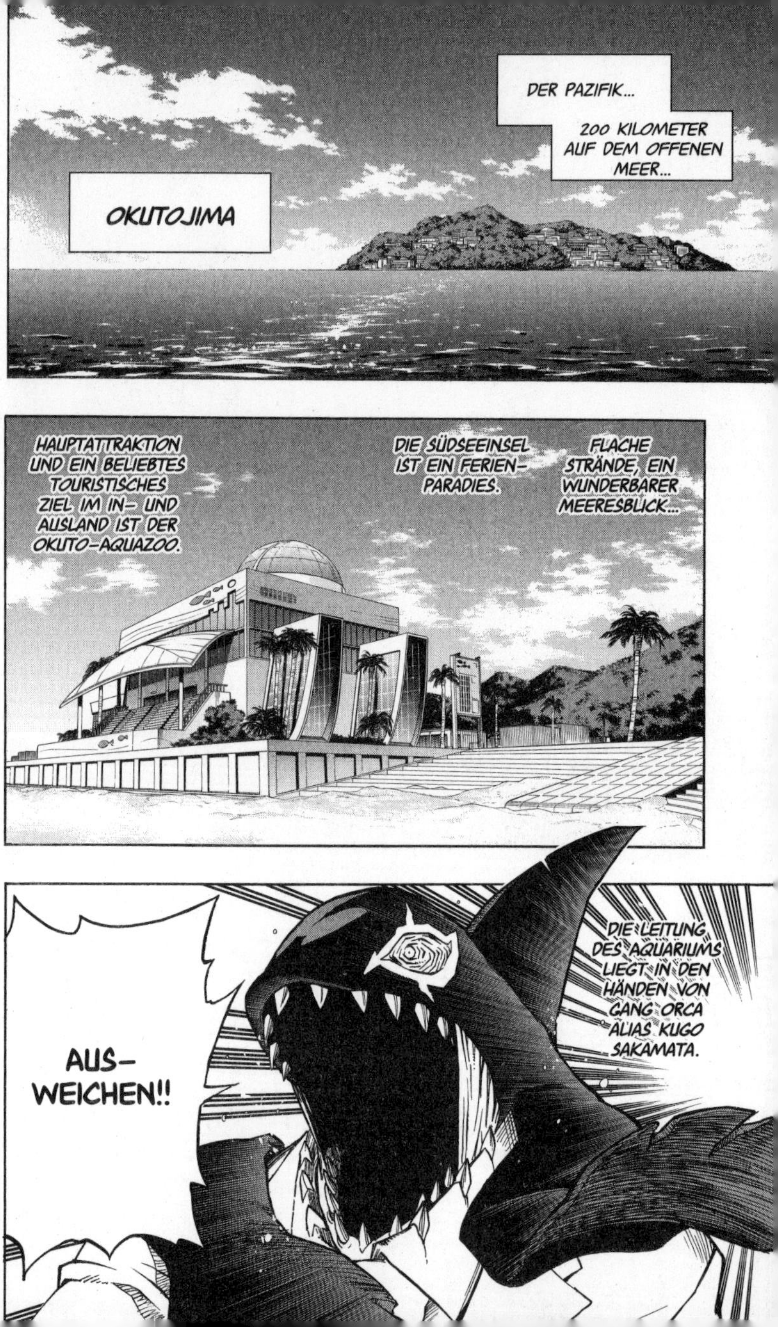
DER PAZIFIK...
200 KILOMETER AUF DEM OFFENEN MEER...
OKUTOJIMA
FLACHE STRÄNDE, EIN WUNDERBARER MEERESBLICK...
DIE SÜDSEEINSEL IST EIN FERIEN-PARADIES.
HAUPTATTRAKTION UND EIN BELIEBTES TOURISTISCHES ZIEL IM IN- UND AUSLAND IST DER OKUTO-AQUAZOO.
DIE LEITUNG DES AQUARIUMS LIEGT IN DEN HÄNDEN VON GANG ORCA ALIAS KUGO SAKAMATA.
AUS-WEICHEN!!

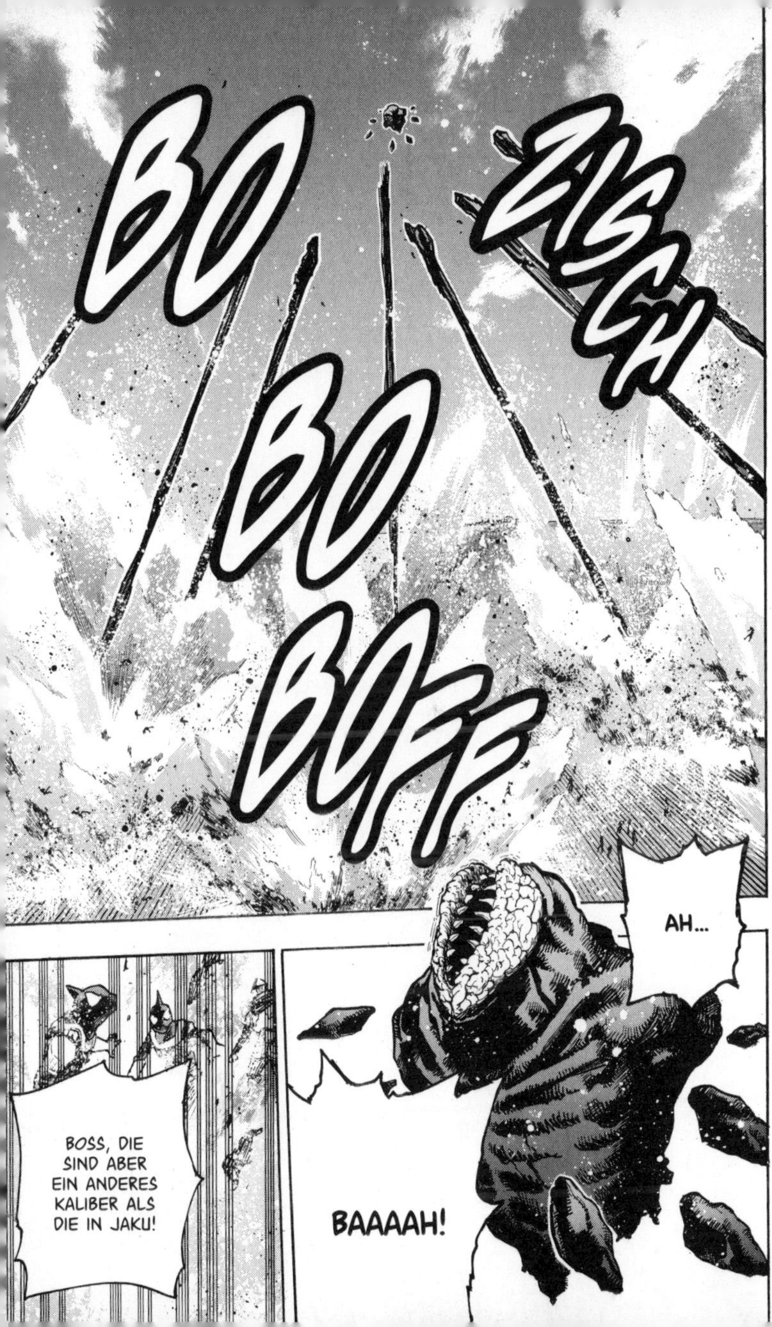
BO
ZISCH
BO
BOFF
AH...
BAAAAH!
BOSS, DIE SIND ABER EIN ANDERES KALIBER ALS DIE IN JAKU!

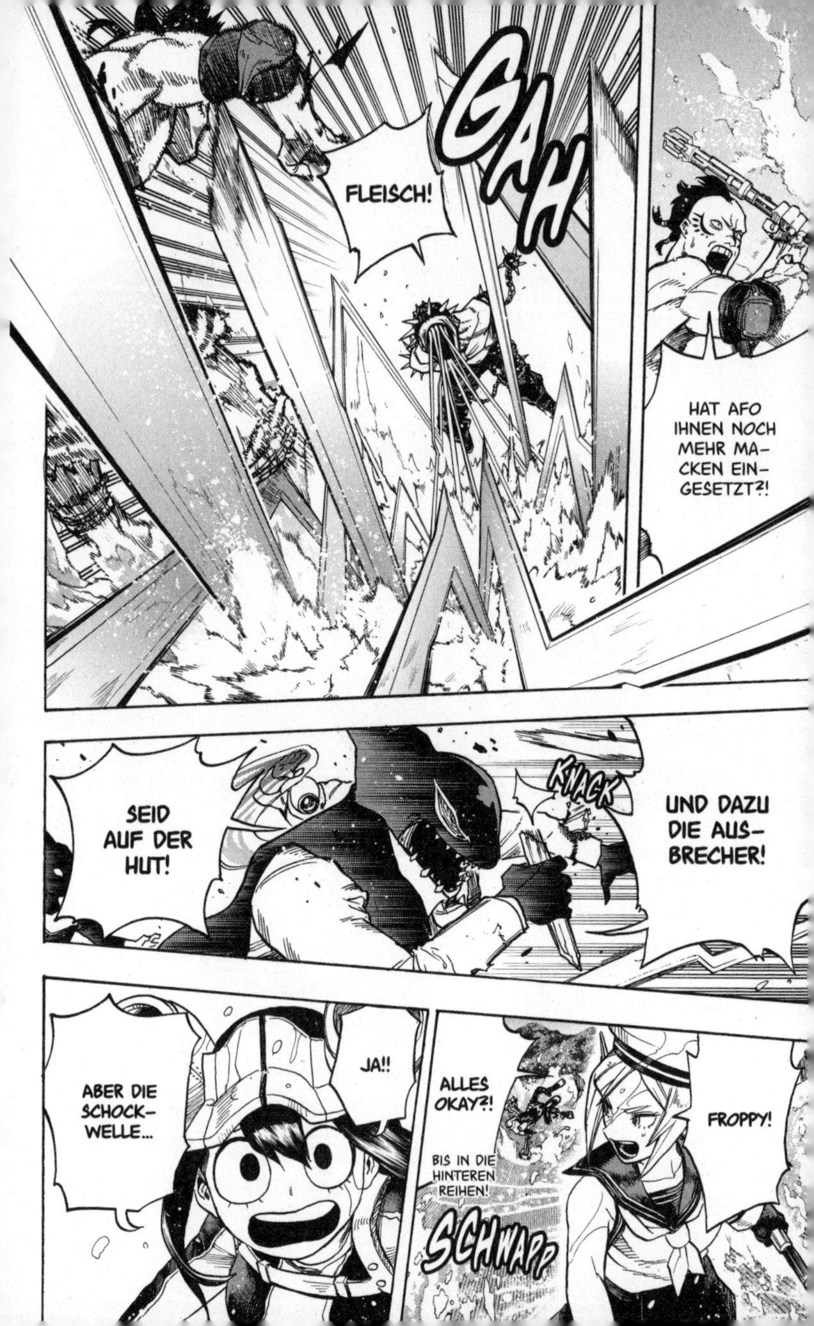
GAH
FLEISCH!
HAT AFO IHNEN NOCH MEHR MACKEN EINGESETZT?!
UND DAZU DIE AUSBRECHER!
KNACK
SEID AUF DER HUT!
FROPPY!
ALLES OKAY?!
BIS IN DIE HINTEREN REIHEN!
SCHWAPP
JA!!
ABER DIE SCHOCKWELLE...

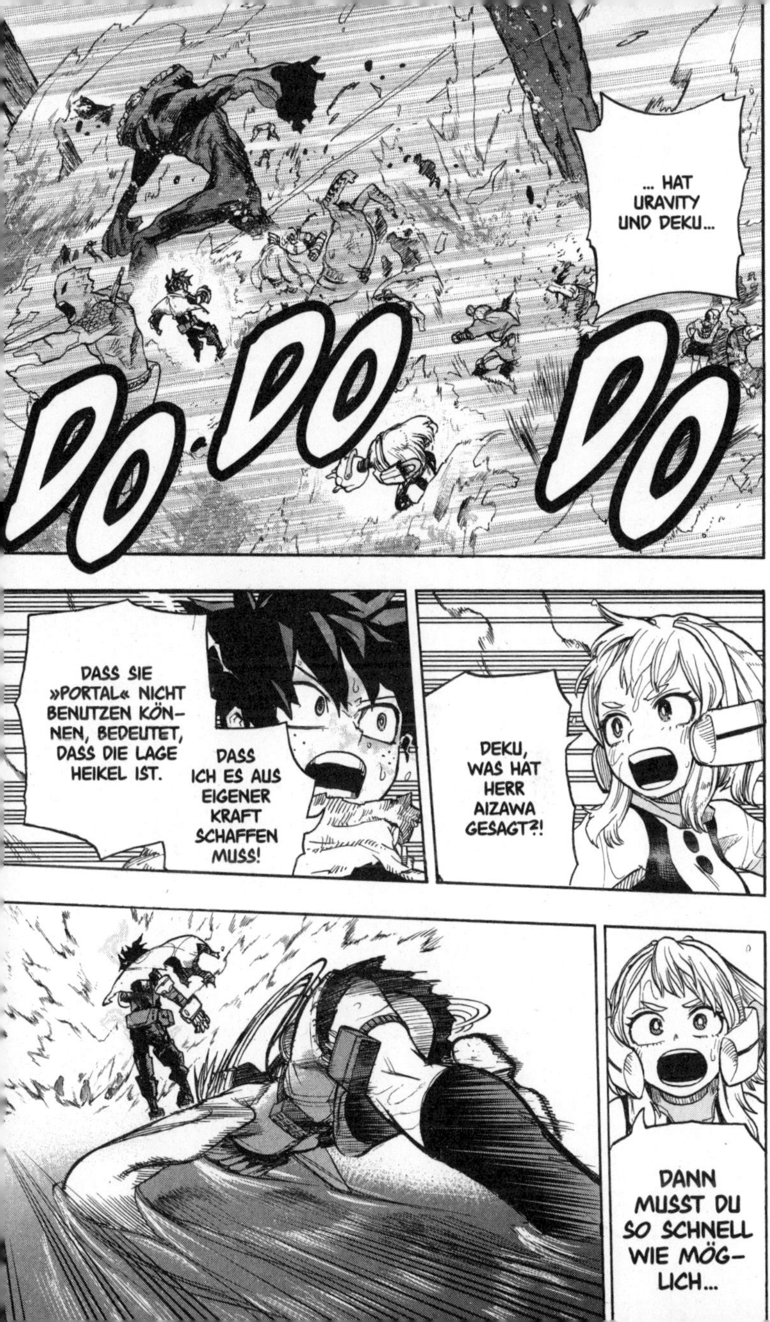
... HAT URAVITY UND DEKU...
DO DO DO
DEKU, WAS HAT HERR AIZAWA GESAGT?!
DASS SIE »PORTAL« NICHT BENUTZEN KÖNNEN, BEDEUTET, DASS DIE LAGE HEIKEL IST.
DASS ICH ES AUS EIGENER KRAFT SCHAFFEN MUSS!
DANN MUSST DU SO SCHNELL WIE MÖGLICH...

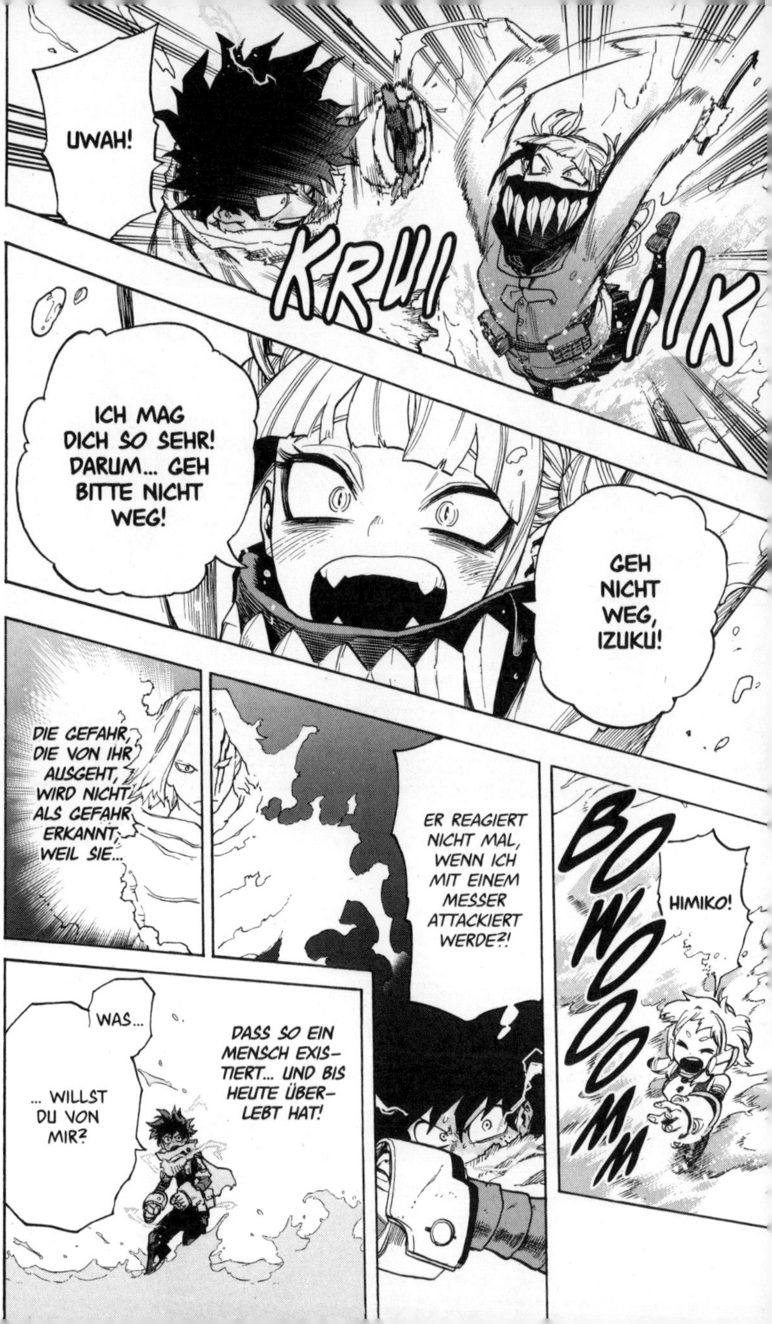
UWAH!
KRUIIIK
ICH MAG DICH SO SEHR! DARUM... GEH BITTE NICHT WEG!
GEH NICHT WEG, IZUKU!
HIMIKO!
BOWOOOMM
ER REAGIERT NICHT MAL, WENN ICH MIT EINEM MESSER ATTACKIERT WERDE?!
DIE GEFAHR, DIE VON IHR AUSGEHT, WIRD NICHT ALS GEFAHR ERKANNT, WEIL SIE...
DASS SO EIN MENSCH EXIS-TIERT... UND BIS HEUTE ÜBER-LEBT HAT!
WAS...
... WILLST DU VON MIR?

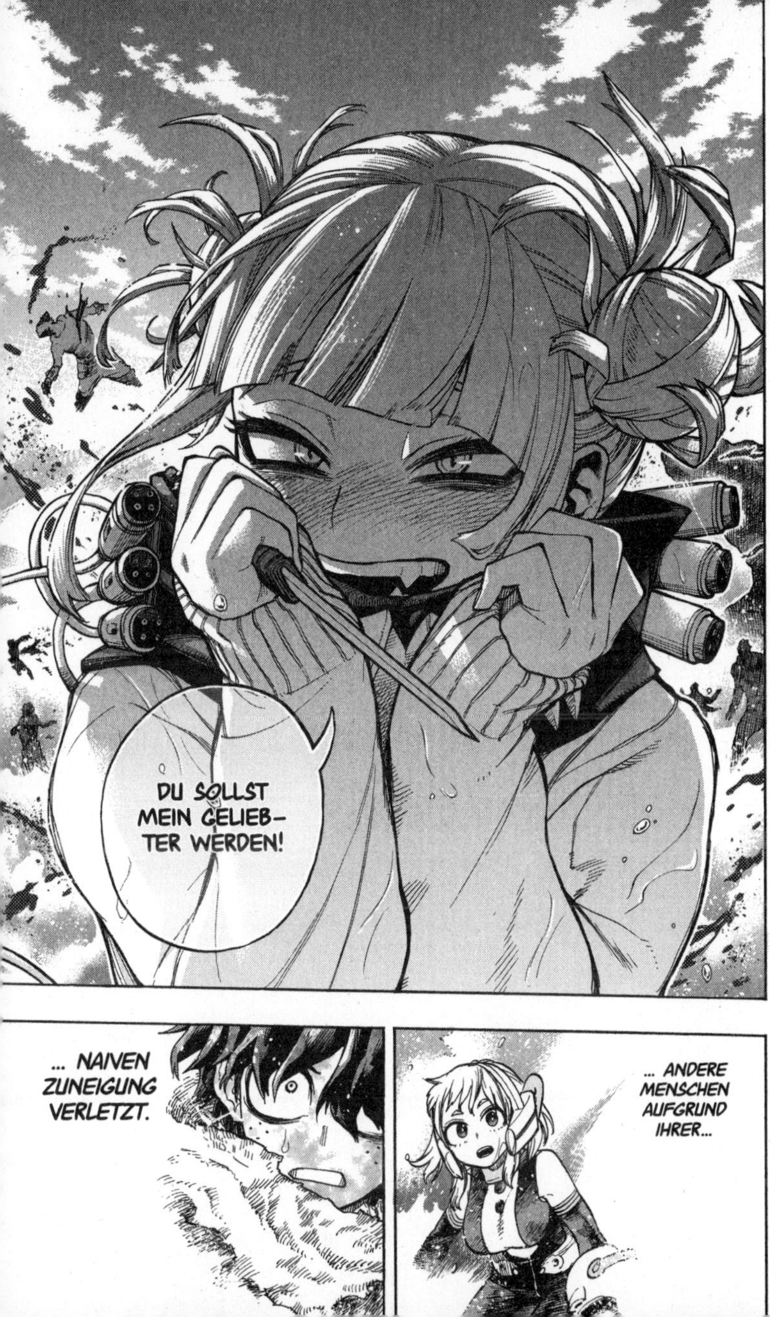
DU SOLLST MEIN GELIEB-TER WERDEN!
... ANDERE MENSCHEN AUFGRUND IHRER...
... NAIVEN ZUNEIGUNG VERLETZT.

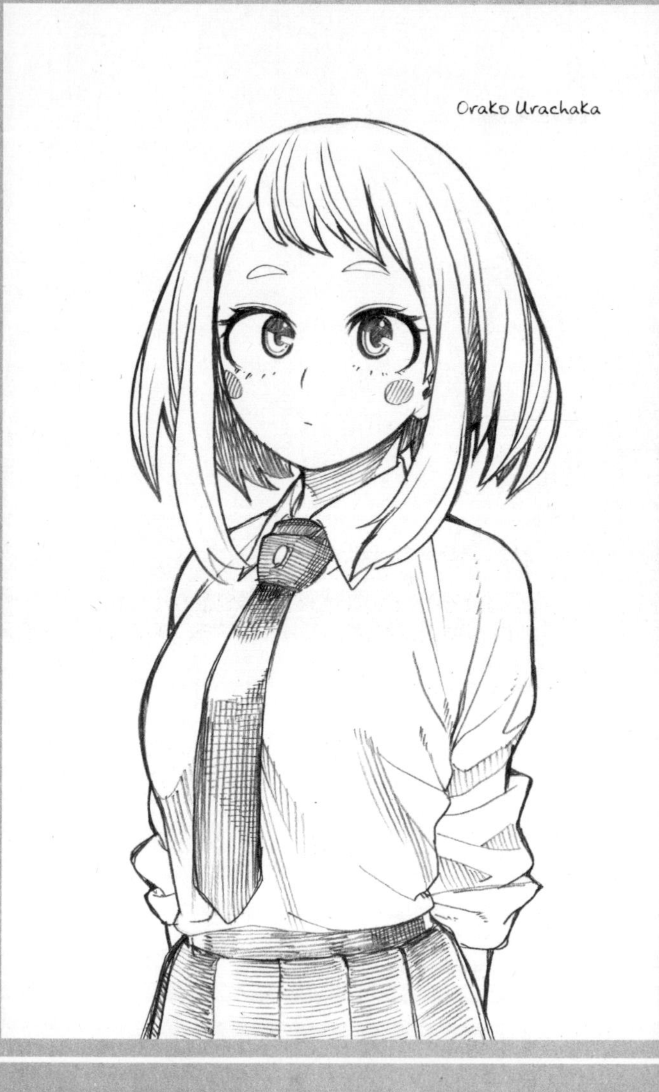
Orako Urachaka

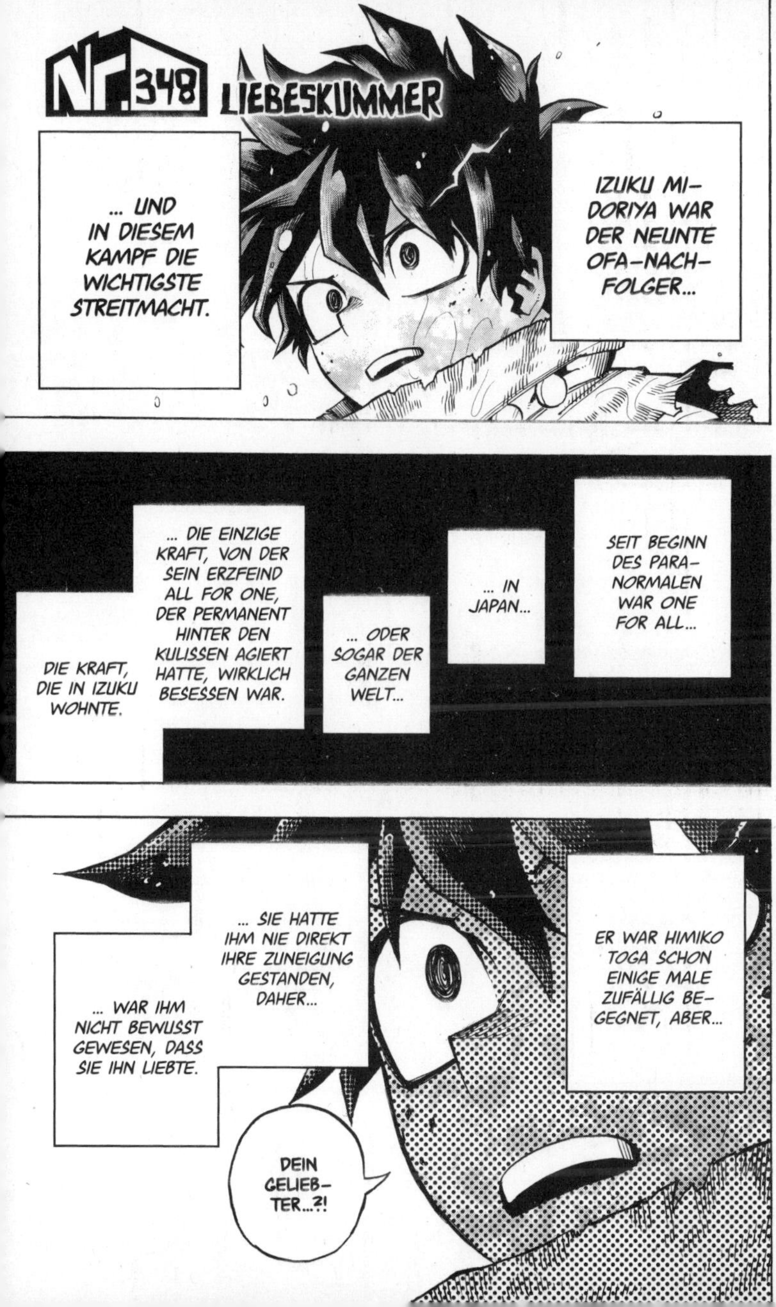
NR. 348 LIEBESKUMMER
IZUKU MI-DORIYA WAR DER NEUNTE OFA-NACH-FOLGER…
… UND IN DIESEM KAMPF DIE WICHTIGSTE STREITMACHT.
SEIT BEGINN DES PARA-NORMALEN WAR ONE FOR ALL…
… IN JAPAN…
… ODER SOGAR DER GANZEN WELT…
… DIE EINZIGE KRAFT, VON DER SEIN ERZFEIND ALL FOR ONE, DER PERMANENT HINTER DEN KULISSEN AGIERT HATTE, WIRKLICH BESESSEN WAR.
DIE KRAFT, DIE IN IZUKU WOHNTE.
ER WAR HIMIKO TOGA SCHON EINIGE MALE ZUFÄLLIG BE-GEGNET, ABER…
… SIE HATTE IHM NIE DIREKT IHRE ZUNEIGUNG GESTANDEN, DAHER…
… WAR IHM NICHT BEWUSST GEWESEN, DASS SIE IHN LIEBTE.
DEIN GELIEB-TER…?!

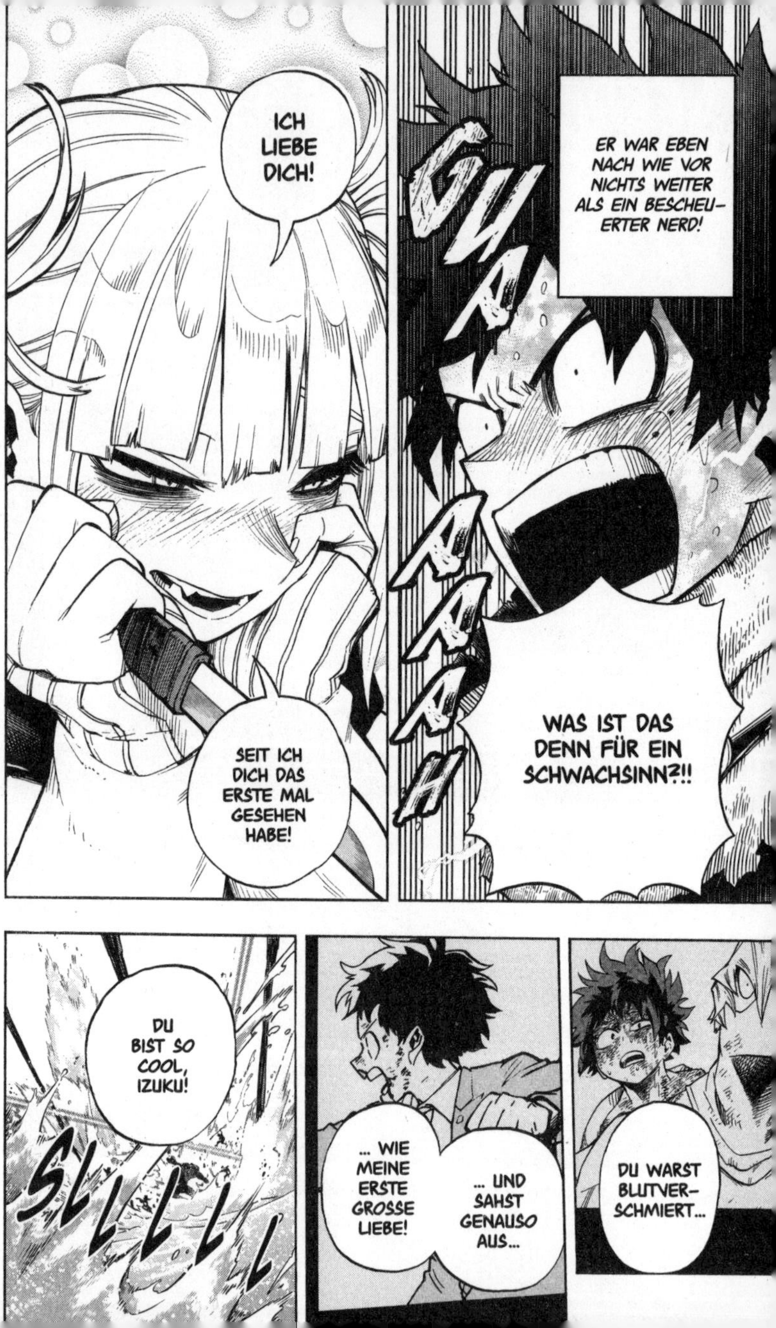
ER WAR EBEN NACH WIE VOR NICHTS WEITER ALS EIN BESCHEU-ERTER NERD!
GUAAAAAH
WAS IST DAS DENN FÜR EIN SCHWACHSINN?!!
ICH LIEBE DICH!
SEIT ICH DICH DAS ERSTE MAL GESEHEN HABE!
DU WARST BLUTVER-SCHMIERT...
... UND SAHST GENAUSO AUS...
... WIE MEINE ERSTE GROSSE LIEBE!
DU BIST SO COOL, IZUKU!
SLLLLLL

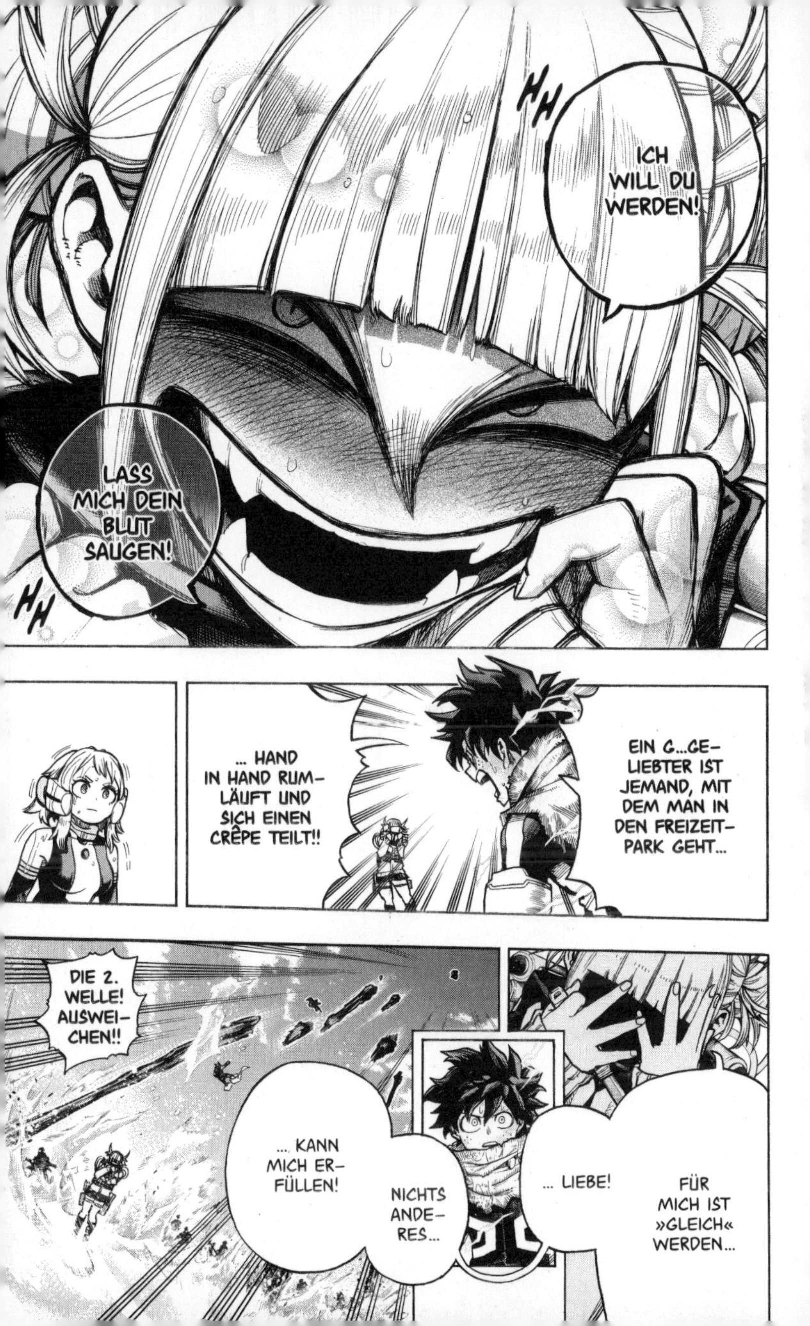
HH
ICH WILL DU WERDEN!
LASS MICH DEIN BLUT SAUGEN!
HH
EIN G...GELIEBTER IST JEMAND, MIT DEM MAN IN DEN FREIZEITPARK GEHT...
... HAND IN HAND RUMLÄUFT UND SICH EINEN CRÊPE TEILT!!
FÜR MICH IST »GLEICH« WERDEN...
... LIEBE!
NICHTS ANDERES...
..., KANN MICH ERFÜLLEN!
DIE 2. WELLE! AUSWEICHEN!!

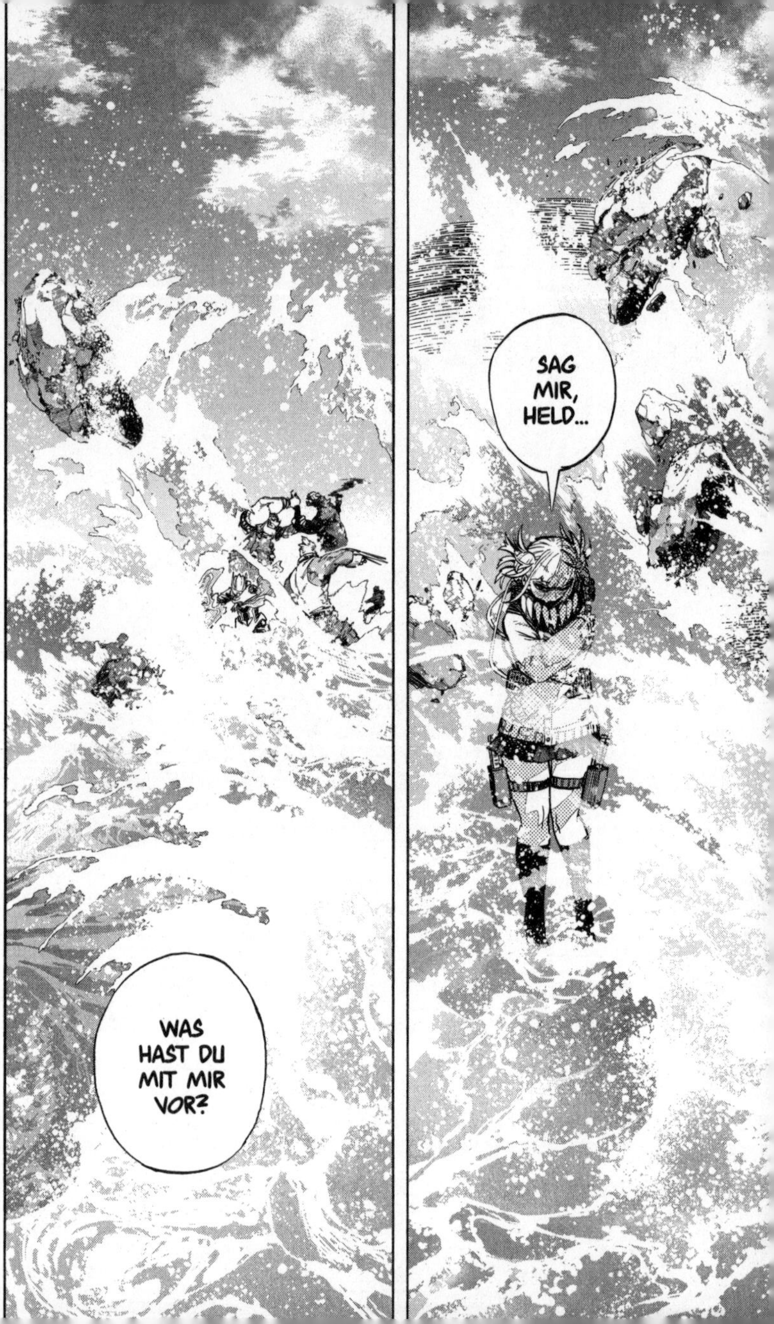
SAG MIR, HELD...
WAS HAST DU MIT MIR VOR?

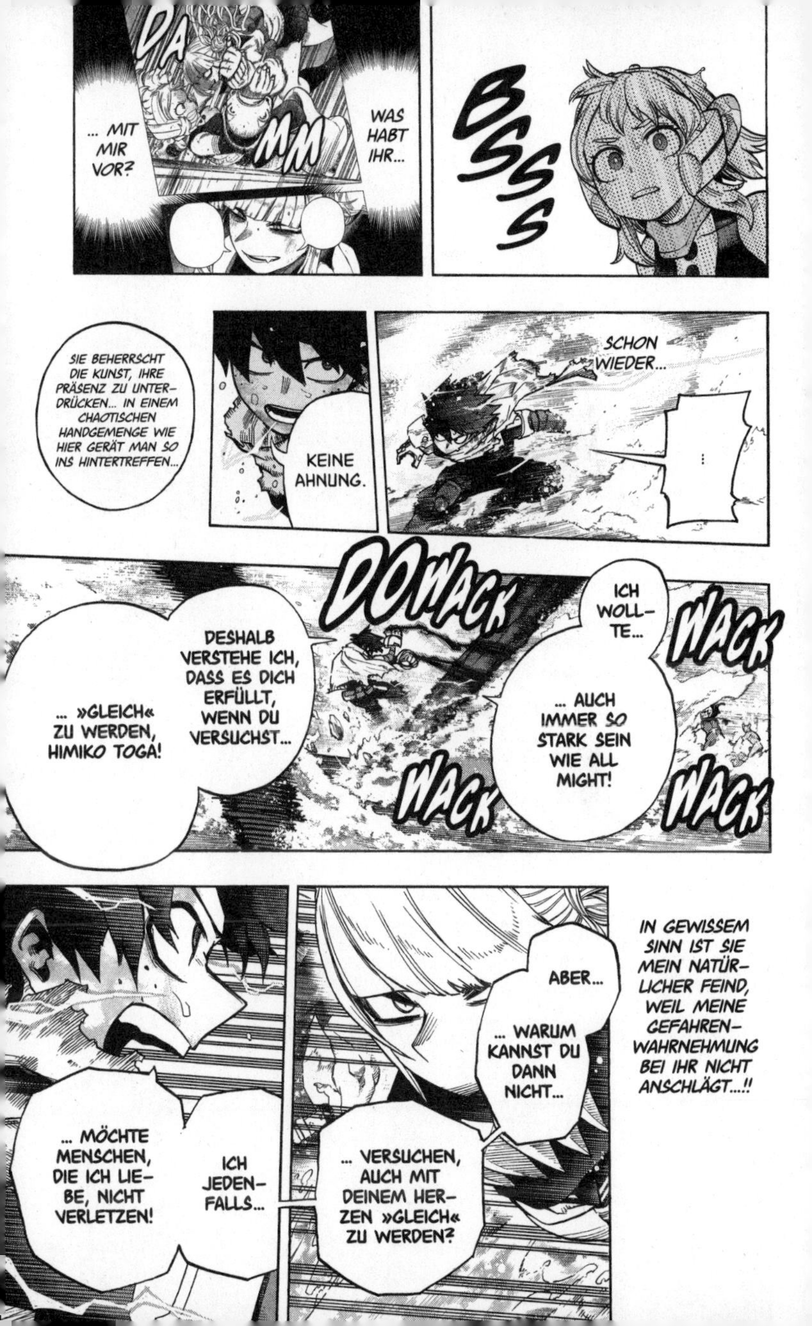
BSSS
WAS HABT IHR...
DAMM
... MIT MIR VOR?
SCHON WIEDER...
...
KEINE AHNUNG.
SIE BEHERRSCHT DIE KUNST, IHRE PRÄSENZ ZU UNTERDRÜCKEN... IN EINEM CHAOTISCHEN HANDGEMENGE WIE HIER GERÄT MAN SO INS HINTERTREFFEN...
WACK
WACK
ICH WOLLTE...
... AUCH IMMER SO STARK SEIN WIE ALL MIGHT!
DOWACK
WACK
DESHALB VERSTEHE ICH, DASS ES DICH ERFÜLLT, WENN DU VERSUCHST...
... »GLEICH« ZU WERDEN, HIMIKO TOGA!
IN GEWISSEM SINN IST SIE MEIN NATÜRLICHER FEIND, WEIL MEINE GEFAHRENWAHRNEHMUNG BEI IHR NICHT ANSCHLÄGT...!!
ABER...
... WARUM KANNST DU DANN NICHT...
... VERSUCHEN, AUCH MIT DEINEM HERZEN »GLEICH« ZU WERDEN?
ICH JEDENFALLS...
... MÖCHTE MENSCHEN, DIE ICH LIEBE, NICHT VERLETZEN!

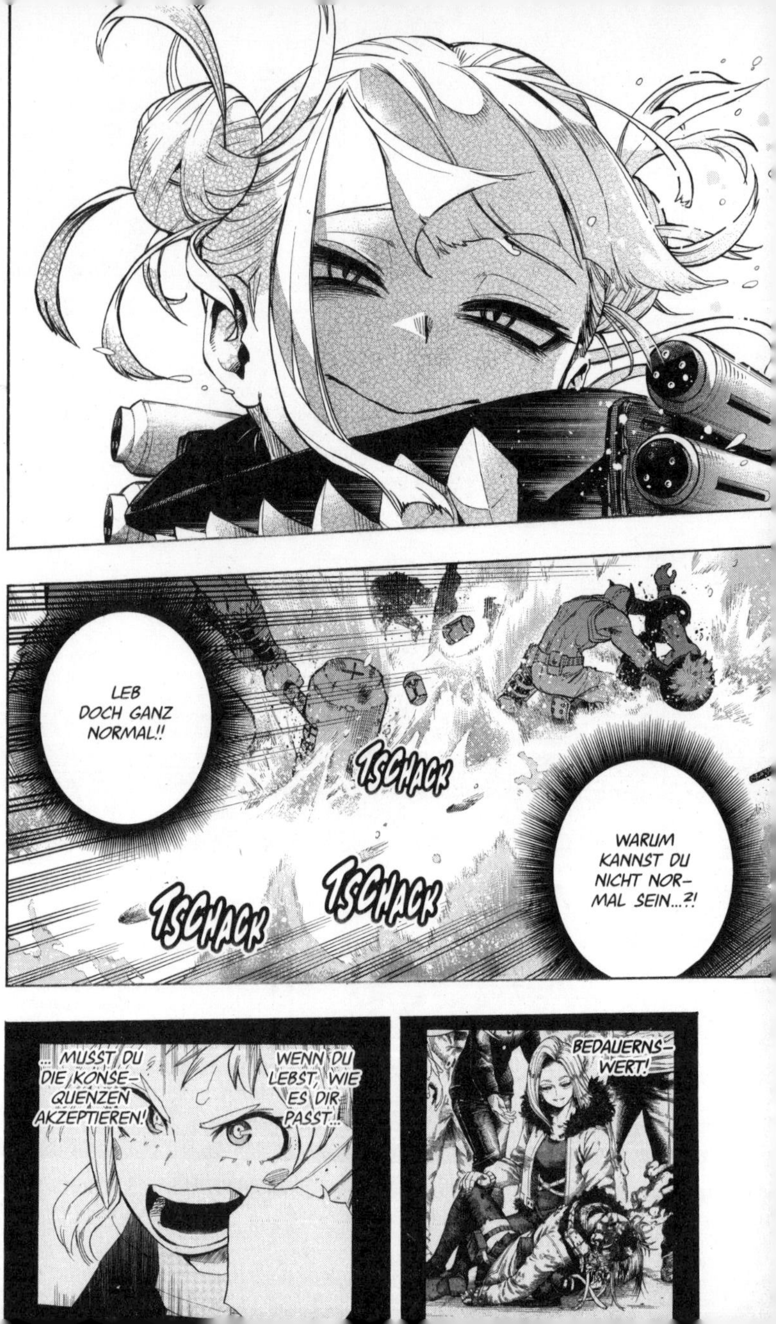
WARUM KANNST DU NICHT NOR-MAL SEIN...?!
LEB DOCH GANZ NORMAL!!
TSCHACK
TSCHACK
TSCHACK
BEDAUERNS-WERT!
WENN DU LEBST, WIE ES DIR PASST...
...MUSST DU DIE KONSE-QUENZEN AKZEPTIEREN!

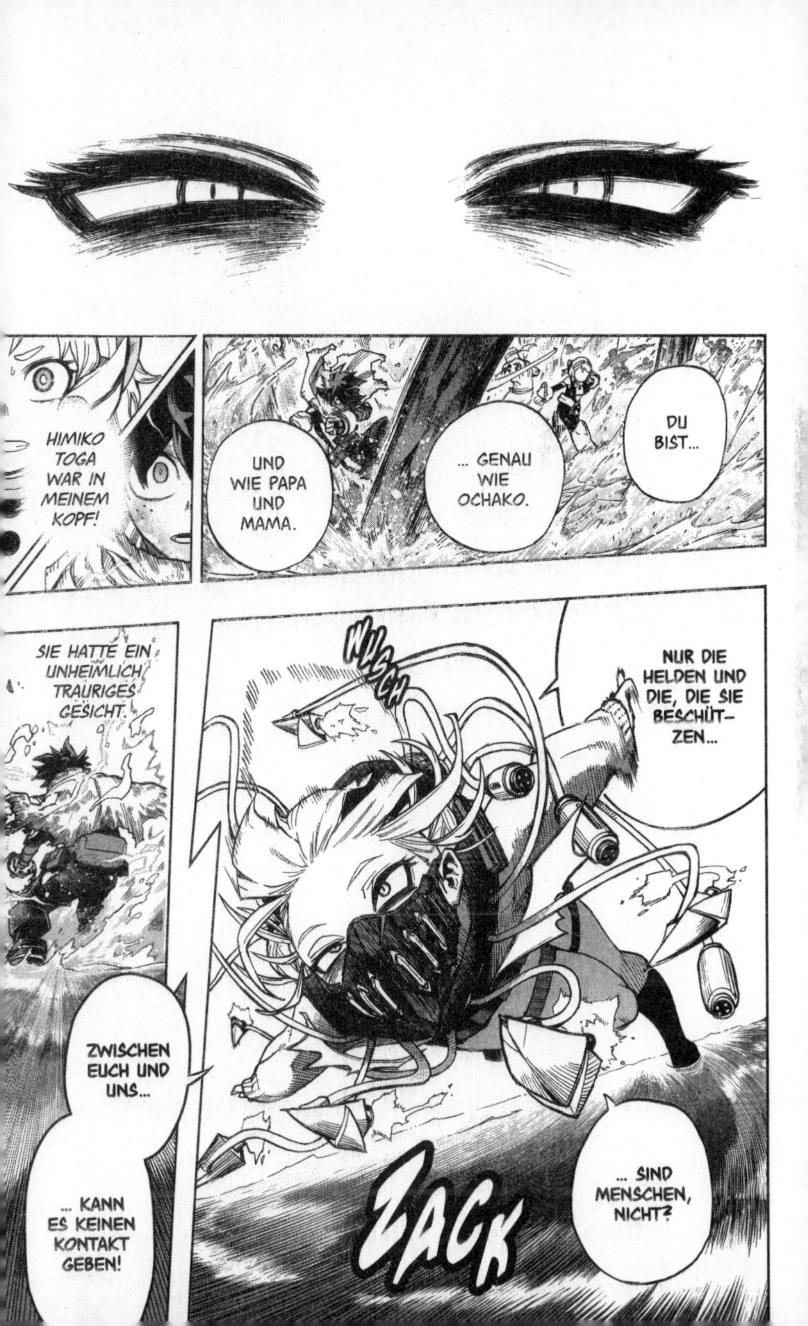

DU BIST...
... GENAU WIE OCHAKO.
UND WIE PAPA UND MAMA.
HIMIKO TOGA WAR IN MEINEM KOPF!
NUR DIE HELDEN UND DIE, DIE SIE BESCHÜT-ZEN...
... SIND MENSCHEN, NICHT?
WUSCH
ZACK
SIE HATTE EIN UNHEIMLICH TRAURIGES GESICHT.
ZWISCHEN EUCH UND UNS...
... KANN ES KEINEN KONTAKT GEBEN!

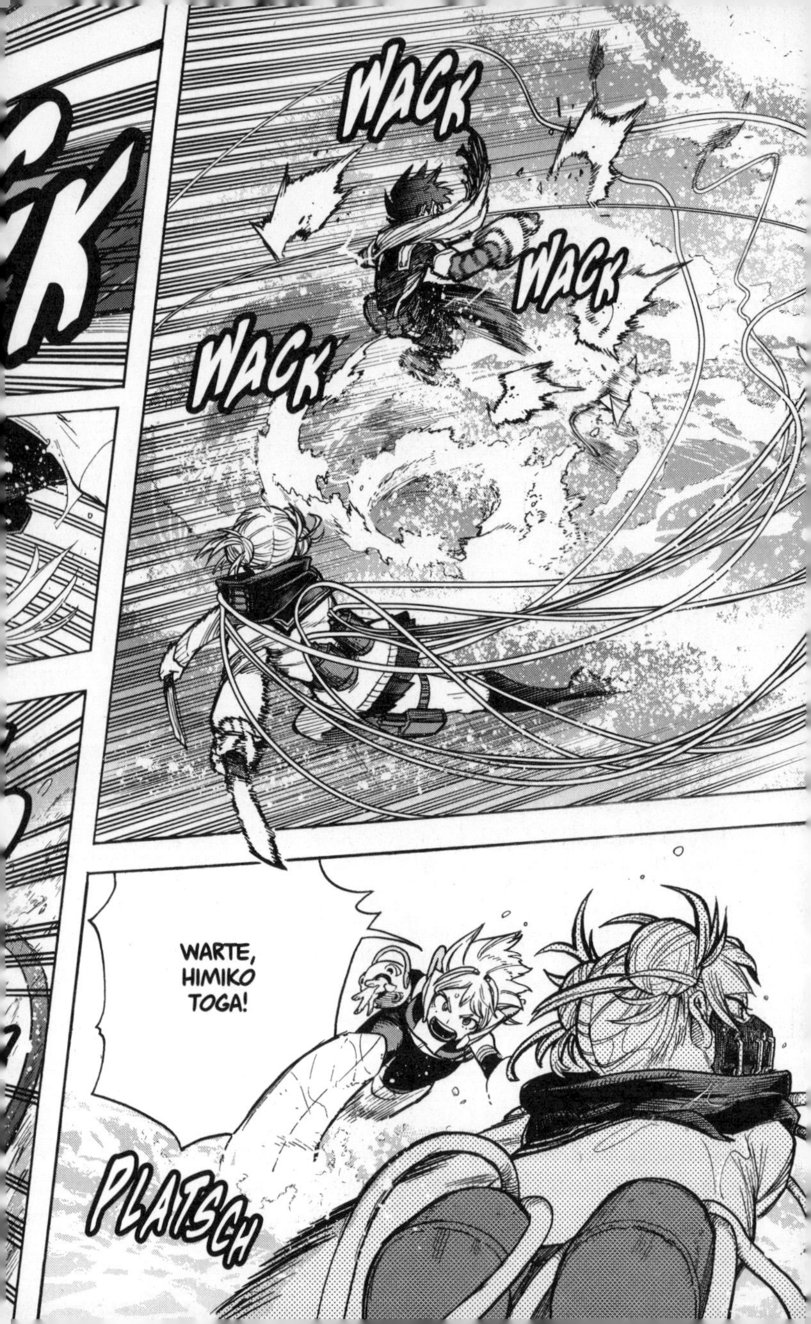
WACK
WACK
WACK
WARTE, HIMIKO TOGA!
PLATSCH

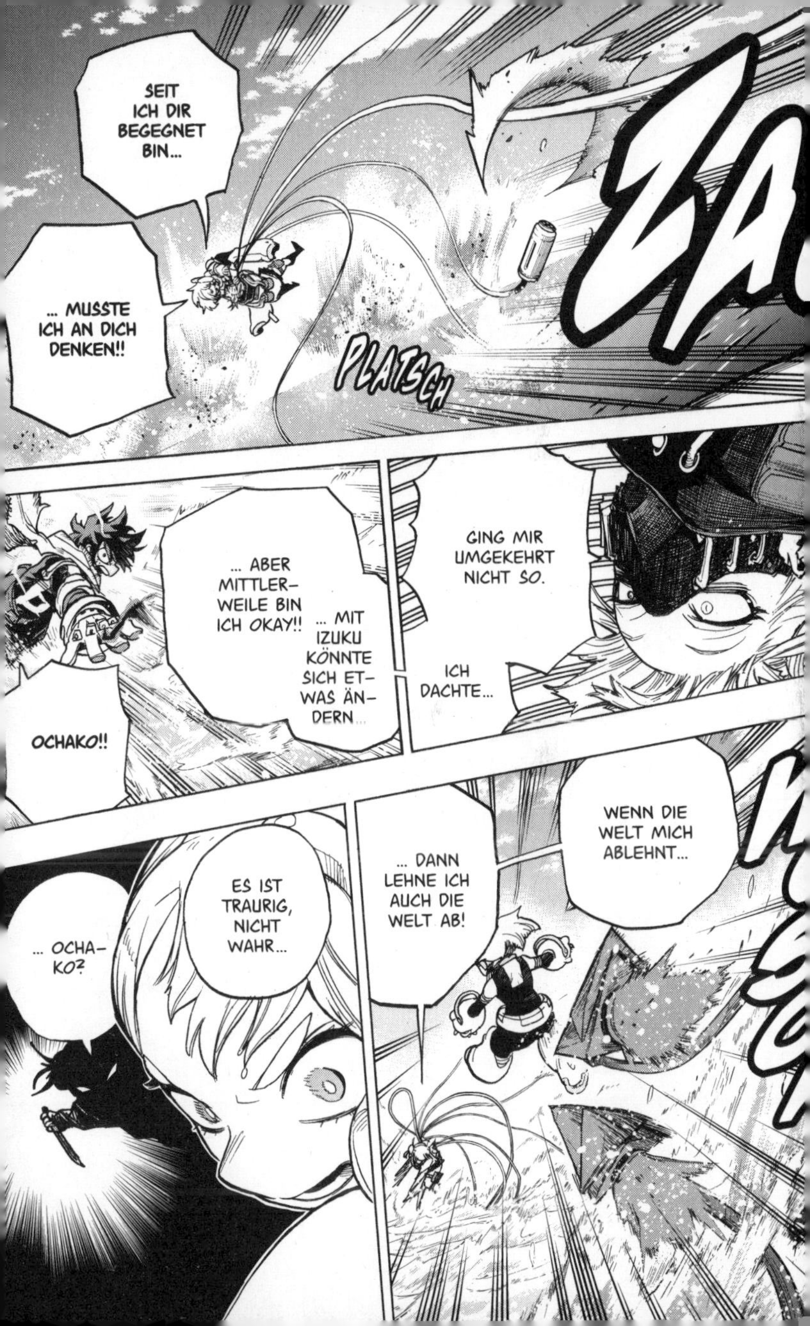
ZAP
SEIT ICH DIR BEGEGNET BIN...
... MUSSTE ICH AN DICH DENKEN!!
PLATSCH
GING MIR UMGEKEHRT NICHT SO.
ICH DACHTE...
... MIT IZUKU KÖNNTE SICH ETWAS ÄNDERN...
... ABER MITTLERWEILE BIN ICH OKAY!!
OCHAKO!!
WENN DIE WELT MICH ABLEHNT...
... DANN LEHNE ICH AUCH DIE WELT AB!
ES IST TRAURIG, NICHT WAHR...
... OCHAKO?

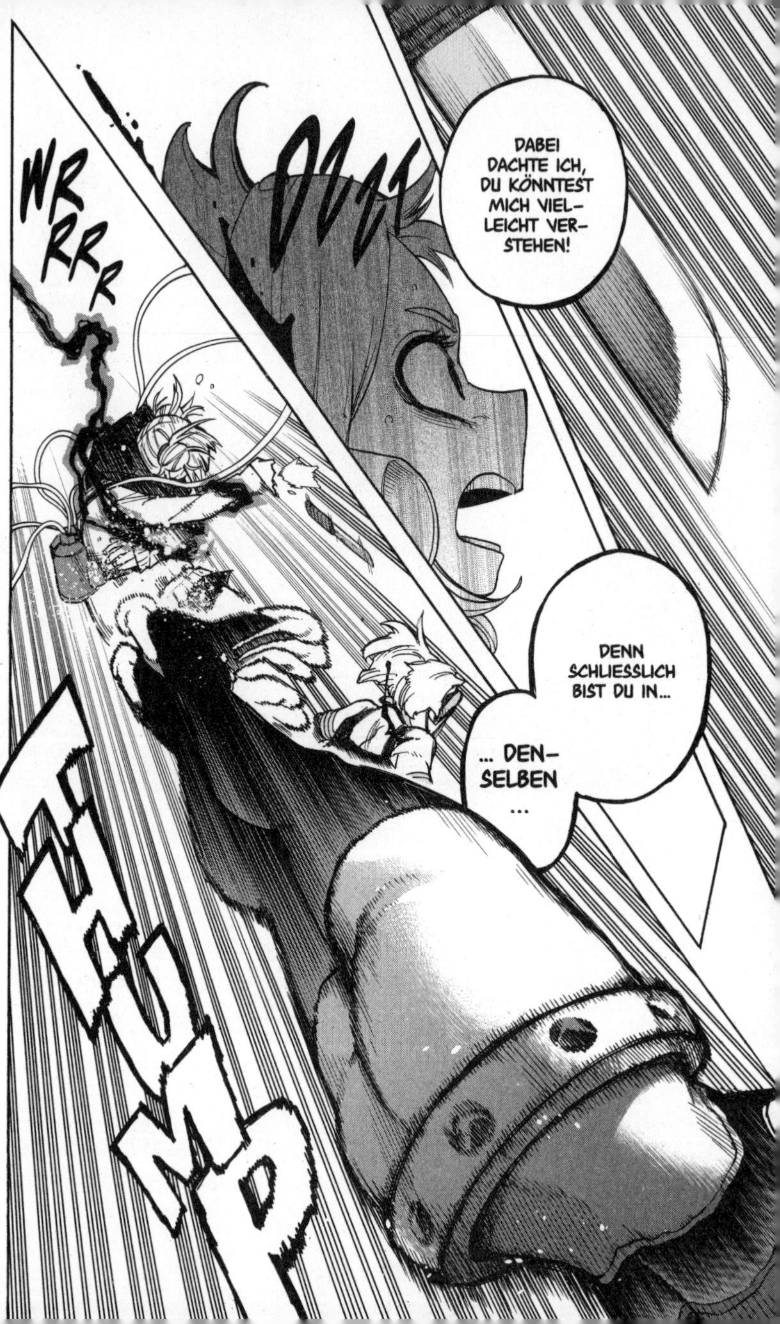
DABEI DACHTE ICH, DU KÖNNTEST MICH VIEL-LEICHT VER-STEHEN!
DENN SCHLIESSLICH BIST DU IN...
... DEN-SELBEN ...
WRRRRR

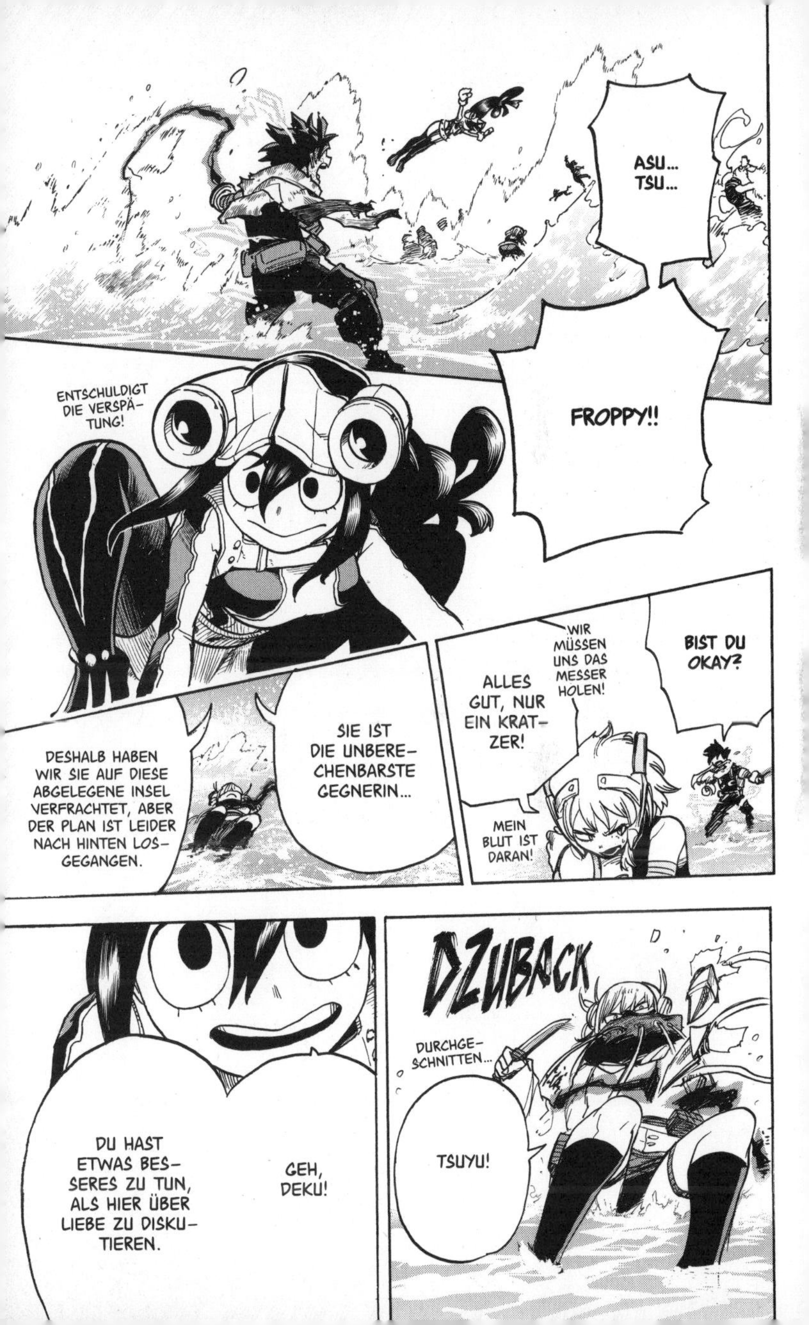

ASU... TSU...
FROPPY!!
ENTSCHULDIGT DIE VERSPÄTUNG!
BIST DU OKAY?
WIR MÜSSEN UNS DAS MESSER HOLEN!
ALLES GUT, NUR EIN KRATZER!
MEIN BLUT IST DARAN!
SIE IST DIE UNBERECHENBARSTE GEGNERIN...
DESHALB HABEN WIR SIE AUF DIESE ABGELEGENE INSEL VERFRACHTET, ABER DER PLAN IST LEIDER NACH HINTEN LOSGEGANGEN.
DZUBACK
DURCHGESCHNITTEN...
TSUYU!
GEH, DEKU!
DU HAST ETWAS BESSERES ZU TUN, ALS HIER ÜBER LIEBE ZU DISKUTIEREN.

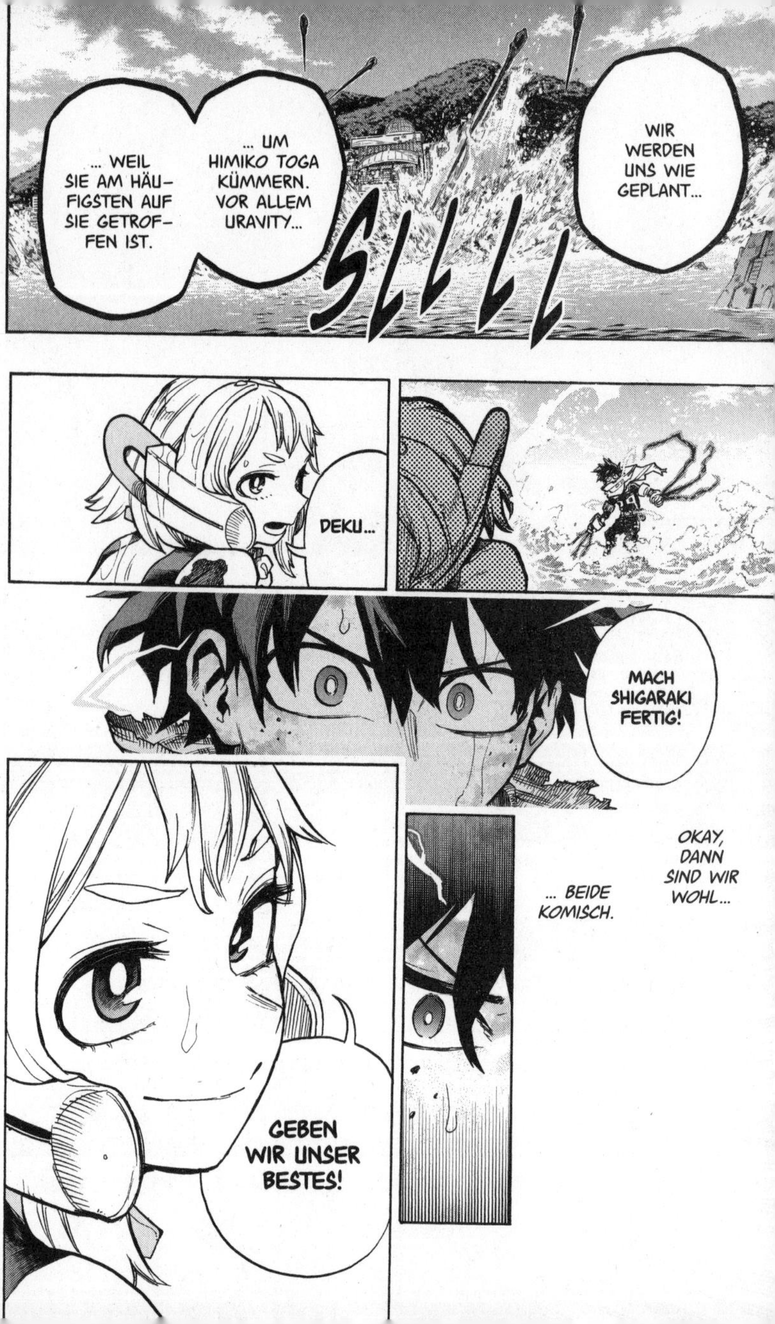
WIR WERDEN UNS WIE GEPLANT...
... UM HIMIKO TOGA KÜMMERN. VOR ALLEM URAVITY...
... WEIL SIE AM HÄU-FIGSTEN AUF SIE GETROF-FEN IST.
SLLLL
DEKU...
MACH SHIGARAKI FERTIG!
OKAY, DANN SIND WIR WOHL...
... BEIDE KOMISCH.
GEBEN WIR UNSER BESTES!

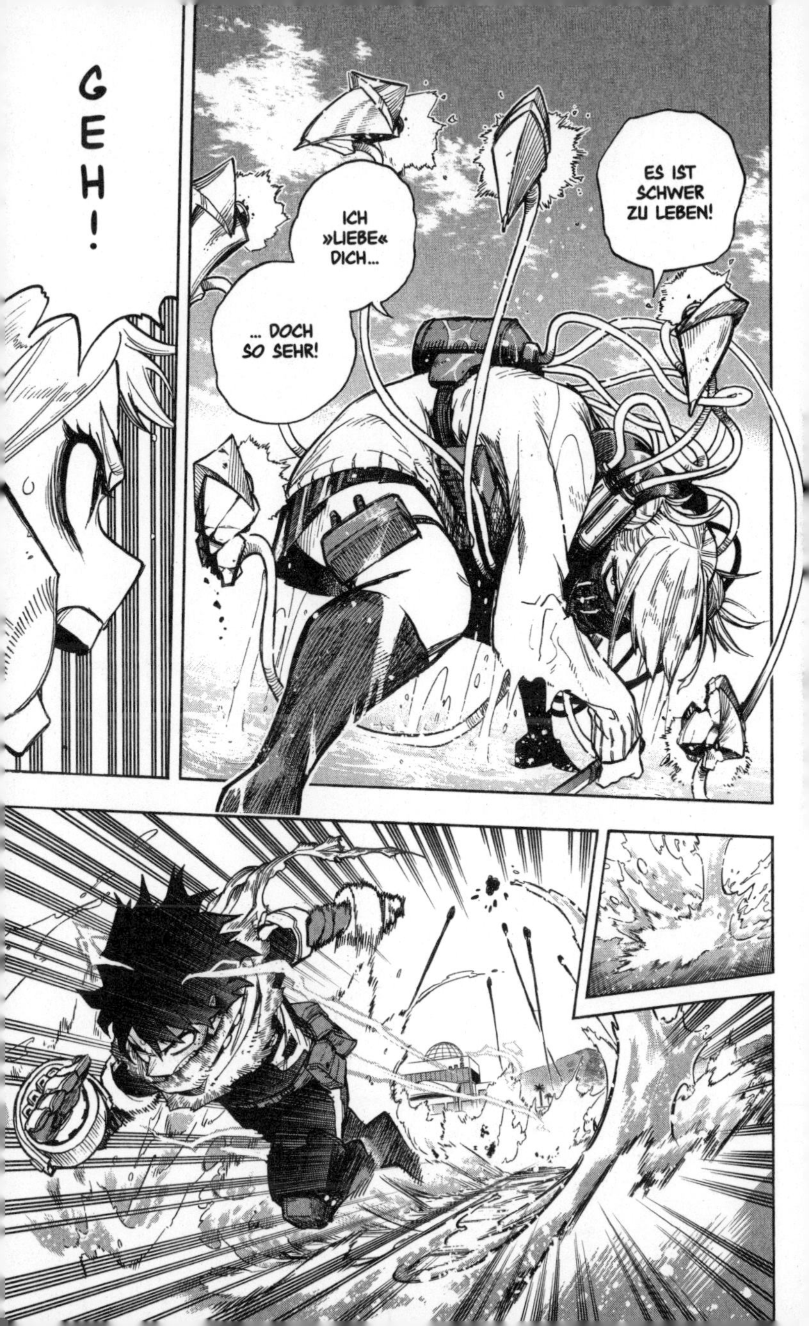
ES IST SCHWER ZU LEBEN!
ICH »LIEBE« DICH...
... DOCH SO SEHR!
GEH!

HIMIKO TOGAS ITEM

SAUG-SAUG-SEMINAR

Ihr Item »Vampire Neck« hat einfach mal so ein Upgrade bekommen. Es ist ein abgefahrenes Teil, bei dem sich die Zähne in Spritzen umwandeln können, die darüber hinaus mit einer Hover-Jet-Zielsuchfunktion ausgestattet sind.

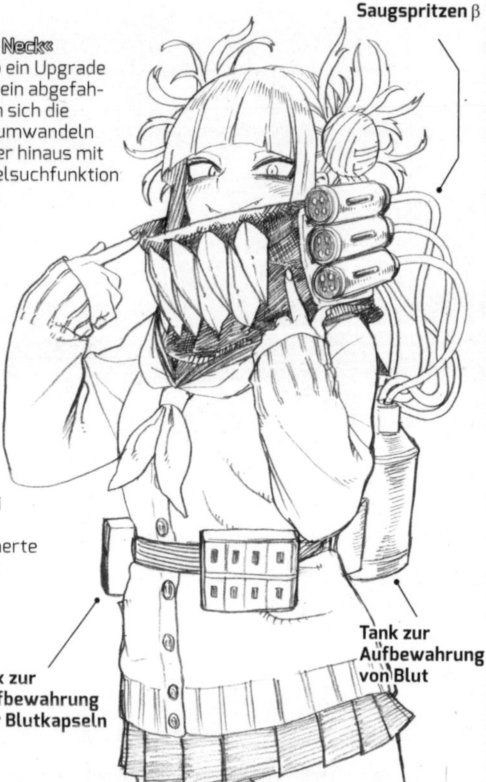

Das Item wurde genau wie bei Dabi gebaut, indem bei Detnerat gespeicherte Daten abgezweigt wurden.

Nr. 349
BATTLE FLAME

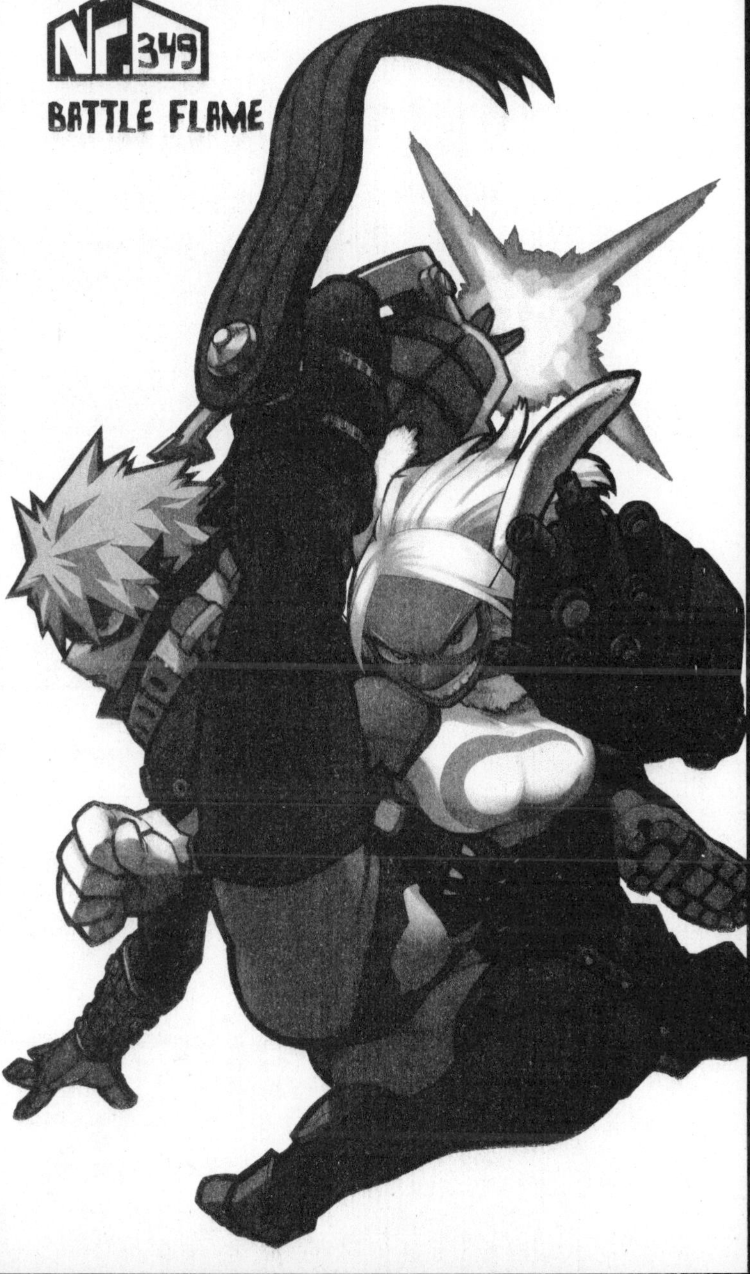

MY HERO ACADEMIA

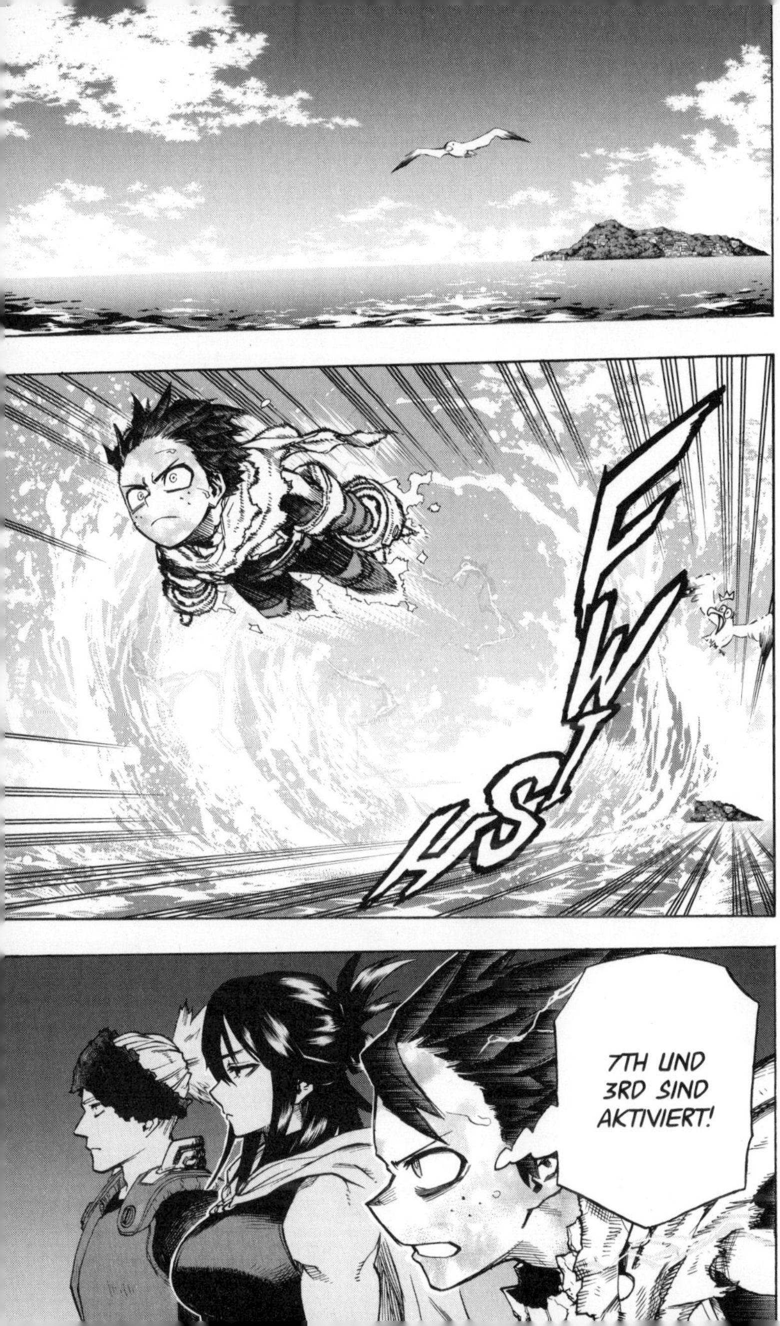
7TH UND 3RD SIND AKTIVIERT!

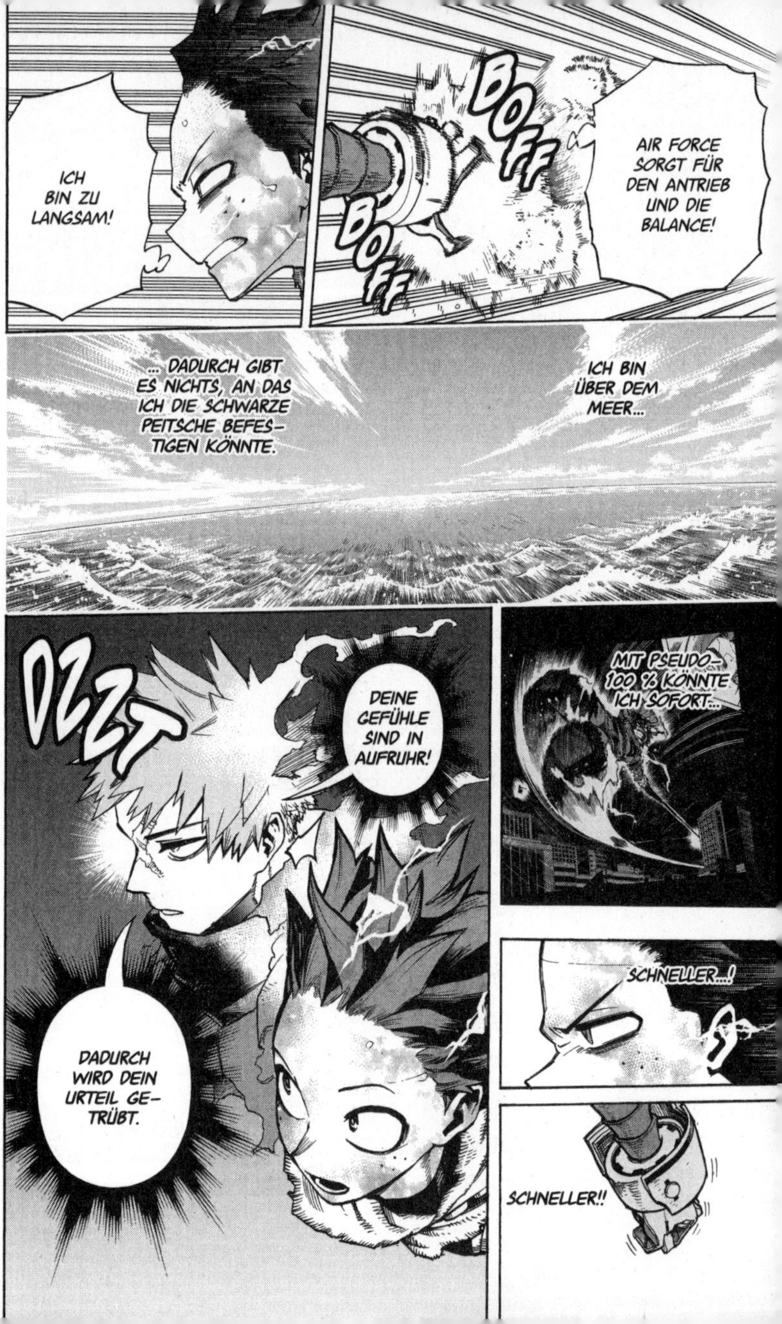
BOFF
BOFF
AIR FORCE SORGT FÜR DEN ANTRIEB UND DIE BALANCE!
ICH BIN ZU LANGSAM!
ICH BIN ÜBER DEM MEER...
... DADURCH GIBT ES NICHTS, AN DAS ICH DIE SCHWARZE PEITSCHE BEFES-TIGEN KÖNNTE.
MIT PSEUDO-100 % KÖNNTE ICH SOFORT...
DZZT
DEINE GEFÜHLE SIND IN AUFRUHR!
DADURCH WIRD DEIN URTEIL GE-TRÜBT.
SCHNELLER...!
SCHNELLER!!

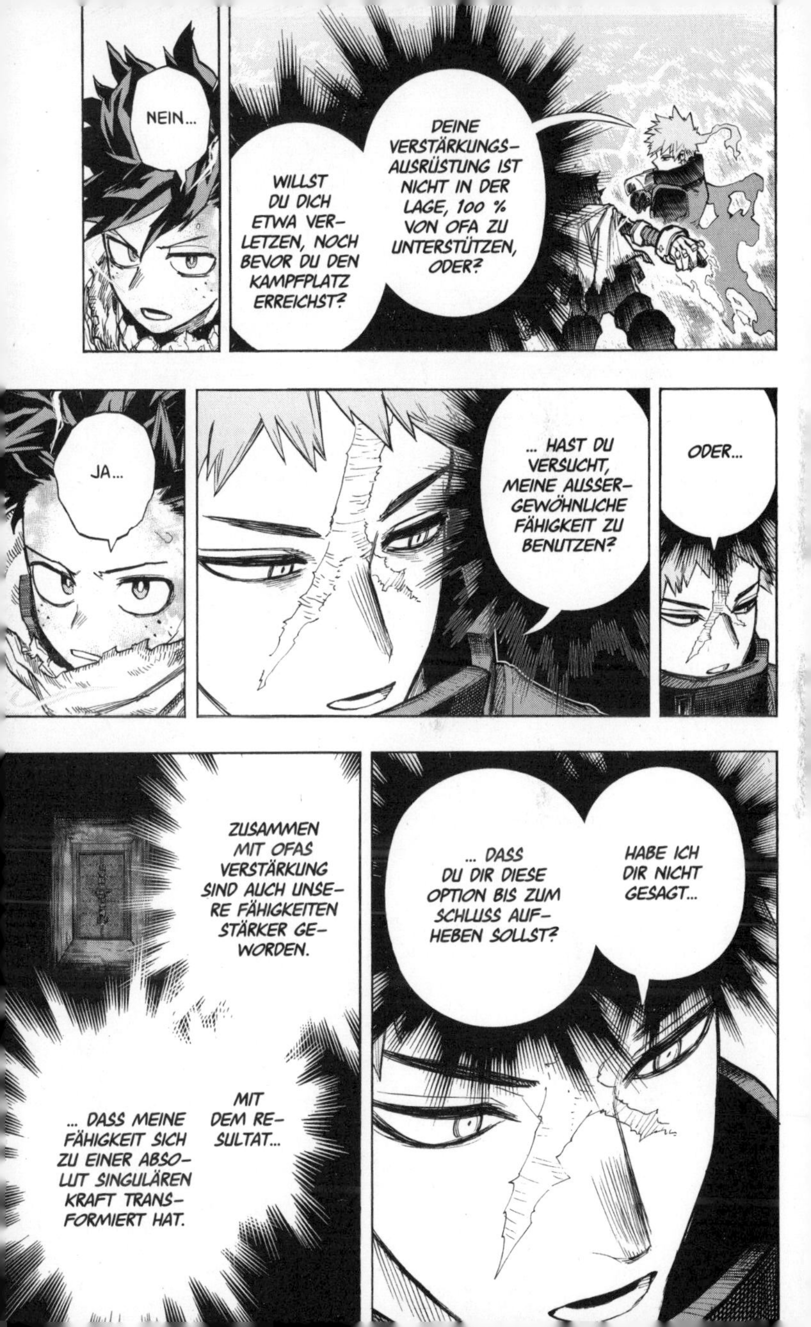
DEINE VERSTÄRKUNGS-AUSRÜSTUNG IST NICHT IN DER LAGE, 100 % VON OFA ZU UNTERSTÜTZEN, ODER?
WILLST DU DICH ETWA VERLETZEN, NOCH BEVOR DU DEN KAMPFPLATZ ERREICHST?
NEIN...
ODER...
... HAST DU VERSUCHT, MEINE AUSSERGEWÖHNLICHE FÄHIGKEIT ZU BENUTZEN?
JA...
HABE ICH DIR NICHT GESAGT...
... DASS DU DIR DIESE OPTION BIS ZUM SCHLUSS AUFHEBEN SOLLST?
ZUSAMMEN MIT OFAS VERSTÄRKUNG SIND AUCH UNSERE FÄHIGKEITEN STÄRKER GEWORDEN.
MIT DEM RESULTAT...
... DASS MEINE FÄHIGKEIT SICH ZU EINER ABSOLUT SINGULÄREN KRAFT TRANSFORMIERT HAT.

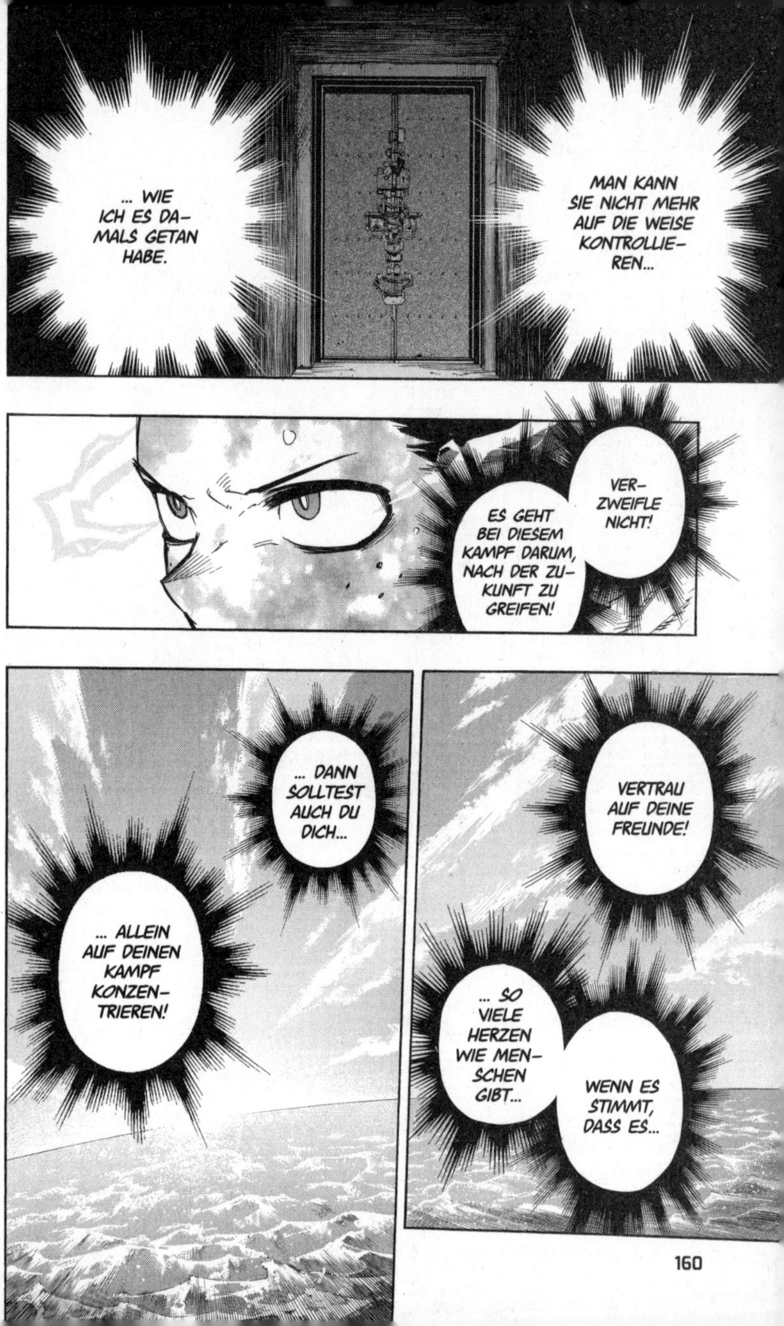
MAN KANN SIE NICHT MEHR AUF DIE WEISE KONTROLLIEREN...
... WIE ICH ES DAMALS GETAN HABE.
VERZWEIFLE NICHT!
ES GEHT BEI DIESEM KAMPF DARUM, NACH DER ZUKUNFT ZU GREIFEN!
VERTRAU AUF DEINE FREUNDE!
WENN ES STIMMT, DASS ES...
... SO VIELE HERZEN WIE MENSCHEN GIBT...
... DANN SOLLTEST AUCH DU DICH...
... ALLEIN AUF DEINEN KAMPF KONZENTRIEREN!

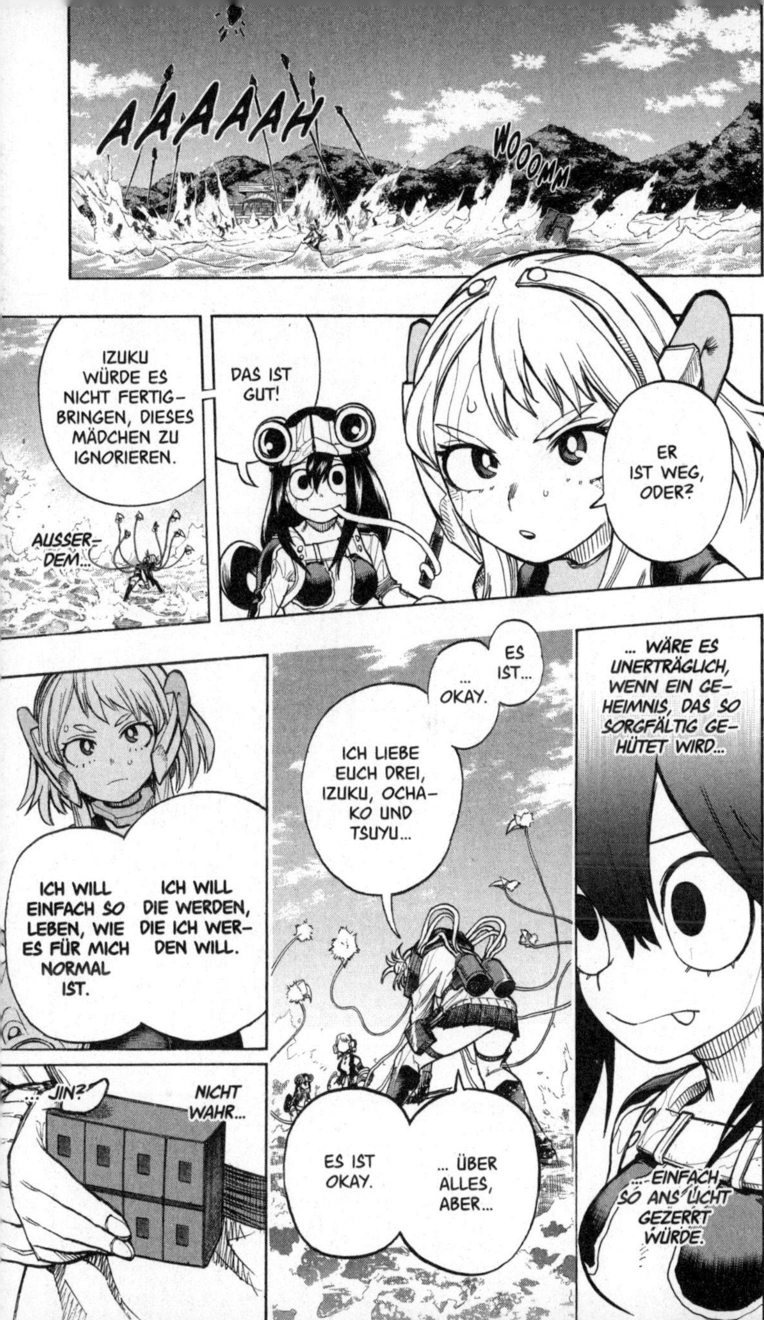
AAAAAH
WOOOMM
ER IST WEG, ODER?
DAS IST GUT!
IZUKU WÜRDE ES NICHT FERTIGBRINGEN, DIESES MÄDCHEN ZU IGNORIEREN.
AUSSERDEM...
... WÄRE ES UNERTRÄGLICH, WENN EIN GEHEIMNIS, DAS SO SORGFÄLTIG GEHÜTET WIRD...
...EINFACH SO ANS LICHT GEZERRT WÜRDE.
ES IST... ... OKAY.
ICH LIEBE EUCH DREI, IZUKU, OCHAKO UND TSUYU...
... ÜBER ALLES, ABER...
ES IST OKAY.
ICH WILL DIE WERDEN, DIE ICH WERDEN WILL.
ICH WILL EINFACH SO LEBEN, WIE ES FÜR MICH NORMAL IST.
NICHT WAHR...
... JIN?

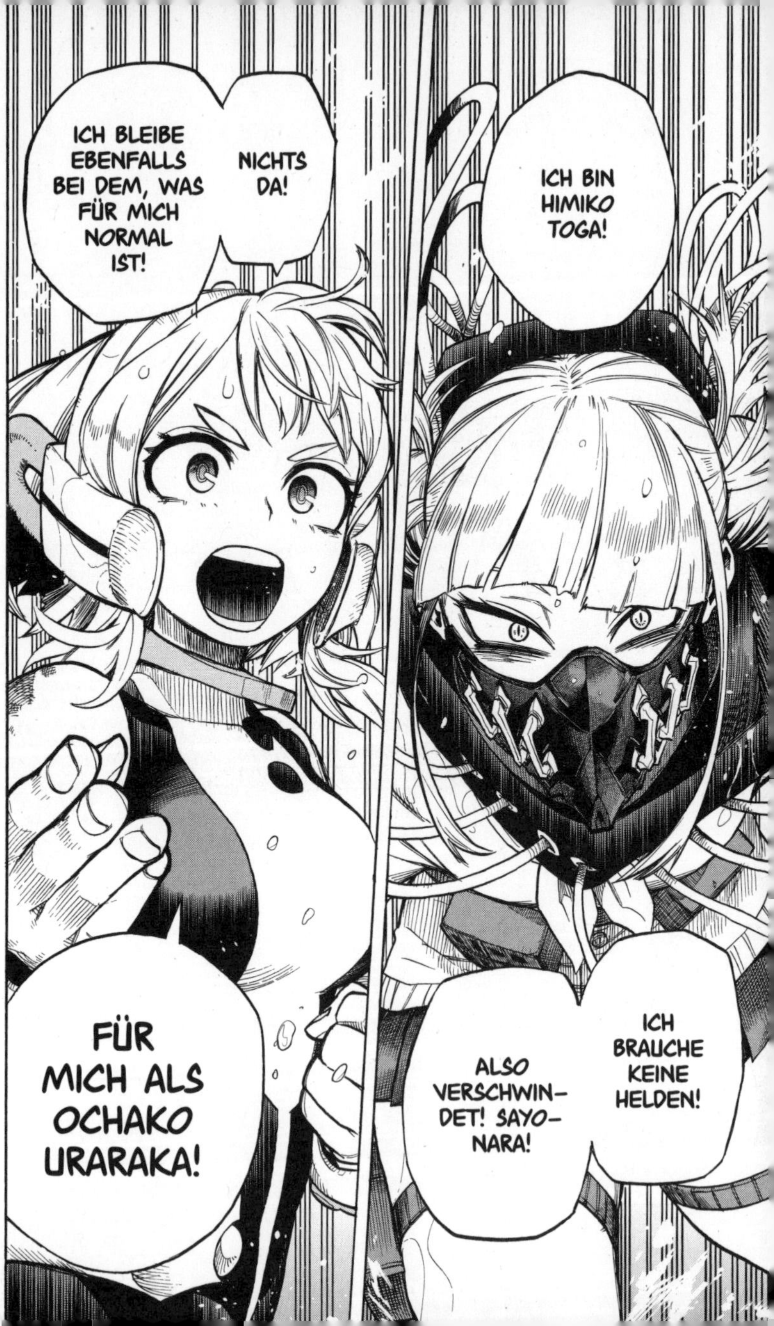
ICH BIN HIMIKO TOGA!
ICH BRAUCHE KEINE HELDEN!
ALSO VERSCHWIN-DET! SAYO-NARA!
NICHTS DA!
ICH BLEIBE EBENFALLS BEI DEM, WAS FÜR MICH NORMAL IST!
FÜR MICH ALS OCHAKO URARAKA!

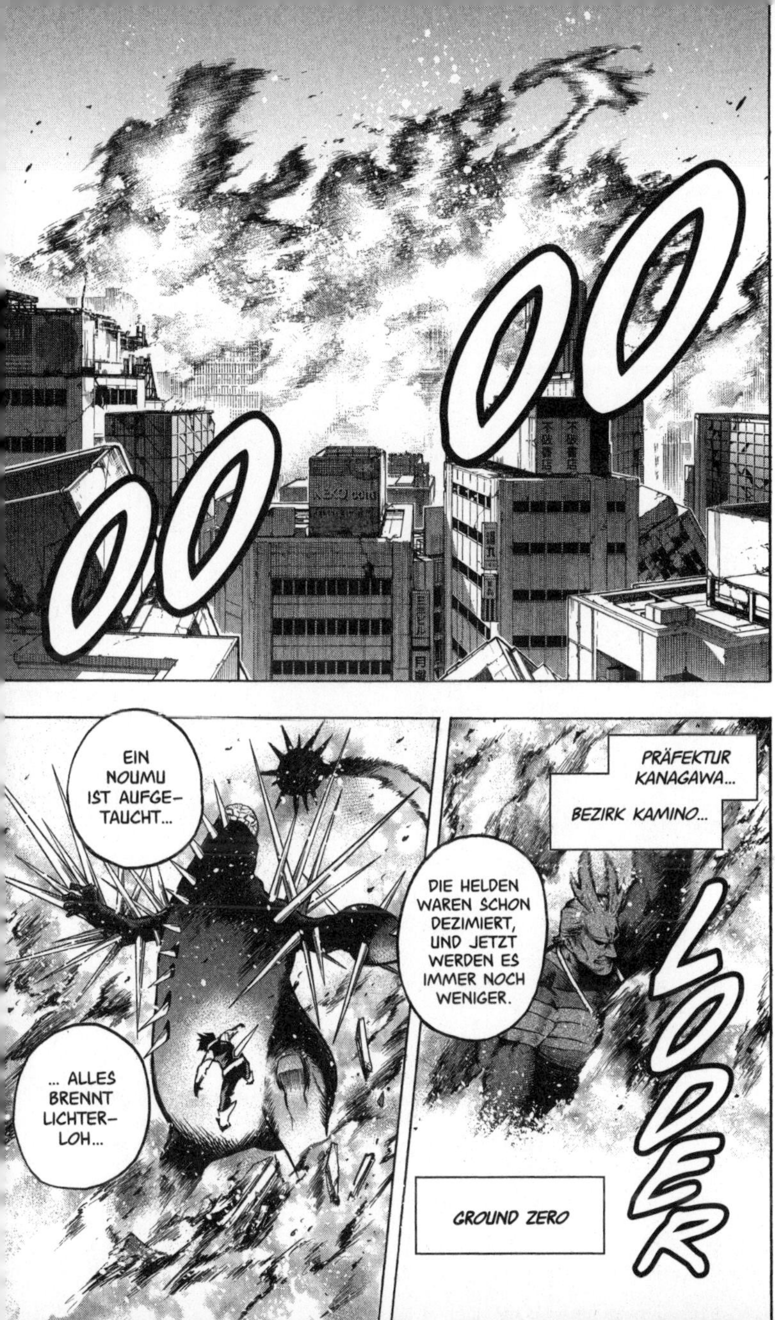
OOOO
PRÄFEKTUR KANAGAWA...
BEZIRK KAMINO...
GROUND ZERO
DIE HELDEN WAREN SCHON DEZIMIERT, UND JETZT WERDEN ES IMMER NOCH WENIGER.
EIN NOUMU IST AUFGE-TAUCHT...
... ALLES BRENNT LICHTER-LOH...

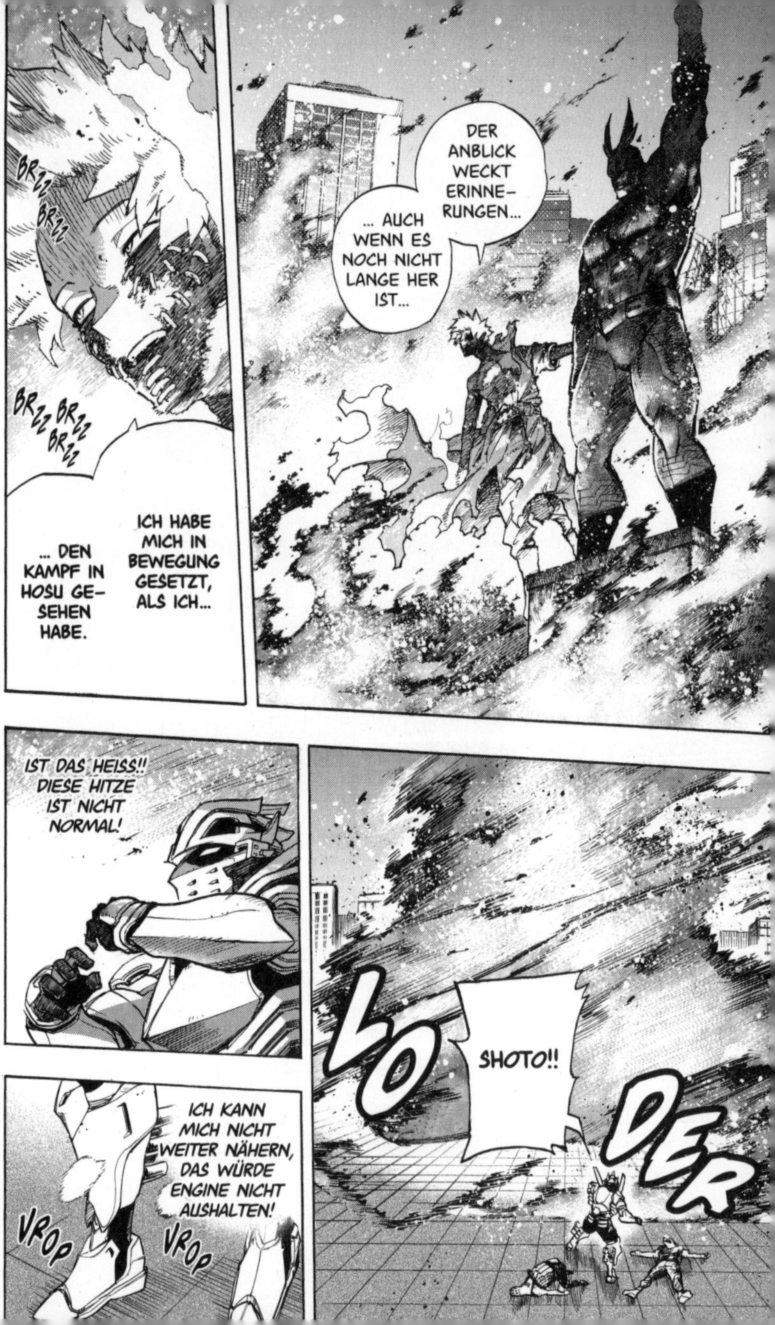
DER ANBLICK WECKT ERINNE-RUNGEN...
... AUCH WENN ES NOCH NICHT LANGE HER IST...
BRZZ BRZZ
BRZZ BRZZ BRZZ
ICH HABE MICH IN BEWEGUNG GESETZT, ALS ICH...
... DEN KAMPF IN HOSU GE-SEHEN HABE.
LODER
SHOTO!!
IST DAS HEISS!! DIESE HITZE IST NICHT NORMAL!
ICH KANN MICH NICHT WEITER NÄHERN, DAS WÜRDE ENGINE NICHT AUSHALTEN!
VROP
VROP

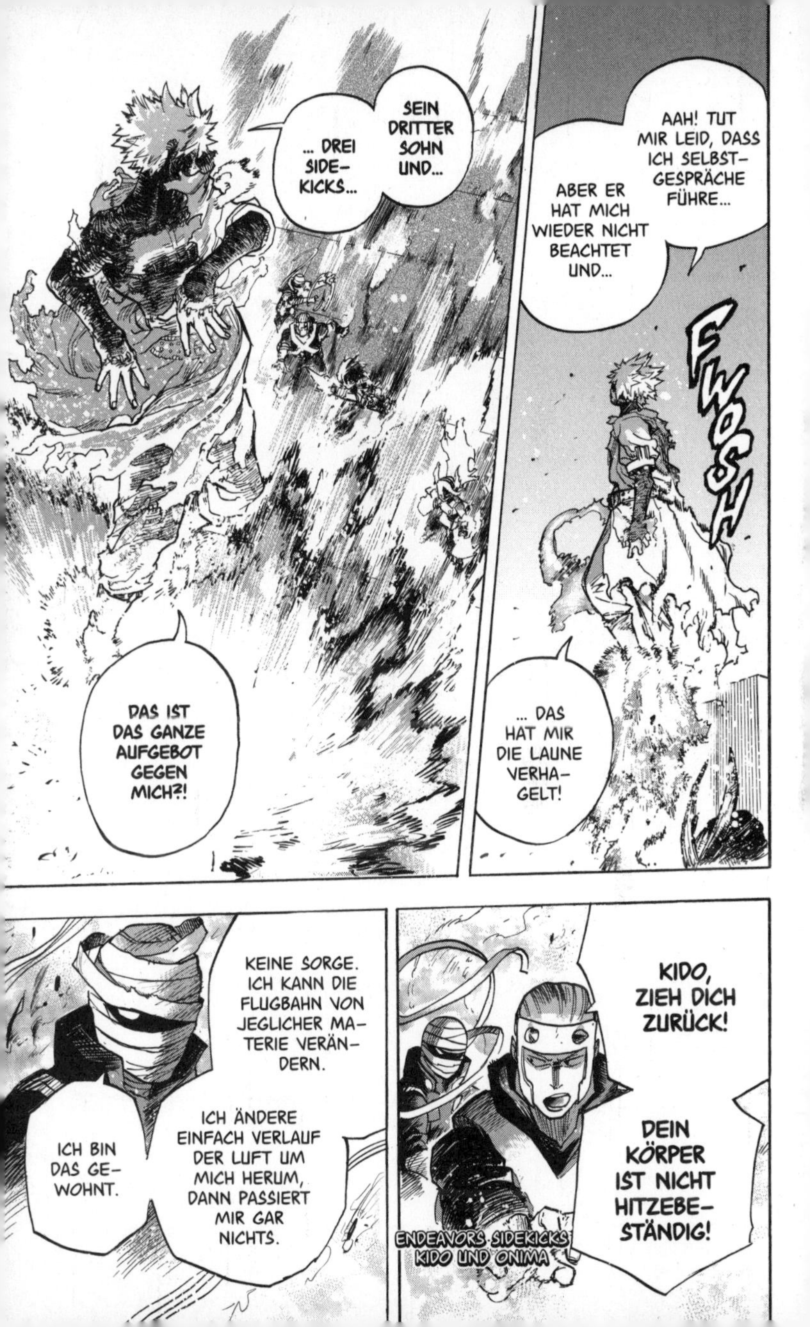
AAH! TUT MIR LEID, DASS ICH SELBST-GESPRÄCHE FÜHRE...
ABER ER HAT MICH WIEDER NICHT BEACHTET UND...
FWOSH
... DAS HAT MIR DIE LAUNE VERHA-GELT!
SEIN DRITTER SOHN UND...
... DREI SIDE-KICKS...
DAS IST DAS GANZE AUFGEBOT GEGEN MICH?!
KIDO, ZIEH DICH ZURÜCK!
DEIN KÖRPER IST NICHT HITZEBE-STÄNDIG!
ENDEAVORS SIDEKICKS KIDO UND ONIMA
KEINE SORGE. ICH KANN DIE FLUGBAHN VON JEGLICHER MA-TERIE VERÄN-DERN.
ICH ÄNDERE EINFACH VERLAUF DER LUFT UM MICH HERUM, DANN PASSIERT MIR GAR NICHTS.
ICH BIN DAS GE-WOHNT.

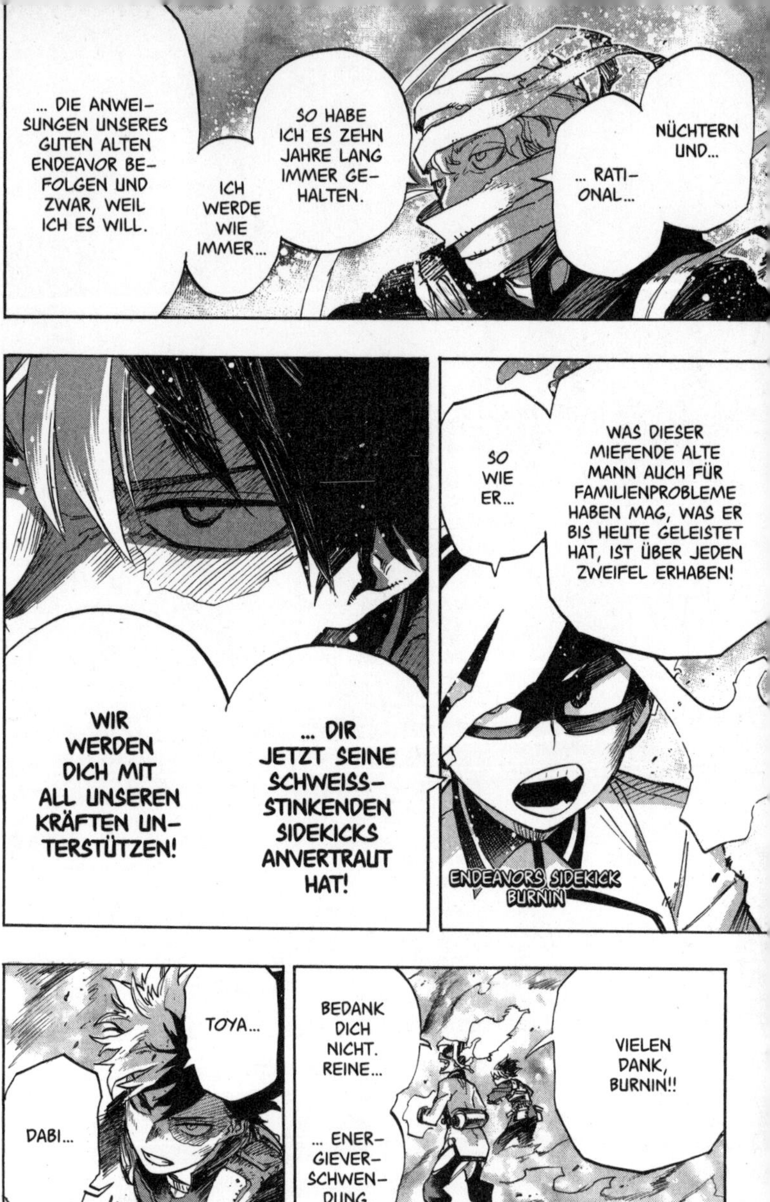
NÜCHTERN UND...
... RATIONAL...
SO HABE ICH ES ZEHN JAHRE LANG IMMER GEHALTEN.
ICH WERDE WIE IMMER...
... DIE ANWEISUNGEN UNSERES GUTEN ALTEN ENDEAVOR BEFOLGEN UND ZWAR, WEIL ICH ES WILL.
WAS DIESER MIEFENDE ALTE MANN AUCH FÜR FAMILIENPROBLEME HABEN MAG, WAS ER BIS HEUTE GELEISTET HAT, IST ÜBER JEDEN ZWEIFEL ERHABEN!
SO WIE ER...
... DIR JETZT SEINE SCHWEISS-STINKENDEN SIDEKICKS ANVERTRAUT HAT!
ENDEAVORS SIDEKICK BURNIN
WIR WERDEN DICH MIT ALL UNSEREN KRÄFTEN UNTERSTÜTZEN!
VIELEN DANK, BURNIN!!
BEDANK DICH NICHT. REINE...
... ENERGIEVERSCHWENDUNG.
TOYA...
DABI...

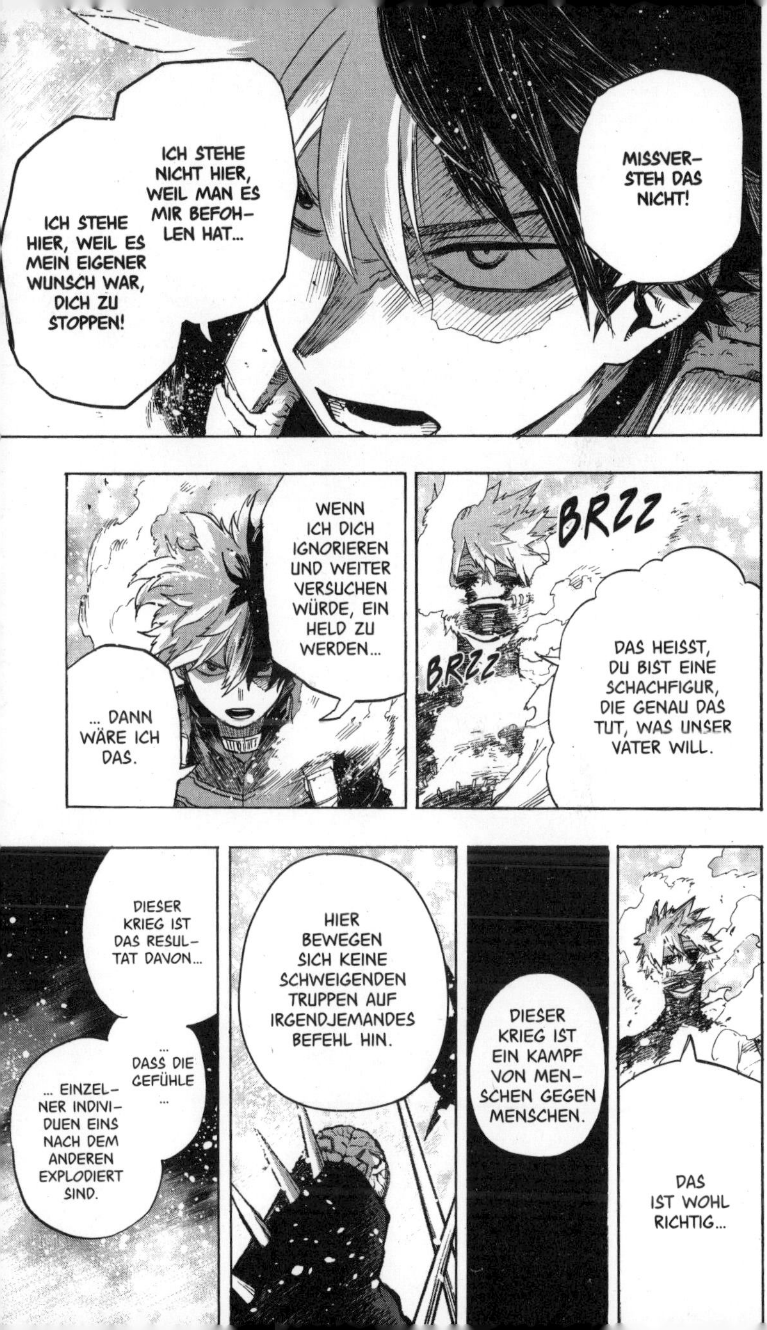
MISSVER-STEH DAS NICHT!
ICH STEHE NICHT HIER, WEIL MAN ES MIR BEFOHLEN HAT...
ICH STEHE HIER, WEIL ES MEIN EIGENER WUNSCH WAR, DICH ZU STOPPEN!
BRZZ
DAS HEISST, DU BIST EINE SCHACHFIGUR, DIE GENAU DAS TUT, WAS UNSER VATER WILL.
BRZZ
WENN ICH DICH IGNORIEREN UND WEITER VERSUCHEN WÜRDE, EIN HELD ZU WERDEN...
... DANN WÄRE ICH DAS.
DAS IST WOHL RICHTIG...
DIESER KRIEG IST EIN KAMPF VON MEN-SCHEN GEGEN MENSCHEN.
HIER BEWEGEN SICH KEINE SCHWEIGENDEN TRUPPEN AUF IRGENDJEMANDES BEFEHL HIN.
DIESER KRIEG IST DAS RESUL-TAT DAVON...
... DASS DIE GEFÜHLE ...
... EINZEL-NER INDIVI-DUEN EINS NACH DEM ANDEREN EXPLODIERT SIND.

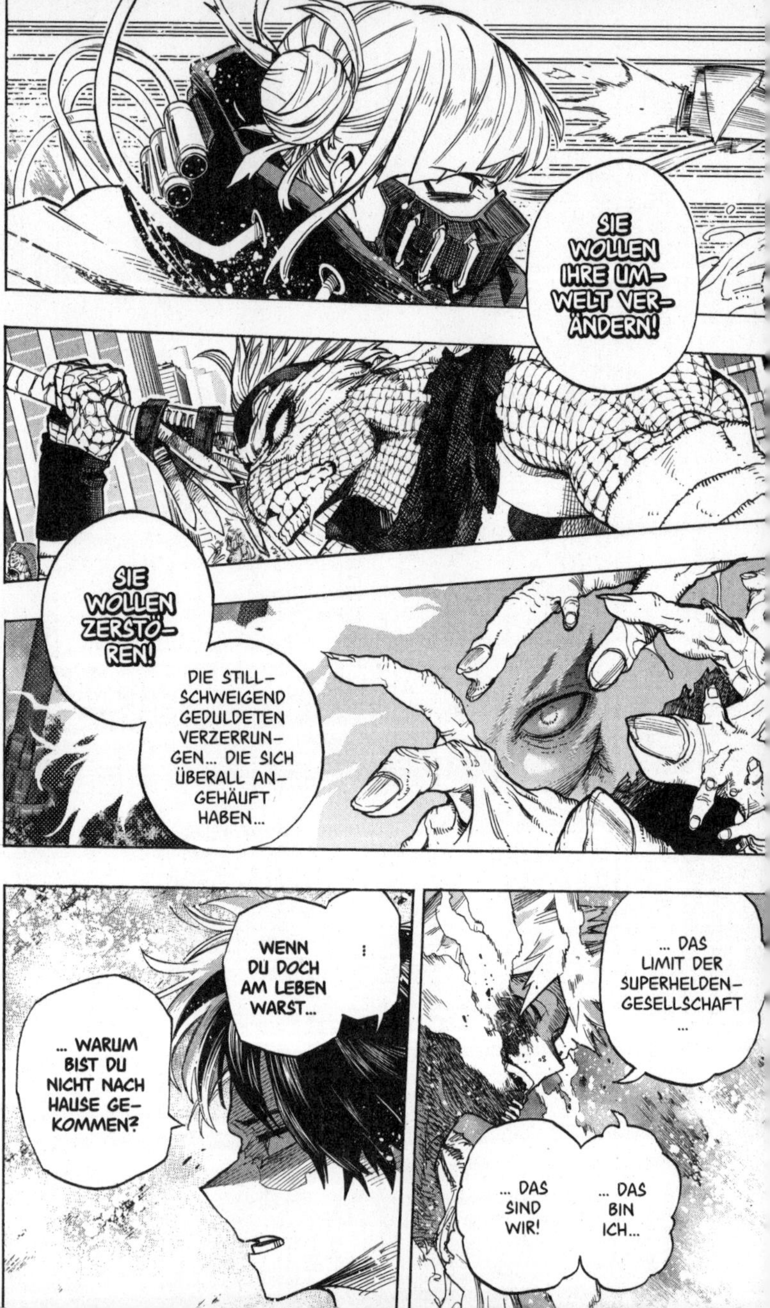
SIE WOLLEN IHRE UMWELT VERÄNDERN!
SIE WOLLEN ZERSTÖREN!
DIE STILLSCHWEIGEND GEDULDETEN VERZERRUNGEN... DIE SICH ÜBERALL ANGEHÄUFT HABEN...
... DAS LIMIT DER SUPERHELDEN-GESELLSCHAFT ...
... DAS BIN ICH...
... DAS SIND WIR!
WENN DU DOCH AM LEBEN WARST...
... WARUM BIST DU NICHT NACH HAUSE GEKOMMEN?

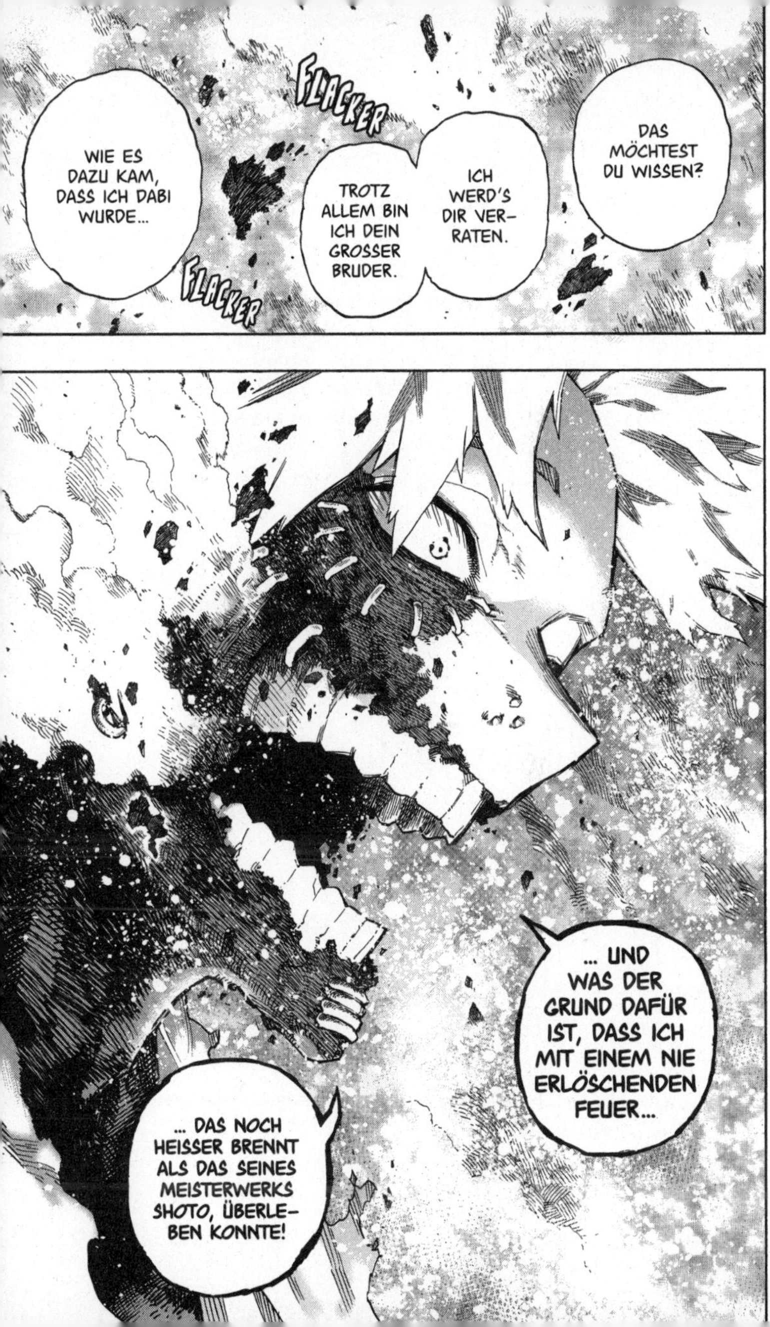
DAS MÖCHTEST DU WISSEN?
ICH WERD'S DIR VERRATEN.
TROTZ ALLEM BIN ICH DEIN GROSSER BRUDER.
FLACKER
WIE ES DAZU KAM, DASS ICH DABI WURDE...
FLACKER
... UND WAS DER GRUND DAFÜR IST, DASS ICH MIT EINEM NIE ERLÖSCHENDEN FEUER...
... DAS NOCH HEISSER BRENNT ALS DAS SEINES MEISTERWERKS SHOTO, ÜBERLEBEN KONNTE!

Auch bei Katsukis Kostüm hat es Änderungen gegeben! An den Schultern wurde irgendetwas angebracht, nicht wahr? Verglichen mit Deku, der ständig etwas an seiner Ausrüstung verändert, ist Katsuki bis jetzt – abgesehen von einer Winterversion – mit relativ wenig Veränderungen ausgekommen, aber jetzt war es endlich mal fällig. Auch seine innere Einstellung ist dabei, sich zu verändern.

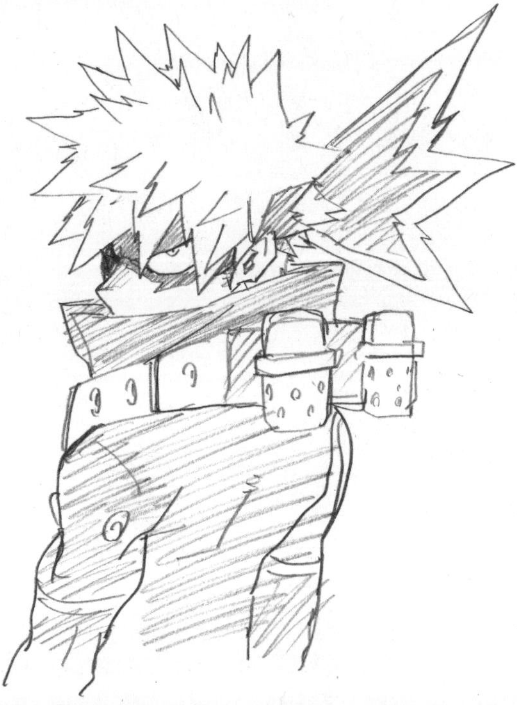

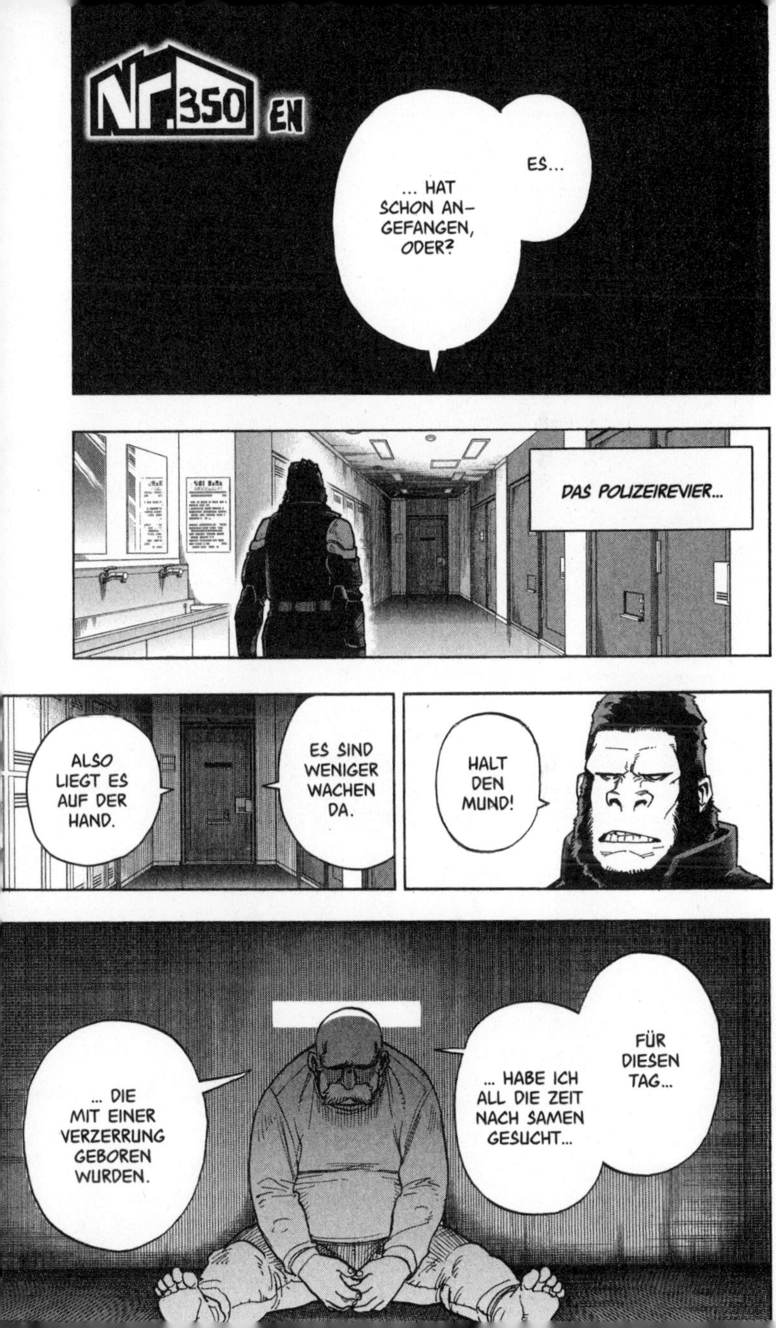
Nr. 350 ENDE
ES...
... HAT SCHON ANGEFANGEN, ODER?
DAS POLIZEIREVIER...
HALT DEN MUND!
ES SIND WENIGER WACHEN DA.
ALSO LIEGT ES AUF DER HAND.
FÜR DIESEN TAG...
... HABE ICH ALL DIE ZEIT NACH SAMEN GESUCHT...
... DIE MIT EINER VERZERRUNG GEBOREN WURDEN.

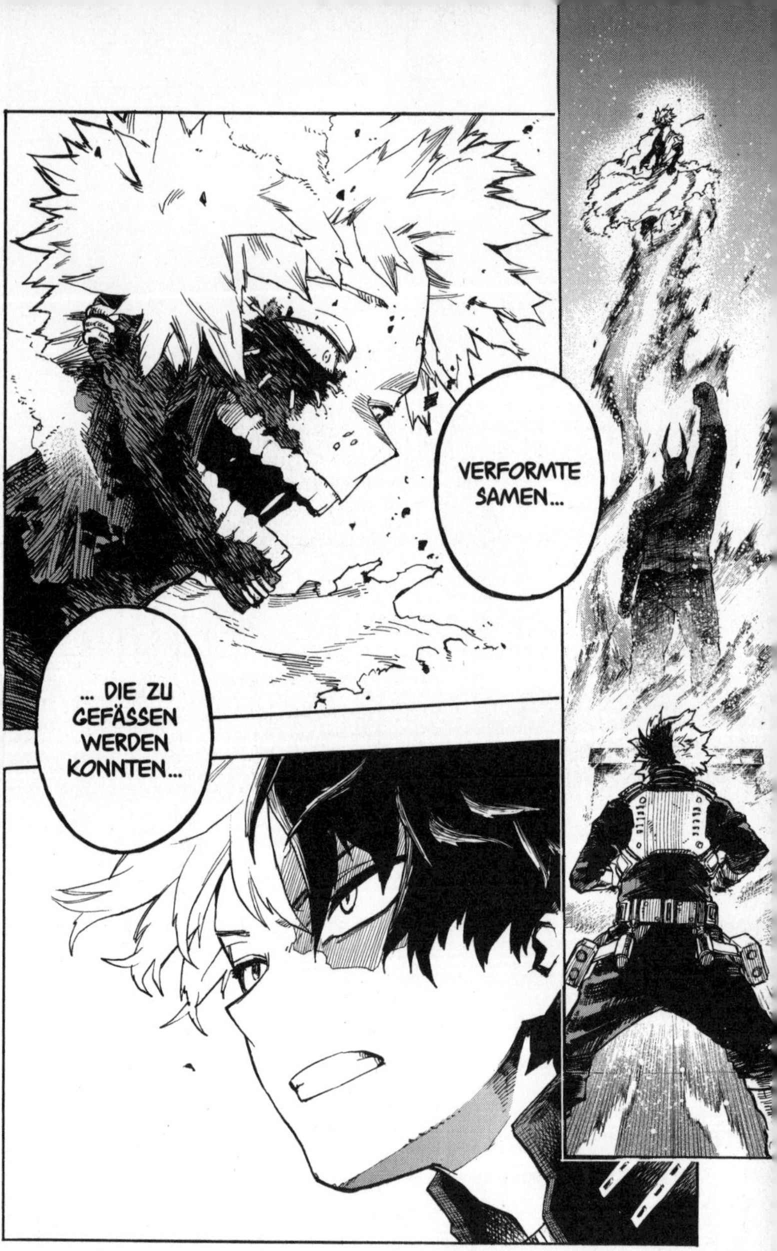
VERFORMTE SAMEN...
... DIE ZU GEFÄSSEN WERDEN KONNTEN...

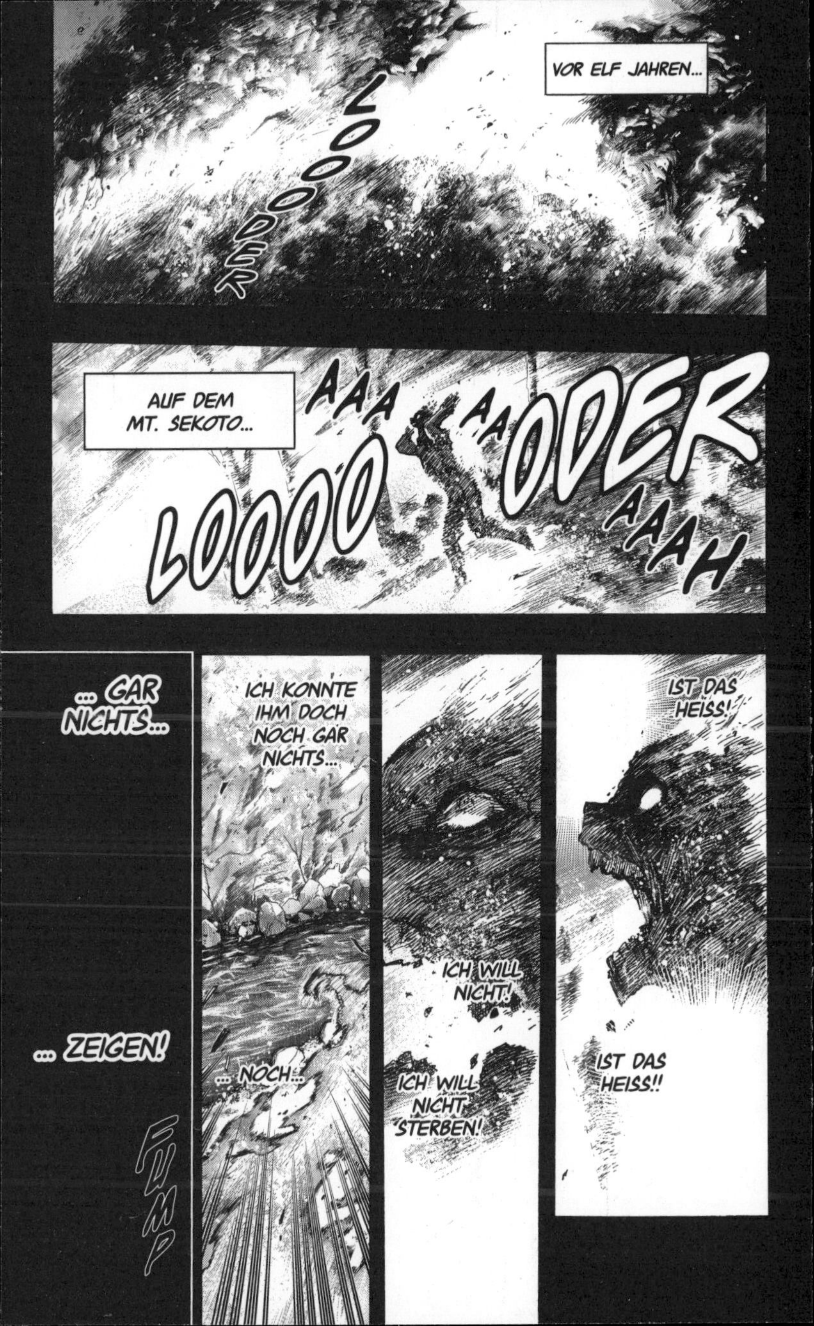
VOR ELF JAHREN...
LOOOODER
AUF DEM MT. SEKOTO...
AAA AA
LOOOO ODER
AAAH
IST DAS HEISS!
IST DAS HEISS!!
ICH WILL NICHT!
ICH WILL NICHT STERBEN!
ICH KONNTE IHM DOCH NOCH GAR NICHTS...
... NOCH...
... GAR NICHTS...
... ZEIGEN!
FUMP

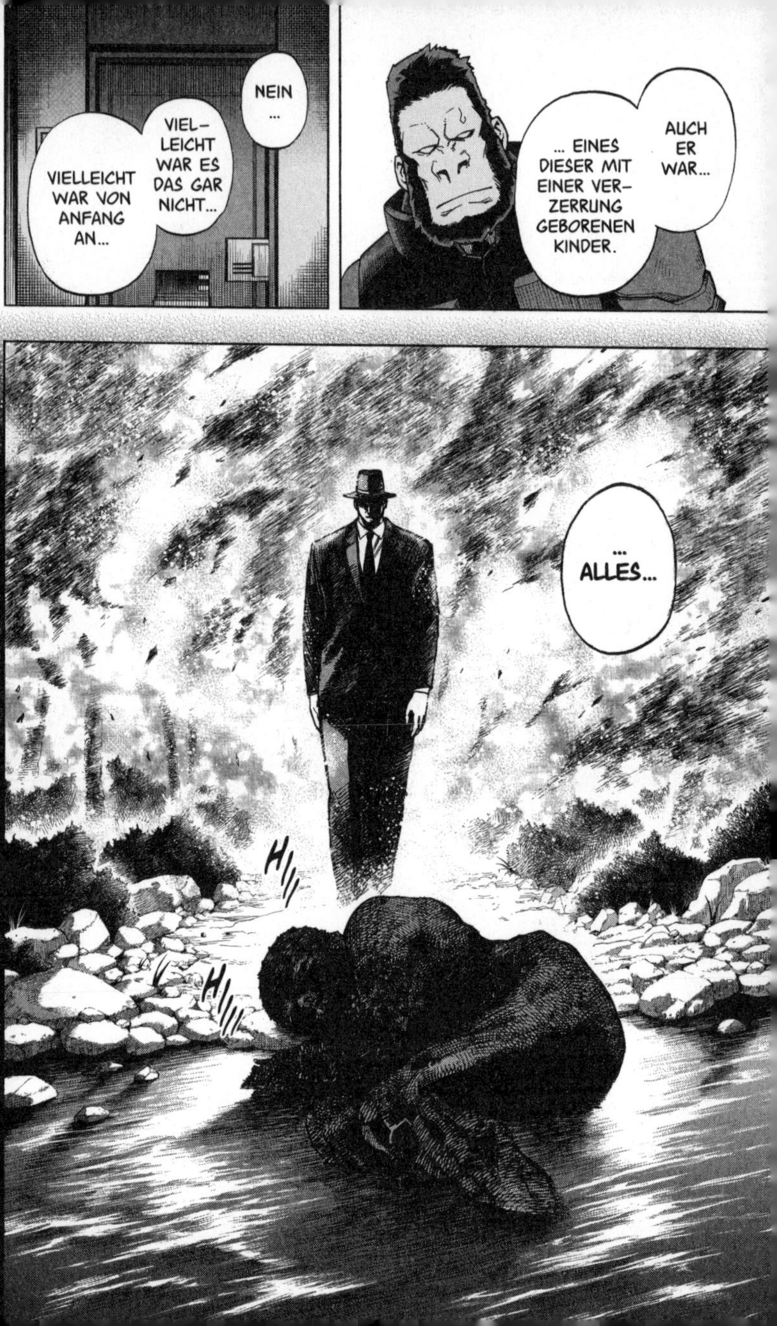
AUCH ER WAR...
... EINES DIESER MIT EINER VER- ZERRUNG GEBORENEN KINDER.
NEIN ...
VIEL- LEICHT WAR ES DAS GAR NICHT...
VIELLEICHT WAR VON ANFANG AN...
... ALLES...
H///
H////

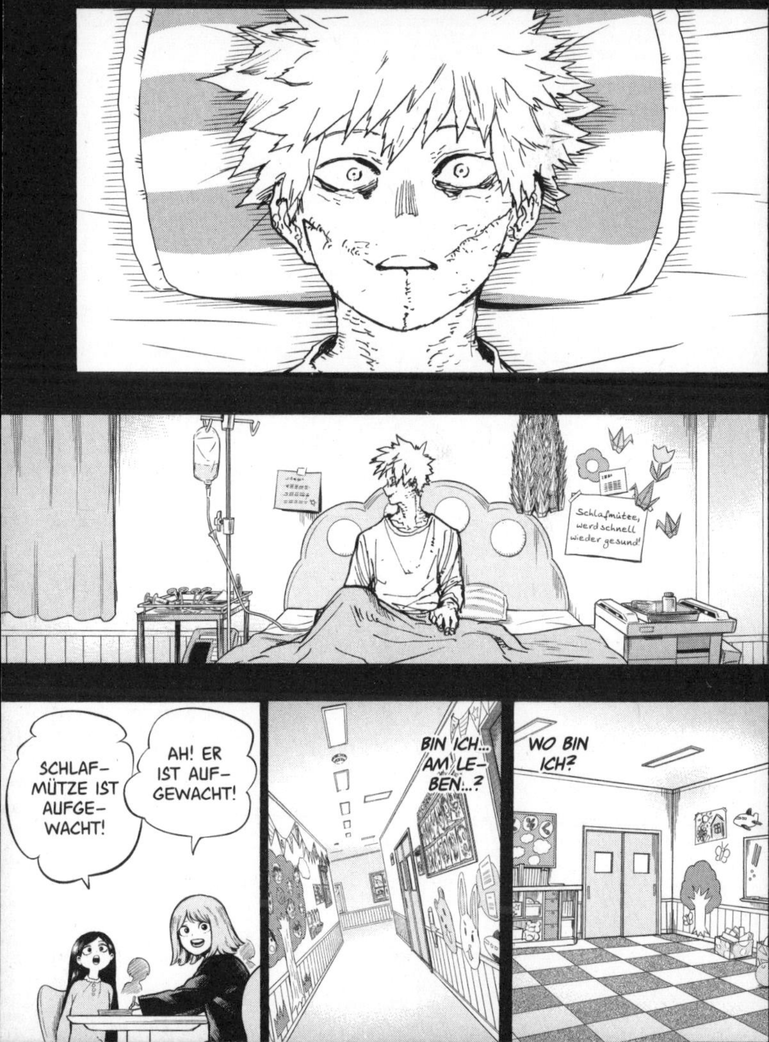

Schlafmütze, werd schnell wieder gesund!
WO BIN ICH?
BIN ICH... AM LE-BEN...?
AH! ER IST AUF-GEWACHT!
SCHLAF-MÜTZE IST AUFGE-WACHT!

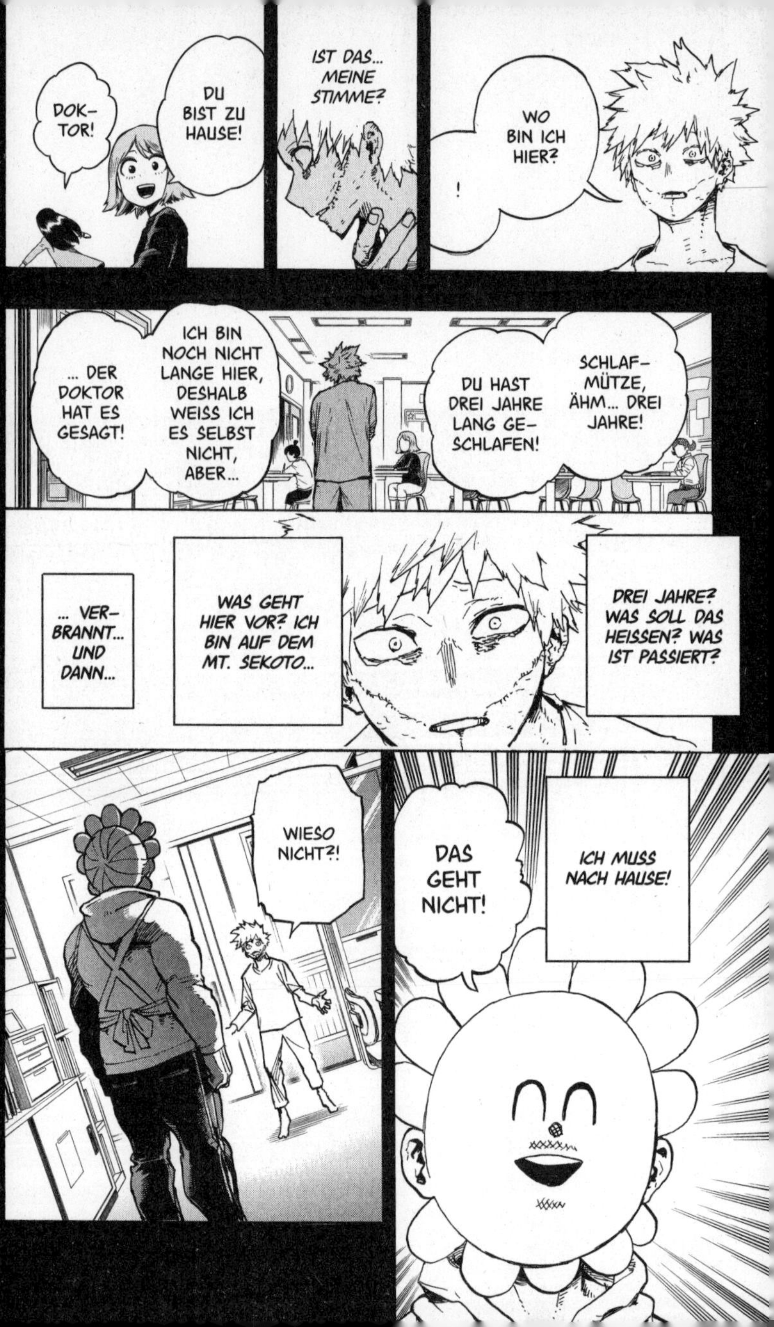
!
WO BIN ICH HIER?
IST DAS... MEINE STIMME?
DU BIST ZU HAUSE!
DOK-TOR!
SCHLAF-MÜTZE, ÄHM... DREI JAHRE!
DU HAST DREI JAHRE LANG GE-SCHLAFEN!
ICH BIN NOCH NICHT LANGE HIER, DESHALB WEISS ICH ES SELBST NICHT, ABER...
... DER DOKTOR HAT ES GESAGT!
DREI JAHRE? WAS SOLL DAS HEISSEN? WAS IST PASSIERT?
WAS GEHT HIER VOR? ICH BIN AUF DEM MT. SEKOTO...
... VER-BRANNT... UND DANN...
ICH MUSS NACH HAUSE!
DAS GEHT NICHT!
WIESO NICHT?!

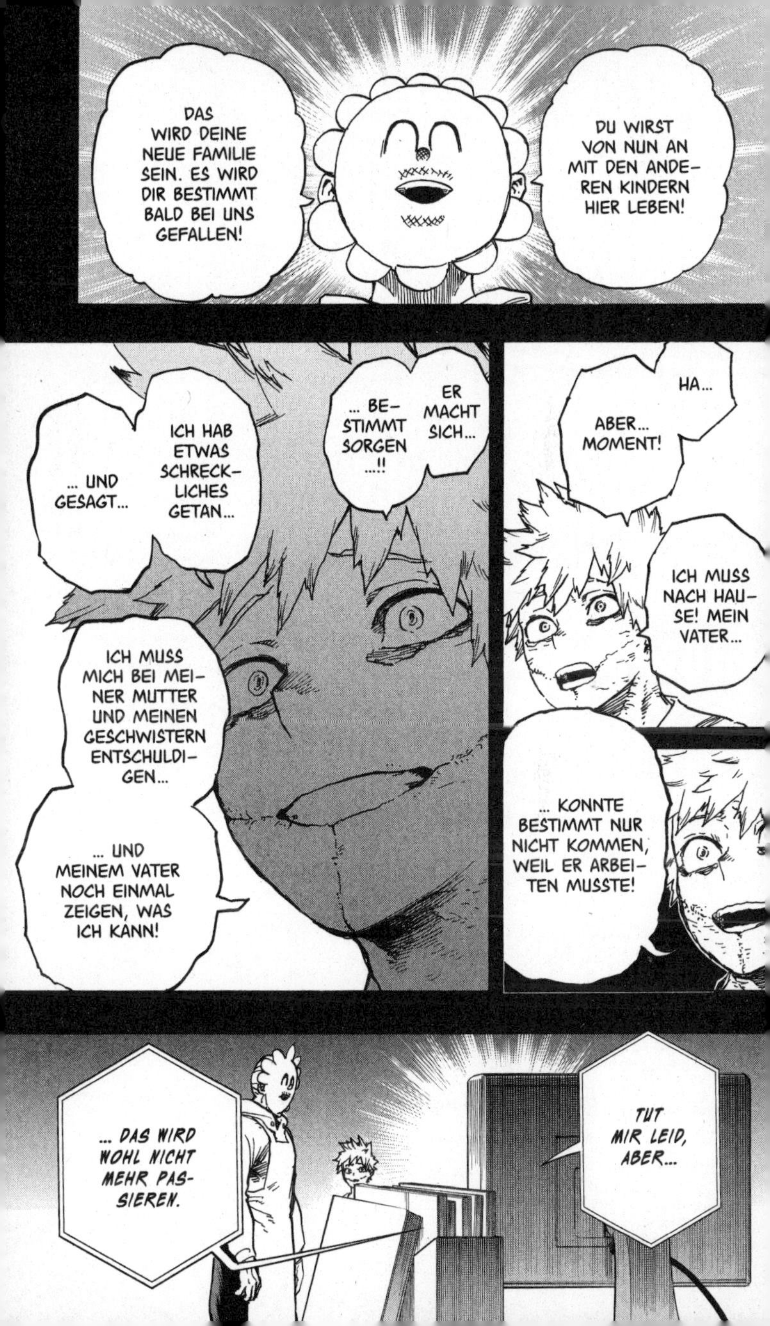
DU WIRST VON NUN AN MIT DEN ANDE-REN KINDERN HIER LEBEN!
DAS WIRD DEINE NEUE FAMILIE SEIN. ES WIRD DIR BESTIMMT BALD BEI UNS GEFALLEN!
HA...
ABER... MOMENT!
ICH MUSS NACH HAU-SE! MEIN VATER...
... KONNTE BESTIMMT NUR NICHT KOMMEN, WEIL ER ARBEI-TEN MUSSTE!
ER MACHT SICH...
... BE-STIMMT SORGEN ...!!
ICH HAB ETWAS SCHRECK-LICHES GETAN...
... UND GESAGT...
ICH MUSS MICH BEI MEI-NER MUTTER UND MEINEN GESCHWISTERN ENTSCHULDI-GEN...
... UND MEINEM VATER NOCH EINMAL ZEIGEN, WAS ICH KANN!
TUT MIR LEID, ABER...
... DAS WIRD WOHL NICHT MEHR PAS-SIEREN.

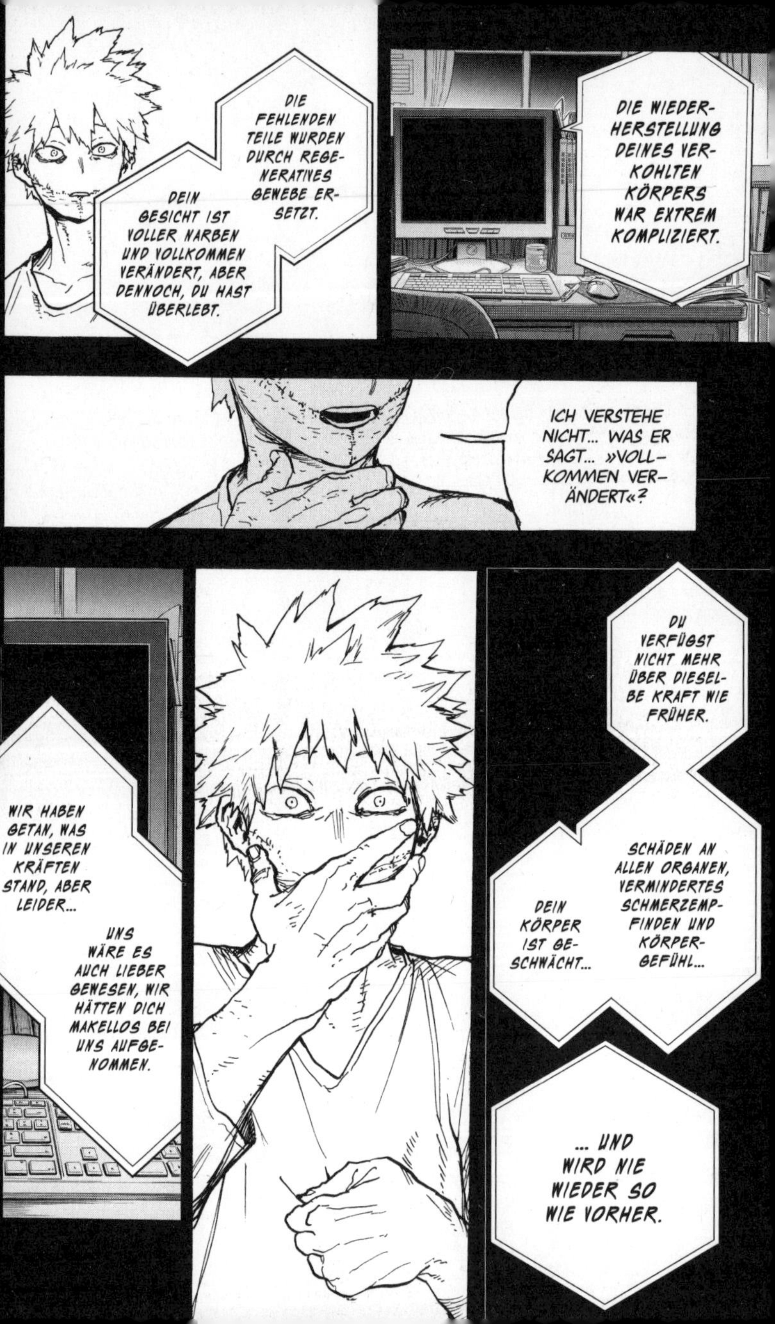
DIE WIEDERHERSTELLUNG DEINES VERKOHLTEN KÖRPERS WAR EXTREM KOMPLIZIERT.
DIE FEHLENDEN TEILE WURDEN DURCH REGENERATIVES GEWEBE ERSETZT.
DEIN GESICHT IST VOLLER NARBEN UND VOLLKOMMEN VERÄNDERT, ABER DENNOCH, DU HAST ÜBERLEBT.
ICH VERSTEHE NICHT... WAS ER SAGT... »VOLLKOMMEN VERÄNDERT«?
DU VERFÜGST NICHT MEHR ÜBER DIESELBE KRAFT WIE FRÜHER.
SCHÄDEN AN ALLEN ORGANEN, VERMINDERTES SCHMERZEMPFINDEN UND KÖRPERGEFÜHL...
DEIN KÖRPER IST GESCHWÄCHT...
... UND WIRD NIE WIEDER SO WIE VORHER.
WIR HABEN GETAN, WAS IN UNSEREN KRÄFTEN STAND, ABER LEIDER...
UNS WÄRE ES AUCH LIEBER GEWESEN, WIR HÄTTEN DICH MAKELLOS BEI UNS AUFGENOMMEN.

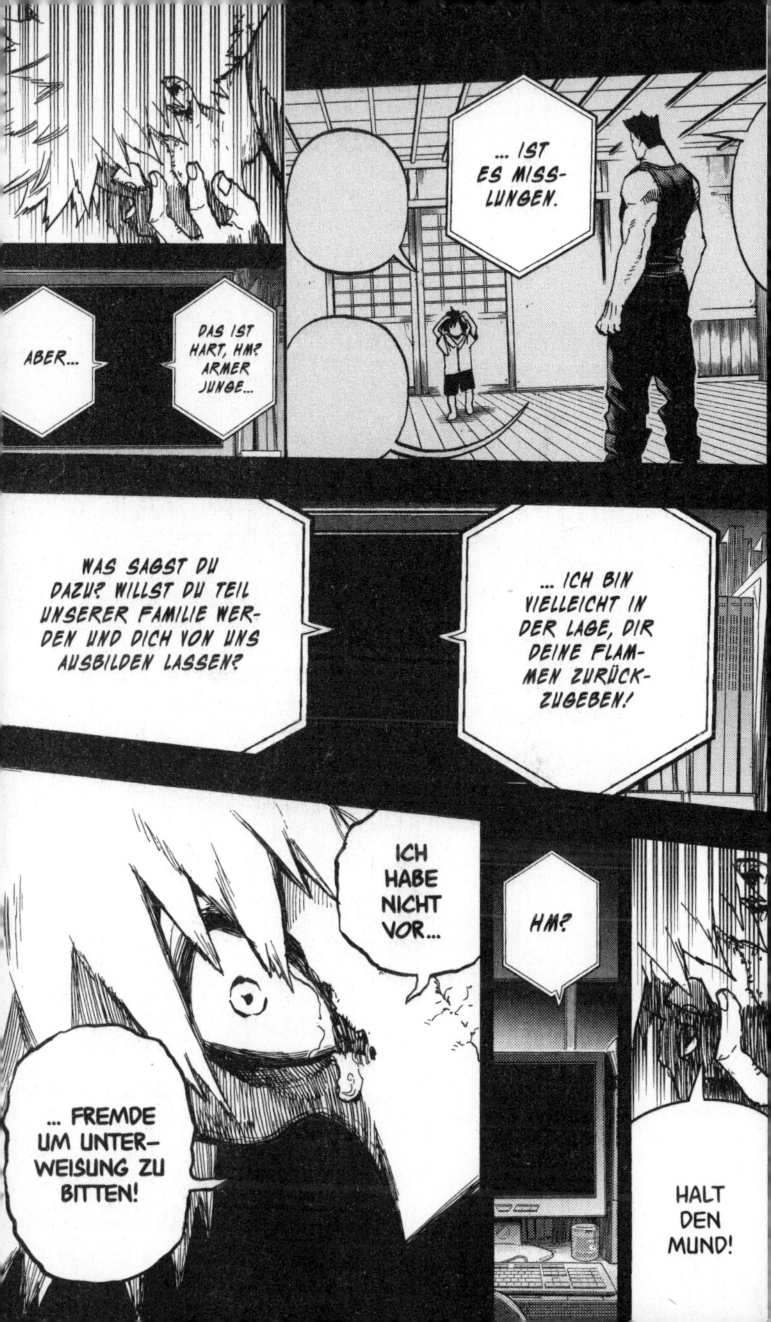
... IST ES MISS-LUNGEN.
DAS IST HART, HM? ARMER JUNGE...
ABER...
... ICH BIN VIELLEICHT IN DER LAGE, DIR DEINE FLAM-MEN ZURÜCK-ZUGEBEN!
WAS SAGST DU DAZU? WILLST DU TEIL UNSERER FAMILIE WER-DEN UND DICH VON UNS AUSBILDEN LASSEN?
HM?
HALT DEN MUND!
ICH HABE NICHT VOR...
... FREMDE UM UNTER-WEISUNG ZU BITTEN!

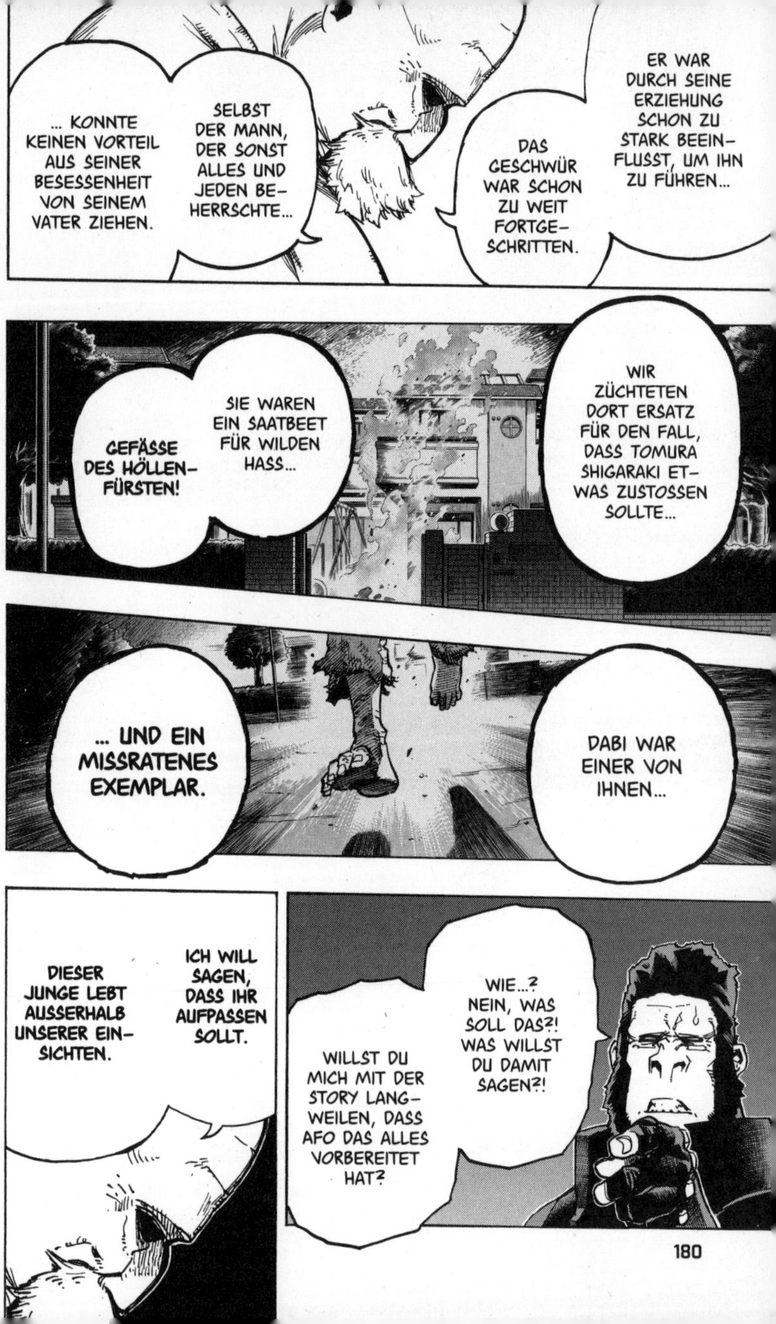
ER WAR DURCH SEINE ERZIEHUNG SCHON ZU STARK BEEIN-FLUSST, UM IHN ZU FÜHREN...
DAS GESCHWÜR WAR SCHON ZU WEIT FORTGE-SCHRITTEN.
SELBST DER MANN, DER SONST ALLES UND JEDEN BE-HERRSCHTE...
... KONNTE KEINEN VORTEIL AUS SEINER BESESSENHEIT VON SEINEM VATER ZIEHEN.
WIR ZÜCHTETEN DORT ERSATZ FÜR DEN FALL, DASS TOMURA SHIGARAKI ET-WAS ZUSTOSSEN SOLLTE...
SIE WAREN EIN SAATBEET FÜR WILDEN HASS...
GEFÄSSE DES HÖLLEN-FÜRSTEN!
DABI WAR EINER VON IHNEN...
... UND EIN MISSRATENES EXEMPLAR.
WIE...? NEIN, WAS SOLL DAS?! WAS WILLST DU DAMIT SAGEN?!
WILLST DU MICH MIT DER STORY LANG-WEILEN, DASS AFO DAS ALLES VORBEREITET HAT?
ICH WILL SAGEN, DASS IHR AUFPASSEN SOLLT.
DIESER JUNGE LEBT AUSSERHALB UNSERER EIN-SICHTEN.

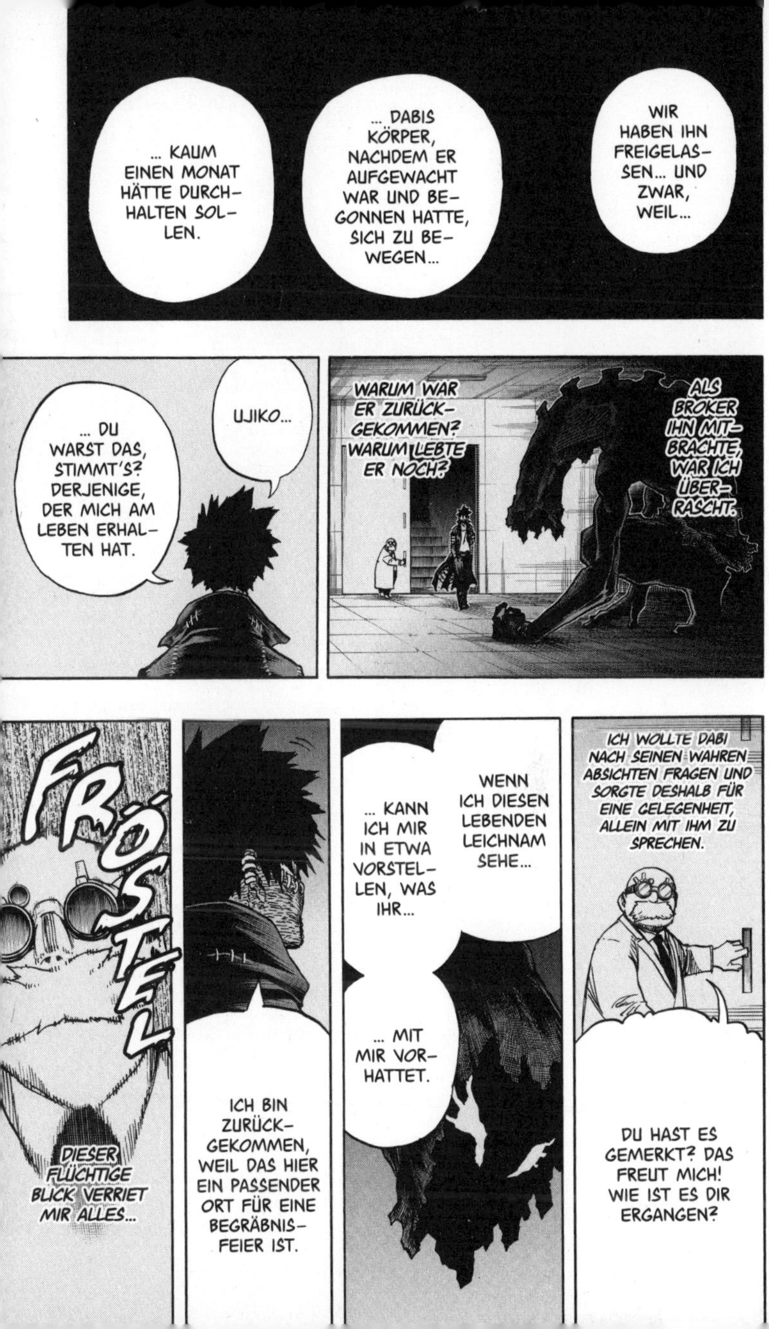
WIR HABEN IHN FREIGELASSEN... UND ZWAR, WEIL...
... DABIS KÖRPER, NACHDEM ER AUFGEWACHT WAR UND BEGONNEN HATTE, SICH ZU BEWEGEN...
... KAUM EINEN MONAT HÄTTE DURCHHALTEN SOLLEN.
ALS BROKER IHN MITBRACHTE, WAR ICH ÜBERRASCHT.
WARUM WAR ER ZURÜCKGEKOMMEN? WARUM LEBTE ER NOCH?
UJIKO...
... DU WARST DAS, STIMMT'S? DERJENIGE, DER MICH AM LEBEN ERHALTEN HAT.
ICH WOLLTE DABI NACH SEINEN WAHREN ABSICHTEN FRAGEN UND SORGTE DESHALB FÜR EINE GELEGENHEIT, ALLEIN MIT IHM ZU SPRECHEN.
DU HAST ES GEMERKT? DAS FREUT MICH! WIE IST ES DIR ERGANGEN?
WENN ICH DIESEN LEBENDEN LEICHNAM SEHE...
... KANN ICH MIR IN ETWA VORSTELLEN, WAS IHR...
... MIT MIR VORHATTET.
ICH BIN ZURÜCKGEKOMMEN, WEIL DAS HIER EIN PASSENDER ORT FÜR EINE BEGRÄBNISFEIER IST.
FRÖSTEL
DIESER FLÜCHTIGE BLICK VERRIET MIR ALLES...

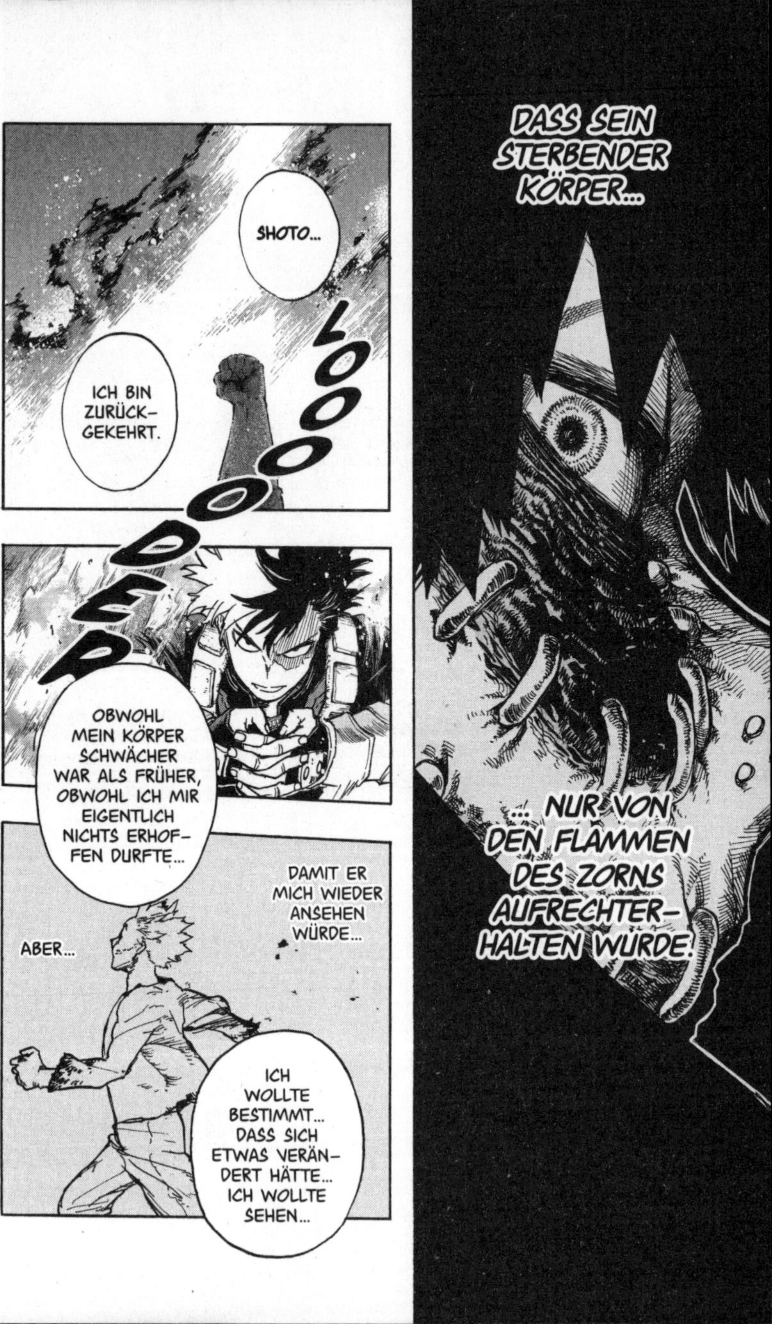
DASS SEIN STERBENDER KÖRPER...
... NUR VON DEN FLAMMEN DES ZORNS AUFRECHTERHALTEN WURDE!
SHOTO...
ICH BIN ZURÜCKGEKEHRT.
OBWOHL MEIN KÖRPER SCHWÄCHER WAR ALS FRÜHER, OBWOHL ICH MIR EIGENTLICH NICHTS ERHOFFEN DURFTE...
DAMIT ER MICH WIEDER ANSEHEN WÜRDE...
ABER...
ICH WOLLTE BESTIMMT... DASS SICH ETWAS VERÄNDERT HÄTTE... ICH WOLLTE SEHEN...

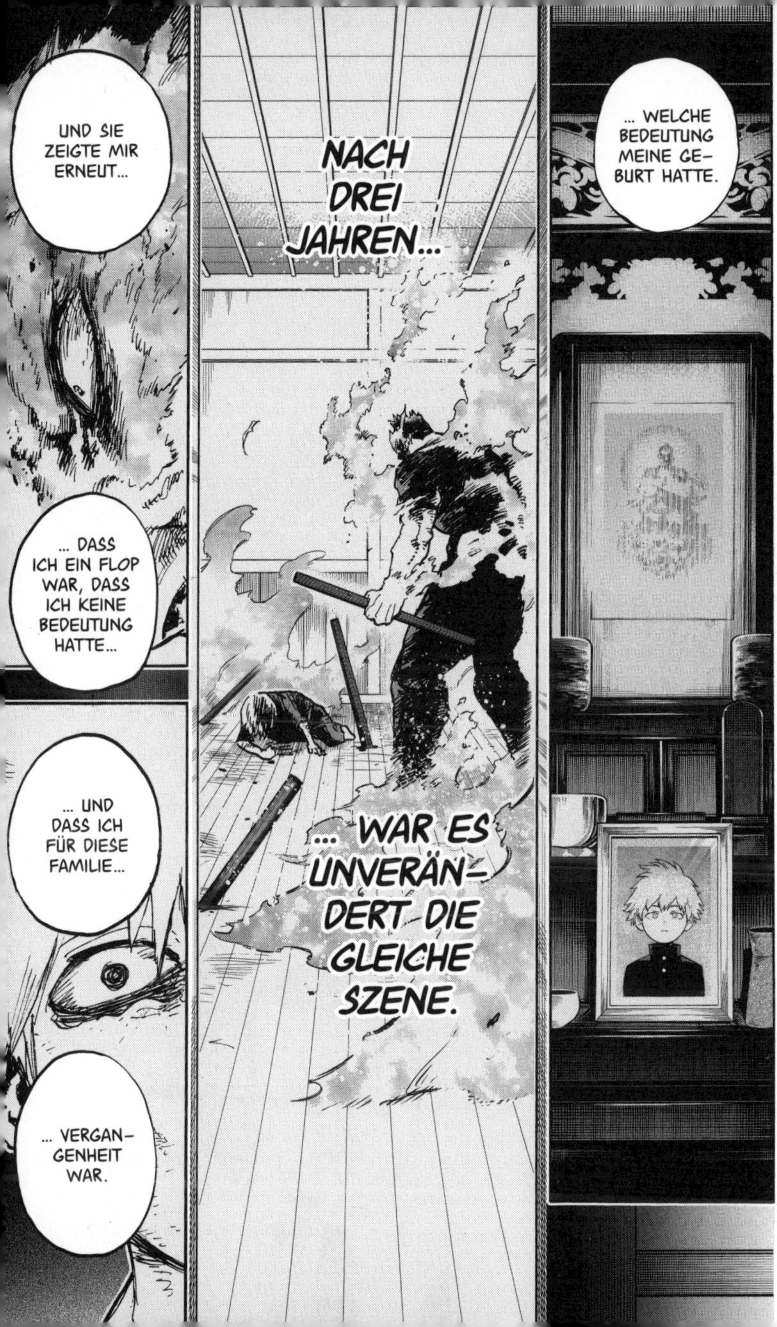
... WELCHE BEDEUTUNG MEINE GE-BURT HATTE.
NACH DREI JAHREN...
... WAR ES UNVERÄN-DERT DIE GLEICHE SZENE.
UND SIE ZEIGTE MIR ERNEUT...
... DASS ICH EIN FLOP WAR, DASS ICH KEINE BEDEUTUNG HATTE...
... UND DASS ICH FÜR DIESE FAMILIE...
... VERGAN-GENHEIT WAR.

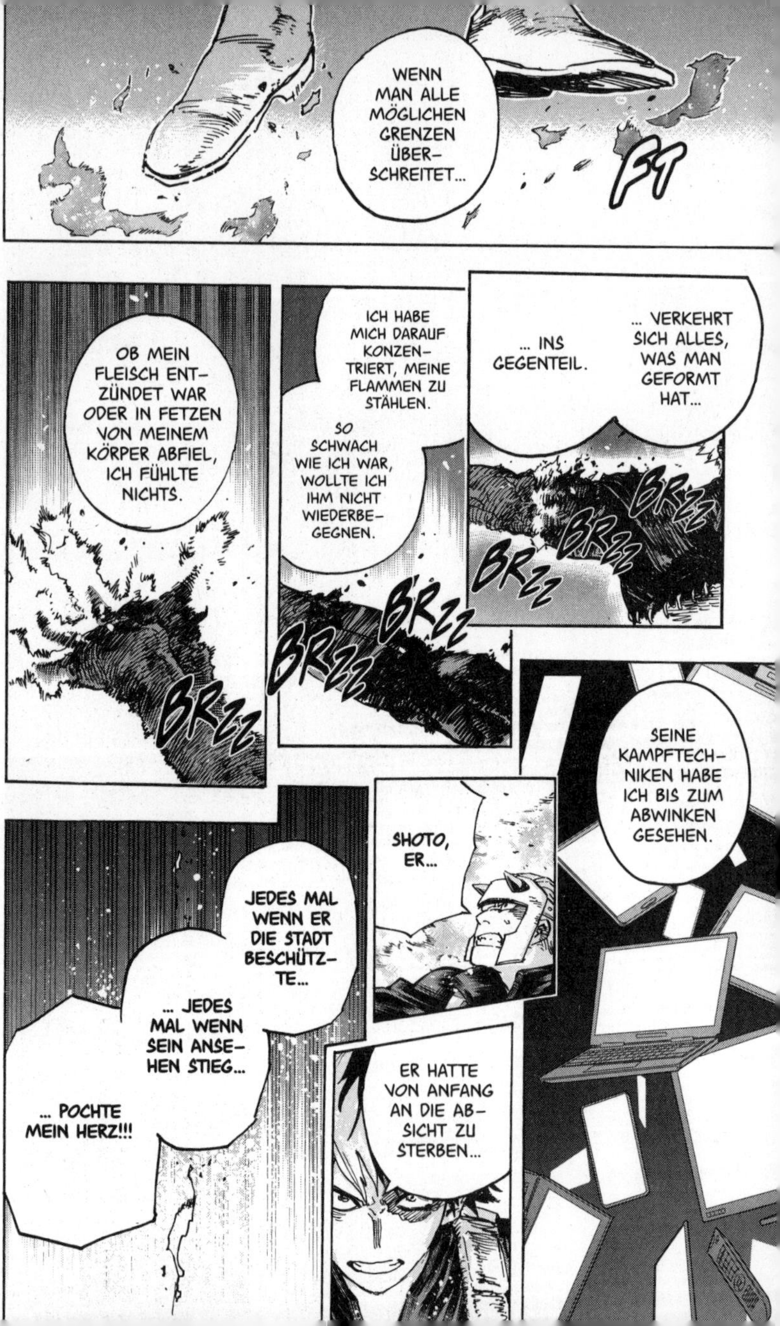
WENN MAN ALLE MÖGLICHEN GRENZEN ÜBER- SCHREITET...
FT
... VERKEHRT SICH ALLES, WAS MAN GEFORMT HAT...
... INS GEGENTEIL.
BRZZ
BRZZ
BRZZ
ICH HABE MICH DARAUF KONZEN- TRIERT, MEINE FLAMMEN ZU STÄHLEN.
SO SCHWACH WIE ICH WAR, WOLLTE ICH IHM NICHT WIEDERBE- GEGNEN.
BRZZ
BRZZ
OB MEIN FLEISCH ENT- ZÜNDET WAR ODER IN FETZEN VON MEINEM KÖRPER ABFIEL, ICH FÜHLTE NICHTS.
BRZZ
SEINE KAMPFTECH- NIKEN HABE ICH BIS ZUM ABWINKEN GESEHEN.
SHOTO, ER...
ER HATTE VON ANFANG AN DIE AB- SICHT ZU STERBEN...
JEDES MAL WENN ER DIE STADT BESCHÜTZ- TE...
... JEDES MAL WENN SEIN ANSE- HEN STIEG...
... POCHTE MEIN HERZ!!!

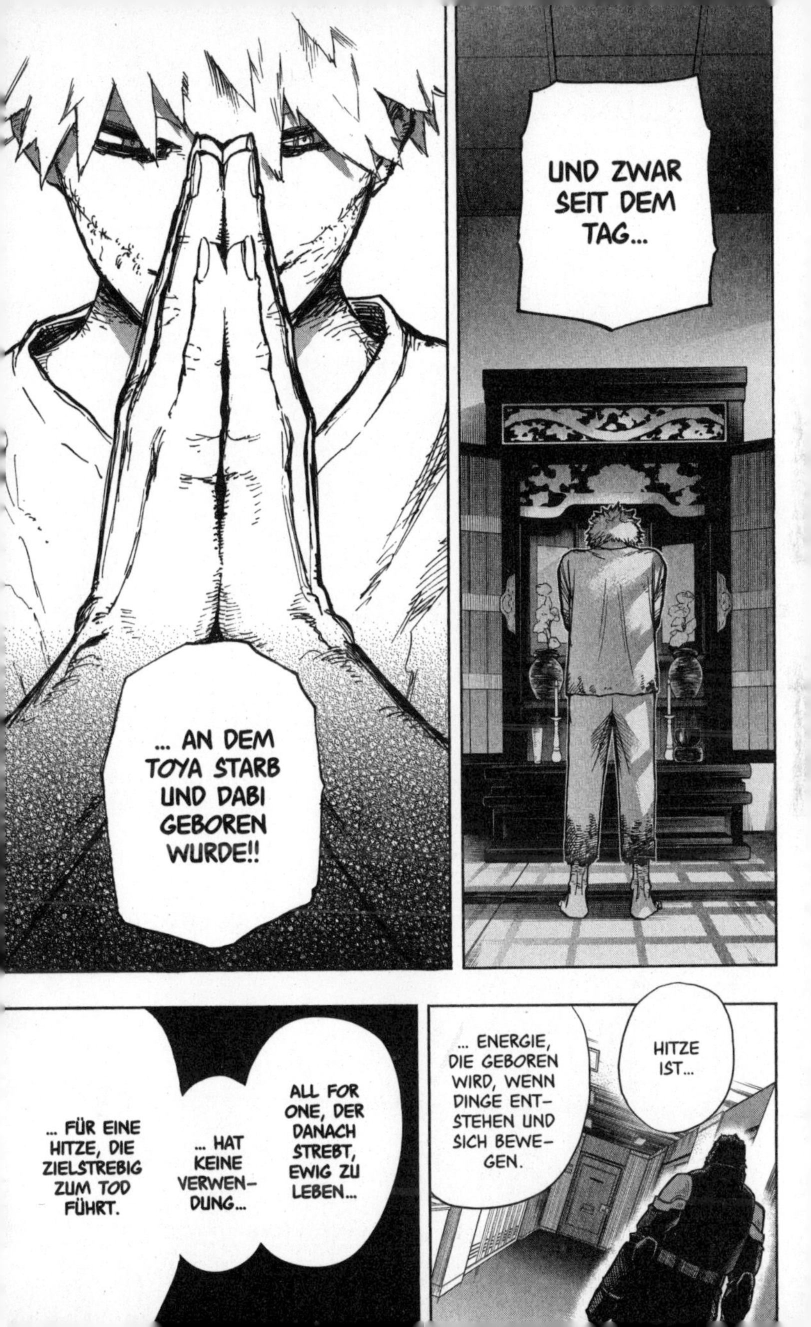
UND ZWAR SEIT DEM TAG...
... AN DEM TOYA STARB UND DABI GEBOREN WURDE!!
HITZE IST...
... ENERGIE, DIE GEBOREN WIRD, WENN DINGE ENTSTEHEN UND SICH BEWEGEN.
ALL FOR ONE, DER DANACH STREBT, EWIG ZU LEBEN...
... HAT KEINE VERWENDUNG...
... FÜR EINE HITZE, DIE ZIELSTREBIG ZUM TOD FÜHRT.

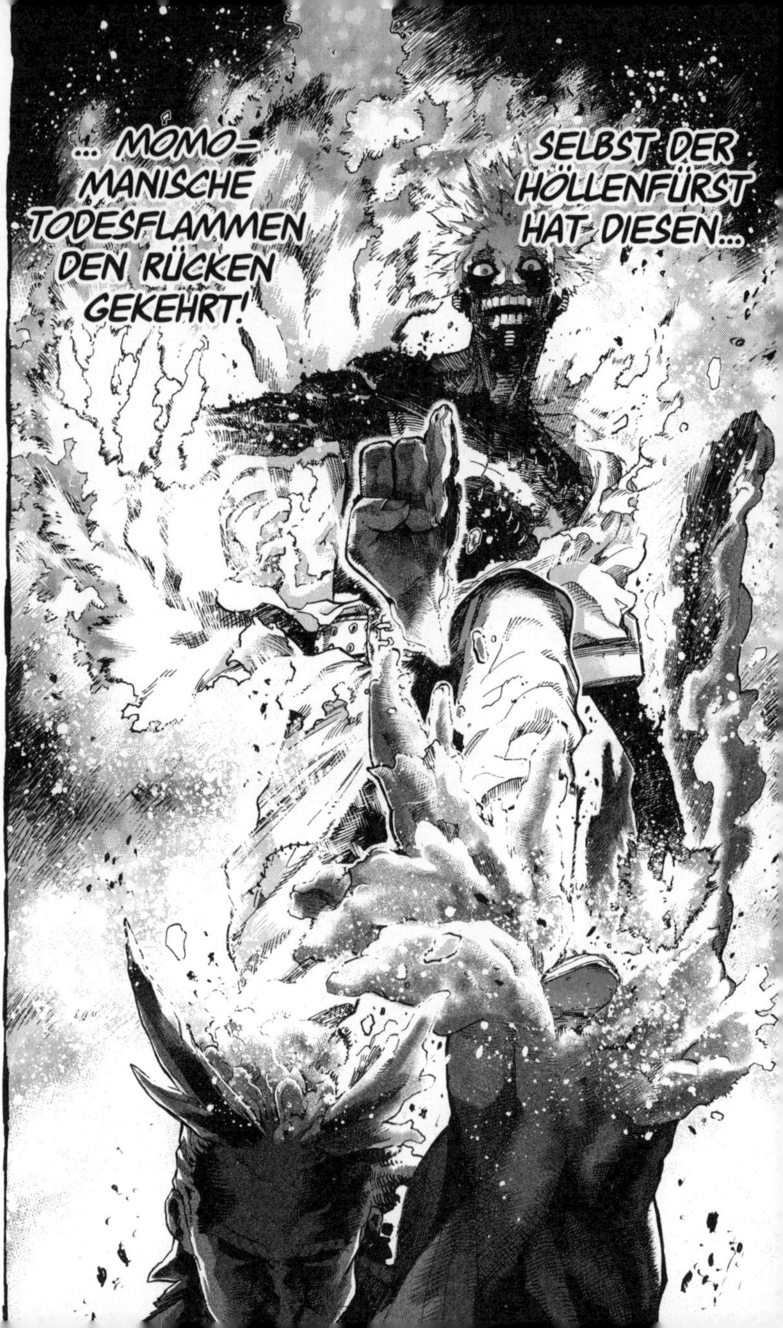
SELBST DER HÖLLENFÜRST HAT DIESEN...
... MOMO-MANISCHE TODESFLAMMEN DEN RÜCKEN GEKEHRT!

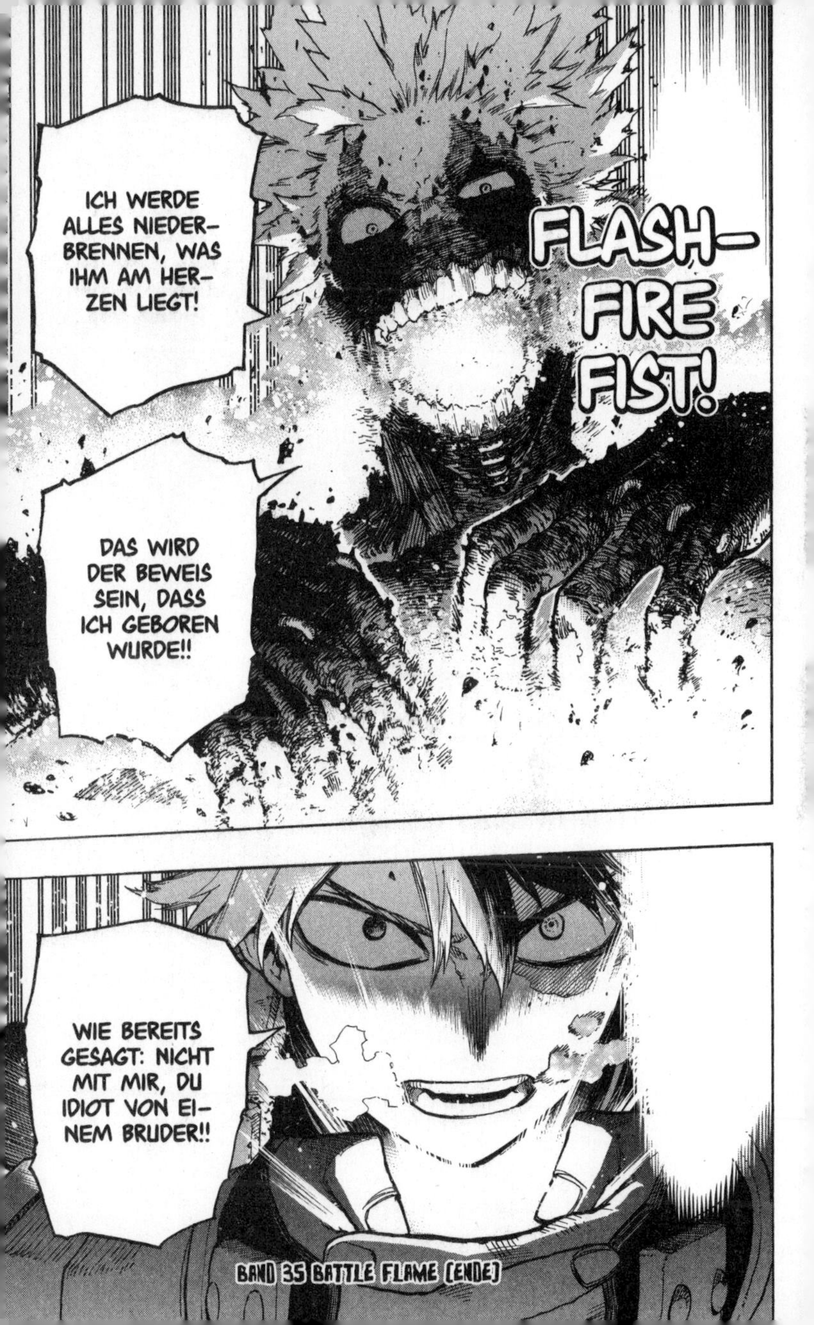
ICH WERDE ALLES NIEDER-BRENNEN, WAS IHM AM HER-ZEN LIEGT!
FLASH-FIRE FIST!
DAS WIRD DER BEWEIS SEIN, DASS ICH GEBOREN WURDE!!
WIE BEREITS GESAGT: NICHT MIT MIR, DU IDIOT VON EI-NEM BRUDER!!
BAND 35 BATTLE FLAME [ENDE]

▼ SEITE 180. PANEL 2 UND 3

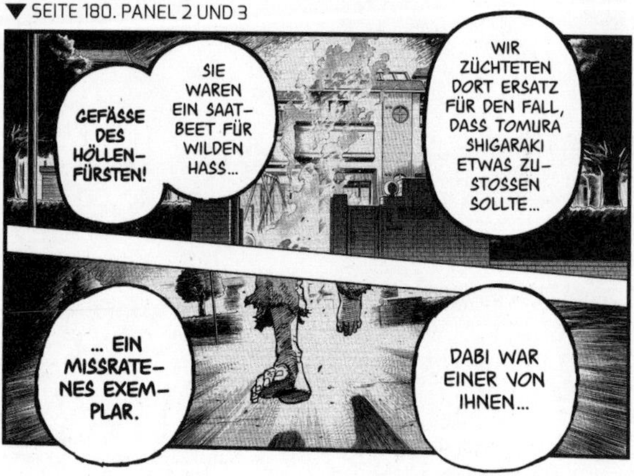

Es ist nur schwer zu erkennen, aber damals hatte Toya nach dem Disput mit Haruaki Sunsun Flammen produziert und war geflohen.
Da seine Flammen geschwächt waren, konnte er das Gebäude nicht komplett niederbrennen, und das Feuer wurde schnell gelöscht. Der Doktor fürchtete die Aufdeckung seiner Verbrechen und gab als Brandursache »fahrlässige Brandstiftung durch Haruaki Sunsun« an. So gelang es ihm, das Geheimnis des Kinderheims zu vertuschen. Da niemand ums Leben gekommen war, wurde auch seitens der Presse nicht groß darüber berichtet, sodass bedauerlicherweise die Polizei wie auch die Helden die Schandtaten des Doktors nicht bemerkten.
Ein ironischer Wendepunkt: Hätte dieser Vorfall größere Ausmaße angenommen, wäre es vielleicht gar nicht zu der jetzigen Situation gekommen.

THE GASTBEITRAG

Ich habe auch dieses Mal wieder einen Gastbeitrag von **»Vigilante«**-Zeichner **Betten Court** bekommen! Vigilante ist nun abgeschlossen, und ich möchte euch Band 15, der in Japan gleichzeitig mit diesem Band erscheint*, ans Herz legen! Blättert also um und überzeugt euch mit eigenen Augen, wer auf dieser vermutlich letzten Zeichnung zu sehen ist!!

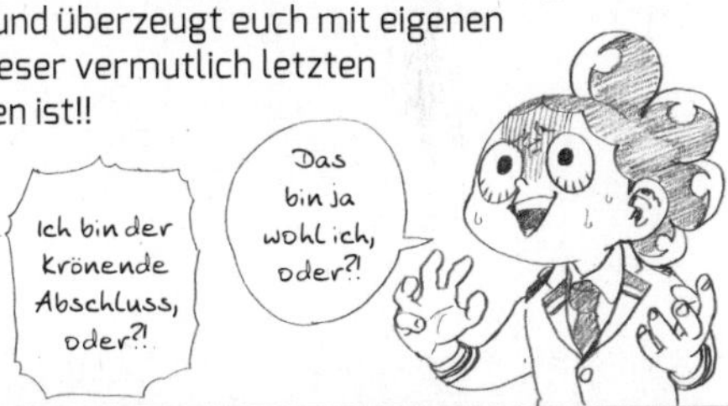

* bei uns im September 2023 geplant

THE NACHWORT

Es ist vielleicht etwas komisch, wenn ich selbst das schreibe, aber Shigarakis Fingerattacke ist echt eklig, oder? Als ich es gedruckt in der Zeitschrift sah, dachte ich tatsächlich: »Uwah!«. Wenn ich beim Zeichnen den Stift fliegen lasse, macht es allerdings Spaß.

Vom nächsten Band an präsentiere ich euch den sich zuspitzenden Kampf und wie die einzelnen Charaktere dabei agieren!
Also dann, freut euch drauf!! PLUS ULTRA!!

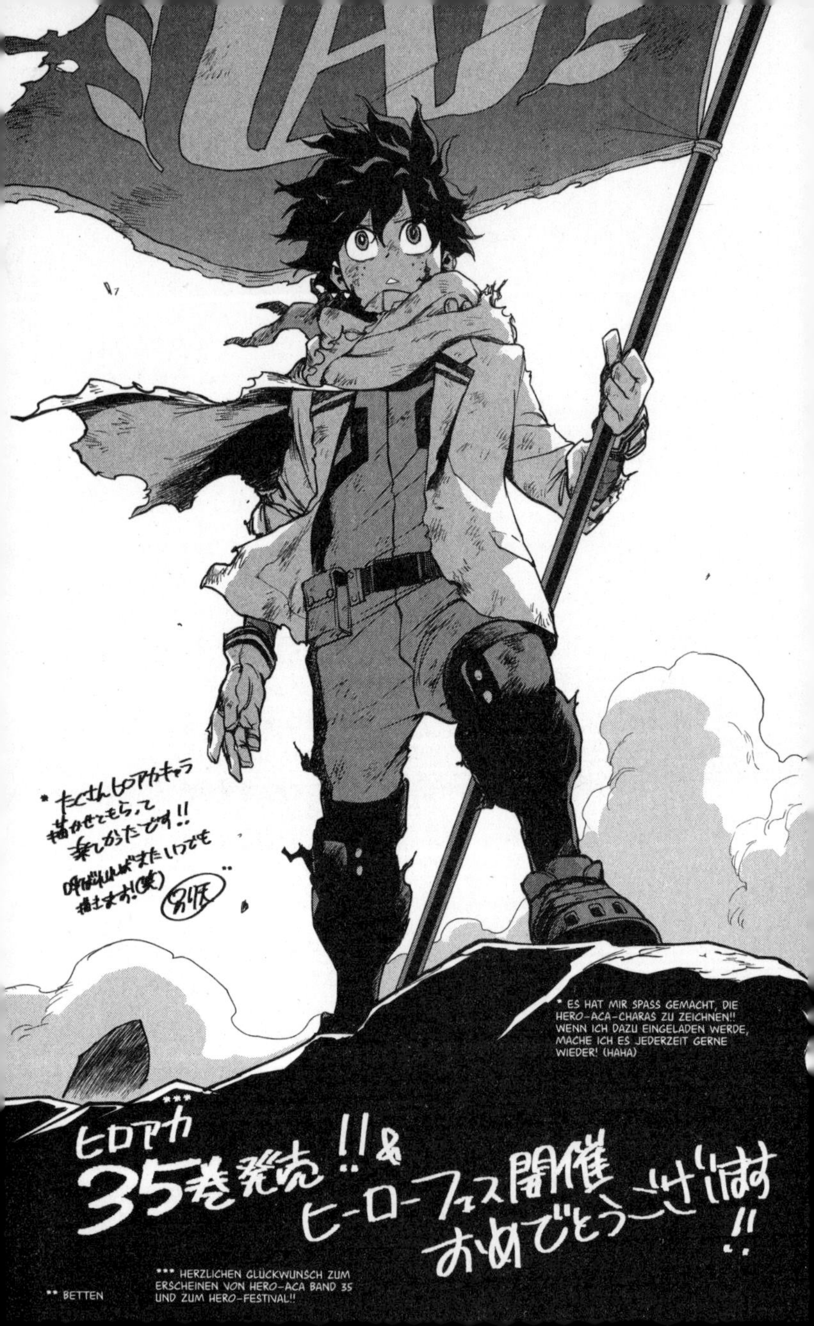
* たくさんヒロアカキャラ描かせてもらって楽しかったです!!
呼ばれればまたいつでも描きますよ!(笑)
* ES HAT MIR SPASS GEMACHT, DIE HERO-ACA-CHARAS ZU ZEICHNEN!! WENN ICH DAZU EINGELADEN WERDE, MACHE ICH ES JEDERZEIT GERNE WIEDER! (HAHA)
ヒロアカ35巻発売!!&ヒーローフェス開催おめでとうございます!!
** BETTEN
*** HERZLICHEN GLÜCKWUNSCH ZUM ERSCHEINEN VON HERO-ACA BAND 35 UND ZUM HERO-FESTIVAL!!

ASSISTANTS

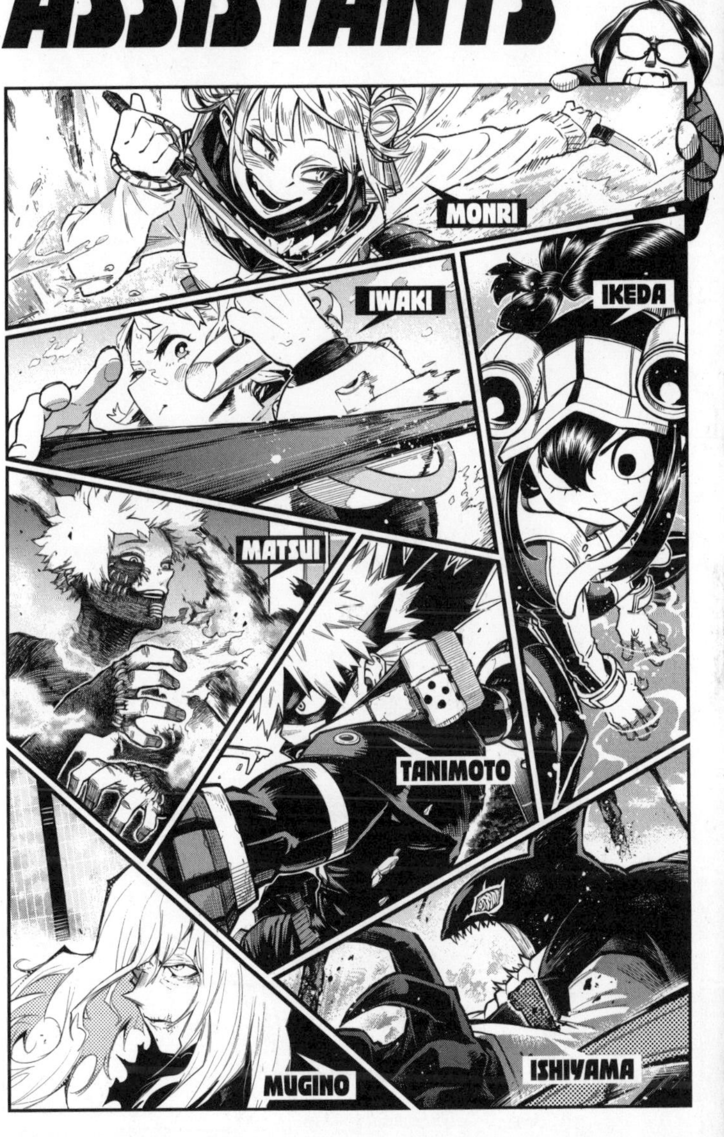
TAGUCHI
MONRI
IWAKI
IKEDA
MATSUI
TANIMOTO
ISHIYAMA
MUGINO

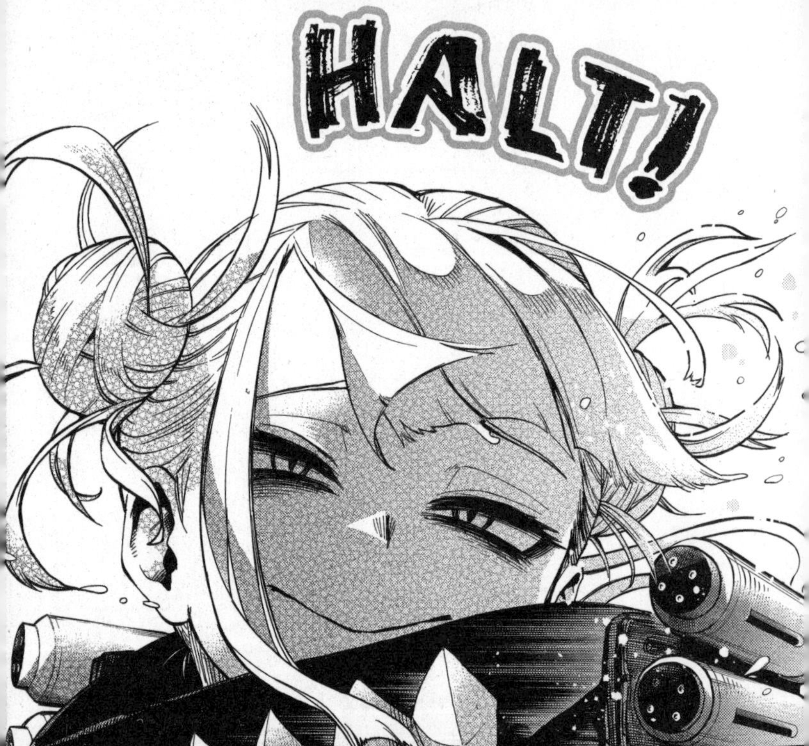

MY HERO ACADEMIA

ist eine japanische Serie, die originalgetreu von »hinten« nach »vorne« und von rechts nach links gelesen wird! Schlagt das Taschenbuch also »hinten« auf und blättert Seite für Seite nach »vorne« weiter! Auch die Bilder und Sprechblasen auf jeder Seite werden von rechts oben nach links unten gelesen, wie es in der Grafik gezeigt wird! Ihr seid alle Helden!

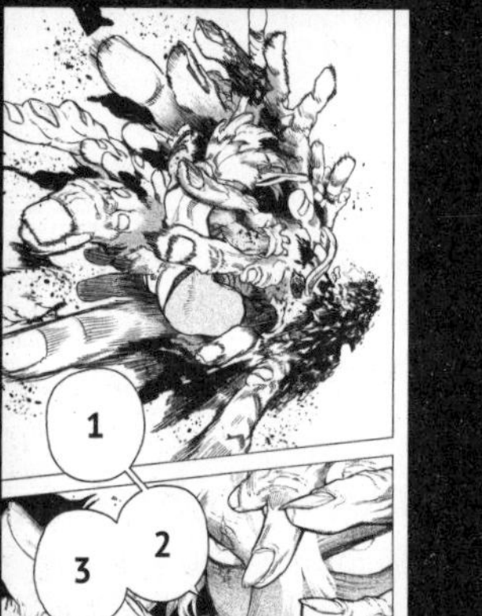

Wir produzieren nachhaltig

- Klimaneutrales Produkt
- Papiere aus nachhaltigen und kontrollierten Quellen
- Hergestellt in Europa